全国高等职业院校医学美容技术专业规划教材

美容业经营与管理

（供医学美容技术等专业用）

主　编　谭　丽　付红艺

副主编　邱子津　黄远珺　张胜玉　简　义

编　者　（以姓氏笔画为序）

付红艺（重庆医科大学附属第一医院）

代林梦（深圳花千树教育技术有限公司）

李　莉（广东食品药品职业学院）

李潇潇（四川中医药高等专科学校）

杨　启（赣南卫生健康职业学院）

邱子津（重庆医药高等专科学校）

邹　鑫（宜春职业技术学院）

应兴平（深圳大智软件技术有限公司）

张胜玉（江苏护理职业学院）

周　博（重庆医药高等专科学校）

黄远珺（宜春职业技术学院）

曾佳丽（重庆医科大学附属第一医院）

简　义（重庆城市管理职业学院）

谭　丽（重庆医药高等专科学校）

中国健康传媒集团

中国医药科技出版社

内 容 提 要

　　本教材是"全国高等职业院校医学美容技术专业规划教材"之一。本教材共 10 个项目，主要内容包括概述、美容机构人力资源管理、美容企业财务管理、美容院经营与管理、医疗美容机构经营与管理、化妆品导购及促销、美容企业新媒体运营、美容企业文化与企业形象设计、美容企业职业道德与素质修养、美容企业危机管理及法律规范。本教材为书网融合教材，即纸质教材有机融合电子教材、教学配套资源（PPT、微课等）、题库系统、数字化教学服务（在线教学、在线作业、在线考试），使教学资源更加多元化、立体化，促进学生自主学习。

　　本教材供高等职业院校医学美容技术等专业使用。

图书在版编目（CIP）数据

　　美容业经营与管理／谭丽，付红艺主编. -- 北京：
中国医药科技出版社，2025.1
　　全国高等职业院校医学美容技术专业规划教材
　　ISBN 978-7-5214-4616-6

　　Ⅰ. ①美… 　Ⅱ. ①谭… ②付… 　Ⅲ. ①美容 - 服务业 - 商业企业管理 - 高等职业教育 - 教材 　Ⅳ. ①F719.9

　　中国国家版本馆 CIP 数据核字（2024）第 099182 号

美术编辑　陈君杞
版式设计　友全图文

出版　**中国健康传媒集团** | 中国医药科技出版社
地址　北京市海淀区文慧园北路甲 22 号
邮编　100082
电话　发行：010 - 62227427　邮购：010 - 62236938
网址　www.cmstp.com
规格　889mm × 1194mm $\frac{1}{16}$
印张　12 $\frac{1}{4}$
字数　350 千字
版次　2025 年 1 月第 1 版
印次　2025 年 1 月第 1 次印刷
印刷　北京盛通印刷股份有限公司
经销　全国各地新华书店
书号　ISBN 978 - 7 - 5214 - 4616 - 6
定价　**45.00 元**

获取新书信息、投稿、为图书纠错，请扫码联系我们。

数字化教材编委会

主　编　谭　丽　付红艺

副主编　邱子津　黄远珺　张胜玉　简　义

编　者（以姓氏笔画为序）

付红艺（重庆医科大学附属第一医院）

代林梦（深圳花千树教育技术有限公司）

李　莉（广东食品药品职业学院）

李潇潇（四川中医药高等专科学校）

杨　启（赣南卫生健康职业学院）

邱子津（重庆医药高等专科学校）

邹　鑫（宜春职业技术学院）

应兴平（深圳大智软件技术有限公司）

张胜玉（江苏护理职业学院）

周　博（重庆医药高等专科学校）

黄远珺（宜春职业技术学院）

曾佳丽（重庆医科大学附属第一医院）

简　义（重庆城市管理职业学院）

谭　丽（重庆医药高等专科学校）

出版说明

为深入学习贯彻党的二十大精神，落实《国务院关于印发国家职业教育改革实施方案的通知》《关于深化现代职业教育体系建设改革的意见》《职业教育提质培优行动计划（2020—2023年）》《关于推动现代职业教育高质量发展的意见》等有关文件精神，适应学科发展和高等职业教育教学改革等新要求，对标国家健康战略、对接医药市场需求、服务健康产业转型升级，建设高质量教材，支撑高质量现代职业教育体系发展的需要，使教材更好地服务于院校教学，中国健康传媒集团中国医药科技出版社在教育部、国家药品监督管理局的领导下，组织和规划了"全国高等职业院校医学美容技术专业规划教材"的修订和编写工作。本套教材具有以下特点。

1. 强化课程思政，辅助三全育人

教材编写将价值塑造、知识传授和能力培养三者融为一体，坚决把立德树人贯穿、落实到教材建设全过程的各方面、各环节，深度挖掘提炼专业知识体系中所蕴含的思想价值和精神内涵，科学合理拓展课程的广度、深度和温度，多角度增加课程的知识性、人文性，提升引领性、时代性和开放性，辅助实现"三全育人"（全员育人、全程育人、全方位育人），培养新时代创新人才。

2. 推进产教融合，体现职教精神

教材编写坚持现代职教改革方向，体现高职教育特点，以人才培养目标为依据，以岗位需求为导向，围绕"教随产出、产教同行"，教材融入行业人员参与编写。教材正文适当插入典型临床案例，使学生边读边想、边读边悟、边读边练，做到理论与相关岗位相结合，形成以案例为引导的职业教育教学模式新突破，提升人才培养针对性和适应性。

3. 体现行业发展，突出必需够用

教材编写坚持"已就业为导向，已全面素质为基础，以能力为本位"的现代职业教育教学改革方向。构建教材内容应紧密结合当前实际要求，吸收新技术、新方法、新材料，体现教材的先进性，教材编写落实"必需、够用"原则，教材编写以满足岗位需求、教学需求和社会需求的高素质人才，体现高职教学特点。同时做到与技能竞赛考核、职业技能等级证书考核的有机结合。

4. 建新型态教材，适应转型需求

适应职业教育数字化转型趋势和变革要求，依托"医药大学堂"在线学习平台，搭建与教材配套的数字化资源（数字教材、教学课件、图片、视频、动画及练习题等），丰富多样化、立体化教学资源，并提升教学手段，促进师生互动，满足教学管理需要，为提高教育教学水平和质量提供支撑。

本套教材的出版得到了全国知名专家的精心指导和各有关院校领导与编者的大力支持，在此一并表示衷心感谢。希望广大师生在教学过程中积极使用本套教材并提出宝贵意见，以便修订完善，共同打造精品教材。

前言 PREFACE

随着人民生活水平日益提高，人们对美好生活的向往不断增加，美容行业蓬勃发展，成为我国近年来非常热门的行业。美容业经营与管理是一门综合性课程，旨在培养学生专业素养和管理能力，帮助学生了解美容行业动态，掌握市场分析，学习有效的营销策略、人力资源管理、顾客关系管理等。

本教材编写团队通过认真调研分析，针对医学美容技术职业岗位所需知识、能力、素质要求，对美容业经营与管理课程进行了深层次的思考和研究。立足于医学美容技术专业培养目标，注重岗位的实际需求，力求突出专业特色。本教材重点突出以下几个特点：一是教材内容与专业人才培养目标紧密对接。以美容行业实际工作需求为基础，以促进就业为导向，以服务学生发展为宗旨，坚持以提高学生的核心技能为导向，同时关注学生的情操与美育。二是教材内容与行业发展紧密对接。围绕"教随产出、产教同行"理念，产教深度融合，行业人员与专业教师共同编写，使教材内容与行业接轨，与市场接轨，充分体现行业最新、成熟的技术和标准，充分体现新技术、新工艺、新规范。三是教材内容注重理论与实践的紧密对接，在每一个任务中都设置了与专业紧密对接的情景导入、重点小结、知识链接等模块，突出理论与实践结合，从美容业基本概念开始，逐步深入具体实践层面，实现了"知行合一，工学结合"。

本教材以美容企业经营管理为主线，融企业管理学、市场营销学、法律法规、新媒体运营等相关知识为一体，帮助学生全面了解美容行业，并提供实践指导，也可作为从事美容行业相关人员的参考用书。全教材共10个项目，内容包括概述、美容机构人力资源管理、美容企业财务管理、美容院经营与管理、医疗美容机构经营与管理、化妆品导购及促销、美容企业新媒体运营、美容企业文化与企业形象设计、美容企业职业道德与素质修养、美容企业危机管理及法律规范。本教材为书网融合教材，即纸质教材有机融合电子教材、教学配套资源（PPT、微课等）、题库系统、数字化教学服务（在线教学、在线作业、在线考试），使教学资源更加多元化、立体化，促进学生自主学习。

本教材的编写团队由具有丰富教学实践经验的一线教师、专业带头人、行业专家三类人员共同组建而成。编写团队本着"为教而编、为学而编"的思想，编写前认真研读医学美容技术专业人才培养方案、美容业经营与管理课程标准等，根据高职院校学生学情和专业特色，以培养学生的服务意识、创新意识、法律意识及良好的职业道德为理念，力求为提高医学美容技术人才培养水平和质量提供支撑。由于时间紧迫，编者自身水平限制，书中可能还存在不足之处，恳请广大教师、学生在使用时提出宝贵意见，以便再版时修订和完善。

编　者
2024 年 8 月

CONTENTS 目录

绪　论

一、美容业经营与管理的课程性质及作用

1. 美容业经营与管理的课程性质　我国美容业出现于 20 世纪 80 年代，90 年代后期开始迅速发展。随着人们生活水平的提高，对美的认知和追求不断提升，伴随我国消费结构的升级，围绕美容消费而发展起来的消费产业即"形象经济""颜值经济"应运而生。美容业经营与管理是一门综合性课程，包括企业管理、市场营销、企业文化与形象设计、职业道德与法律法规等相关知识，构建形成全面的美容企业运营体系，从而为美容企业的经营与管理者及美容业从业人员提供必备的理论基础和基本技能。

2. 美容业经营与管理的地位和作用　美容业已成为全球经济中不可忽视的一部分，在日新月异的美容市场中，管理者及美容从业人员需要不断适应市场需求的变化，促进企业良性发展。本课程以美容企业经营管理为主线，结合现代企业经营管理的客观实际，研究和探讨市场经济条件下，以消费者需求为中心的美容企业经营管理的特点、策略和方法。旨在为学生提供全面的知识框架和实用的操作指南，使其不仅掌握美容业的核心知识，还能够运用现代管理理念和技术，根据美容市场发展变化，为企业制定出前瞻性的策略和计划。

二、美容业经营与管理的内容

本教材共 10 个项目，主要包括美容业概述、美容企业人力资源管理、美容企业财务管理、美容院经营与管理、医疗美容机构经营与管理、化妆品导购及促销、美容行业新媒体运营、美容企业文化与企业形象设计、美容企业职业道德与素质修养、美容企业危机管理及法律规范。并通过情景导入和目标检测的练习，促使学生应用所学知识，解决实际问题，提升决策能力。美容业概述主要介绍美容业的发展史、当前市场趋势及未来展望。美容人力资源管理是美容业成功的关键之一，主要阐述如何吸引、培训和激励员工以及建立高效的工作团队。美容企业财务管理包括成本控制、预算编制、收入分析以及现金流管理等内容。本教材详细介绍了美容机构的组织结构、运营管理流程、品牌建设与市场推广策略，如何通过有效的客户服务和满意度管理来增强客户忠诚度；解析了美容业的商业模式、服务分类、目标客户群的特点以及消费者行为分析，为经营策略奠定基础。同时，为适应信息化、数字化转型趋势和变革要求以及美容行业日益规范的法律法规环境，本教材还涵盖美容行业新媒体运营、美容企业危机管理及法律规范等内容。

三、美容业经营与管理的学习方法

美容业经营与管理是一门高度实践性的学科，要学好美容业经营与管理，必须要有敏锐的洞察力，时刻关注行业动态和消费者需求的变化，保持与时俱进的学习精神，既要学习国内外美容新技术、新方法、新产品，还要不断学习市场营销、企业管理、法律法规、信息技术等相关知识。同时要注意将理论与实践紧密结合，培养和提高分析问题、解决问题的能力，为今后的课程学习和工作实践打下坚实的基础。

（谭　丽）

项目一 概 述

PPT

学习目标

知识目标：通过本项目的学习，应能掌握美容行业的定义、历史发展以及现代美容行业的服务内容和特点；熟悉美容行业的分类，包括服务类型、经营模式、机构规模、服务对象和服务渠道；了解美容行业在国民经济中的地位和作用以及美容企业的特点和组织形式。

能力目标：能运用所学的美容行业知识，分析和理解美容市场的发展趋势和消费者需求。会运用美容科技创新与应用的理论，评估新技术对美容服务流程和顾客体验的影响。具备分析美容企业经营模式和组织结构的能力以及对美容行业未来发展方向的预测和规划能力。

素质目标：通过本项目的学习，树立对美容行业发展趋势的敏锐洞察力和对行业创新的持续关注；培养对美容行业相关法规和伦理标准的认识以及对消费者权益保护的重视；强化环保意识，倡导和实践绿色环保的美容产品和服务，促进行业的可持续发展。

情境导入

情境：随着经济的快速发展和人们生活水平的显著提高，美容行业迎来了前所未有的发展机遇。以小美为例，她是一位对美容行业充满热情的创业者，立志要开设一家结合传统美容技艺与现代科技的美容院。她深知，要在这个竞争激烈的市场中脱颖而出，不仅需要提供高质量的服务，还要不断创新和引入新技术。小美在研究市场时发现，消费者对个性化和环保美容产品的需求日益增长，同时，智能化设备和高科技美容方法也成为行业发展的新趋势。在这样的背景下，小美决定将绿色环保理念融入产品选择和店铺运营中，同时引进智能化皮肤分析仪和先进的美容仪器，为顾客提供精准有效的个性化服务。通过不断学习和实践，小美希望能够打造一个既满足顾客需求又具有可持续发展理念的美容品牌。

思考：结合基本理论知识，分析小美美容院经营管理方面成长发展的要点。

任务一　美容业概述

一、美容定义与分类

（一）美容的定义

美容（cosmetology）一词产生于 1847 年，是由 "aesthetikos" 演变而来的。"aesthetikos" 的意思是 "感官可察觉的人体所表现的状态"，如用手触摸皮肤时，感觉细腻或粗糙；用眼观察体形时，感觉匀称或肥胖。aesthetikos 还有 "提升美的程度" 的意思，如通过各种美容工具或产品，提高皮肤的美丽和健康的程度；用化妆品或化妆工具，创造出美丽的外貌；用按摩、水疗等方式，消除人体疲劳和减轻压力；通过施行美容手术改造人的外部形态，使其变得美丽。这是一个历史悠久且不断创新的领域，它涵盖了皮肤保养、发型设计、化妆造型以及身体塑形等多个方面，旨在通过专业的技术和服务，帮助人们塑造和提升个人形象，展现内在与外在的美。核心在于运用各种技术和手法，来改善和增强人的外貌。它不仅仅局限于表面的修饰，更深入地关注肌肤的健康、身体的塑形以及整体气质的提升。通过专业的护肤程序、精确的发型设计、巧妙的化妆技巧以及科学的身体护理，美容能够帮助人们实现外在形象的蜕变，同时也能够增强自信、提升生活质量。

随着社会的进步和人们生活水平的提高，美容行业得到了迅猛的发展。越来越多的消费者开始关注自己的外貌形象，对美容服务的需求也日益增长。这促使美容行业不断创新和进步，各种新技术、新产品和新服务不断涌现，满足了人们多样化的需求。

美容是一个综合性、多元化的领域，它通过专业的技术和服务，帮助人们塑造和提升个人形象，展现内在与外在的美。随着社会的进步和人们需求的不断变化，美容行业将继续保持蓬勃发展的态势，为人们带来更多的美丽与自信。

（二）美容行业的分类

美容行业作为现代服务业的重要组成部分，不仅承载着塑造美丽、提升自信的使命，更在潜移默化中影响着人们的生活品质与审美追求，也推动了相关产业链的发展。化妆品制造、美容设备生产、美容教育培训等领域都得到了快速发展，形成了一个庞大的美容产业链。下面是对美容行业的主要分类的概述。

1. 美容服务　美容服务是美容行业的核心，也是最直接接触消费者的环节，涵盖了面部护理、身体护理、美发、化妆设计、美甲、纹绣美容等多个方面。这些服务不仅关注肌肤健康和美容，也关注顾客的身心放松和舒适体验。同时，随着消费者对美的追求不断增加，美容行业也在不断创新，提供更多个性化、多样化的服务。

2. 化妆品制造　化妆品制造是美容行业的重要组成部分，涵盖了护肤品、彩妆品、发用品等多个领域。随着科技的进步和消费者对化妆品品质要求的提高，化妆品制造企业需要不断创新，推出更多高品质、安全、环保的产品，满足消费者的需求。消费者可以根据自己的肤质、年龄和需求，选择合适的化妆品，为肌肤提供更好的保护和修饰。

3. 美容设备生产　美容设备生产是美容行业的另一个重要领域，主要包括美容仪器、美容器械等设备。这些设备可以帮助美容师更好地为顾客提供服务，提高服务效率和质量。同时，随着科技的发展，美容设备也越来越智能化、便捷化，为顾客提供更好的美容体验。

4. 美容教育　美容教育培训是美容行业的重要保障，通过专业的教育培训可以提高从业者的专业素养和技能水平，并推动行业的发展。同时，美容教育培训也可以帮助消费者更好地了解美容知识和护肤技巧，提高消费者的美容素养。

此外，美容行业还涉及市场营销、品牌形象塑造等多个方面。在当今社会，品牌形象和口碑对美容行业的成功至关重要。因此，美容企业和品牌需要不断加强市场营销和品牌建设，提高品牌知名度和美誉度。通过广告宣传、社交媒体推广、线上线下活动等多种方式，吸引更多消费者关注和选择自己的品牌。

总的来说，美容行业是一个充满活力和创新精神的产业，随着消费者需求的不断增加和科技的不断进步，美容行业将继续得到发展。同时，美容行业也需要加强监管和规范，确保产品质量和服务质量，为消费者提供更好的美容体验。

二、美容行业发展历程

（一）世界美容发展

1. 古代美容发展史　据史料记载，最早有意识地使用化妆品的是古埃及人。化妆术在古埃及已非常普及，无论是在日常生活中，还是在举行宗教仪式时，甚至人死后都要进行化妆。古埃及人极重视肌肤的健康与美丽，在沐浴后要涂抹大量的香油、香水或油膏来滋润皮肤，从而形成了最早期的美容风潮。

中古时期（476—1450），宗教在欧洲人的生活中扮演着极为重要的角色。妇女很重视皮肤的保养，流行在面颊和唇部涂抹色彩丰富的化妆品而眼部却不做任何化妆。此时欧洲出现了美容教学，不过当时的美容学与医学同属一个范畴，包括在同一门课程里不分开教授，由此便形成了专业美容的教学萌芽。

文艺复兴时期，美容被大大弘扬，并向更加专业化的趋势发展。法国的宫廷御医编写了有关借助蒸汽浴保养身体的书籍，意大利医生也深入探讨了采用各种香料溶液来保持皮肤柔嫩细腻的方法。

到了16世纪，哥伦布发现新大陆以后，美洲的各种香料源源不断地运往欧洲，于是西方社会很快掀起一股擦香水的热潮。此时，敷面膏也十分流行，蛋壳粉、明矾、硼砂、杏仁、罂粟、水果、蔬菜、乳类等统统被用于制作面膏。人们对发型非常重视，对发型的设计以及假发的使用相当盛行。在化妆上注重强调面颊与唇的修饰，而眼部化妆尚未流行。

17世纪末期，巴黎的妇女流行点黑痣的化妆术，黑痣的形状分为星状、月牙状和圆形，一般多点缀于额、鼻、两颊和唇边，偶尔也有点缀于腹部和两腿内侧的。痣的颜色有黑和红两种。这在当时是极有特色的面部修饰方法。

18世纪初期，男性美容风盛行，他们在脸部涂脂抹粉，为了美容宁可剃掉美丽的金色卷发而戴上假发套。18世纪中晚期，妇女对容貌的美丽重视程度更是到了极点：她们用草莓及牛乳来沐浴；用葡萄汁、柠檬汁擦洗并按摩皮肤，以达到增白肤色、保养肌肤的效果；在化妆上用香粉扑面，嘴唇与面颊涂抹化妆品，颜色从粉红色到橘黄色都有；眉毛经过刻意的修整；眼睛描画清淡，但喜欢用高光的颜色点缀，此时期被后人称为奢侈时期。

19世纪在历史上被认为是最朴素的时代。这个时代的服饰、发型及化妆都深受保守作风的影响。除了上剧院外，妇女极少做脸部化妆，她们宁愿用手捏面颊及嘴唇来形成自然的红色，也不愿用唇膏、胭脂等化妆品，对发型的梳理也极为简单。但不论男女都关心身体的清洁及个人的保养，流行用一些天然植物调配成的面膜进行敷面美容。

19世纪80年代，西方开始出现了近代专业性美容院，根据人们肌肤所需进行不同保养，逐步形成了如今专业性强的美容院，并朝着多元化的方向发展，同时对"回归自然"及高科技渗入的追求日益增加，推动了整个美容行业的迅速发展。

2. 现代美容发展史　自19世纪80年代起，西方社会见证了近代专业性美容院的兴起，这些美容院根据顾客的肌肤需求提供定制化的保养服务。随着时间的推移，这些初具规模的美容场所逐步演化成为现在专业性强、服务项目多元化的美容机构。在此过程中，对自然美容理念的回归以及高科技元素的融入，成为推动美容行业发展的重要动力。到了当代，美容行业在欧洲、美国、日本等发达国家和地区正经历着一场静悄悄的变革。

美国作为连锁经营发展的先驱，自1859年世界上第一家现代连锁店——大西洋和太平洋茶叶公司的成立，开启了连锁经营的新纪元。在此后的一个多世纪里，连锁企业从最初的零售业逐步扩展至餐饮、汽车销售、美容、美发等多个领域。在全球范围内，美国的连锁业始终处于领先地位。美国美容行业的发展轨迹尤为值得关注，它从单一的美容院发展到综合性的健康院，这一转变不仅展示了国内美容业的发展趋势，也为我们提供了宝贵的经验和启示。

在20世纪80年代，经济压力、工作负担和家庭责任的三重影响下，众多职业女性的健康状况受到了挑战。面对这样的困境，她们开始寻求美容护理和整形手术作为改善自身形象的手段。这一趋势给美国的美容院带来了客流高峰，美容行业因此进入了发展的黄金时期。

然而，进入 20 世纪 90 年代中后期，美容行业的繁荣引发了一些问题。由于开设美容院的门槛相对较低，市场上的美容院数量迅速增加，导致市场竞争愈发激烈。在这种环境下，差异化经营的不足和过度的宣传促销活动使得消费者难以做出明智的选择，这些因素共同导致了美容业的不景气。但一些业内人士认为，长期接受美容服务的职业女性在消费观念上的成熟和变化才是问题的核心。

随着 21 世纪的到来，美国美容界经历了一段相对沉寂的时期后，终于迎来了一场重大的变革。一些具有前瞻性的美容院经营者开始调整他们的经营策略，引入了旨在补充人体营养和维持健康的药用健康产品，从而与顾客建立了更为紧密的联系。这种打破传统经营模式的尝试重新吸引了美容消费者的目光，激发了他们的兴趣。"女士美容健康院"的概念成为新的发展趋势。美容业与健康产业的结合满足了市场的需求，顺应了职业女性美容观念的变化和消费趋势，从而使美容行业的经营者在激烈的市场竞争中增强了持续盈利的能力，吸引了新的客源，同时巩固了老顾客。这一切使得美国美容业的信任危机得到了缓解，行业再次迎来了发展和繁荣的新阶段。欧洲市场经济在发展模式、发展进程等方面与美国都有比较显著的差异。连锁业在欧洲的发展也必然带有浓厚的欧洲经济以及文化色彩。如：法国的个性定制网络营销，注重"以内养外，全面调理"，实行网络营销，通过产品凝聚顾客，通过顾客传播产品，让顾客消费与美容院形成利益共享。此外，法国美容院的培训作用十分突出，定期的培训活动是完全开放的，培训内容大都关于常备美容技法、美容健康知识以及美容与健康的关系。

在欧洲，美容院的经营模式正在经历一场深刻的转变。这一转变不仅仅是对传统美容服务的创新和深化，更是对现有销售模式的逐步完善和经营理念的根本变革。这些变化直接促进了顾客对美容院服务的新依赖，为一度沉闷的美容业注入了新的活力。

在日本，美发美容行业有着明确的市场划分，男士美发服务被称为"理容"，而女士美发和美容服务则被称为"美容"。日本拥有约 20 万家美容相关机构，其行业特点体现在系统化的美容教育、规范化的行业管理、规模化的经营体系以及对从业人员的严格管理。美容学校、美容沙龙和化妆品厂商之间形成了紧密的合作关系，美容学校向美容沙龙输送专业人才，美容沙龙为学生提供实习机会，化妆品厂商则为学校和沙龙提供产品。这种经营模式有效避免了行业内的脱节问题，形成了良性循环，从而加快了美容业的发展步伐。

通过对全球美容业的分析，可以发现国内外美容业发展的共同点和差异。例如，中国美容业面临的发展瓶颈与欧美市场在 20 世纪 80 年代的情况相似，而中日两国在地理位置、文化背景、人种肤色等方面的相似处，为我们提供了学习和研究的机会。国内美容专家指出，中国女性消费者对专业美容护理服务的需求巨大，市场潜力巨大，至少是欧美市场的两倍。面对当前激烈的市场竞争和相对单一的经营模式，国内美容行业有必要借鉴和引进国外美容业的先进经验和做法，以促进行业的持续发展和繁荣。通过吸收国外的成功经验，结合国内市场的特点，中国美容行业有望实现更加健康、快速地发展。

3. 世界美容发展现状 随着社会的进步和人类文明的发展，美容行业已成为现代社会不可或缺的一部分。它不仅仅是人们追求外在美的一种方式，更是反映社会经济、文化和技术进步的重要窗口。

（1）**市场规模与增长动力** 近年来，全球美容市场呈现出蓬勃发展的态势。市场规模逐年扩大，增长率稳定上升。这一增长趋势的背后，是多种因素共同作用的结果。首先，消费者对个人形象和健康的关注度不断提高，推动了美容市场的需求增长。其次，新技术和新产品的不断涌现，为美容行业提供了更多的发展机会。此外，全球化的趋势也使得美容市场更加开放和多元，促进了全球美容行业的发展。

（2）**消费者群体与需求变化** 随着时代的变迁，美容行业的消费者群体也在不断发生变化。过去，美容消费主要以女性为主，但如今，男性消费者对美容产品的需求也在逐渐增长。他们开始关注自己的皮肤保养、发型设计等方面，成为美容市场的新力量。此外，不同年龄段的消费者也有着不同的需求和偏好。年轻人更注重时尚和个性，而中老年人则更注重健康和抗衰老。这些变化使得美容市场更加多元化和细分化。

同时，消费者对美容服务的需求也在不断提高。他们不再满足于简单的护肤和化妆，而是追求更加专业、个性化的服务。例如，定制化的护肤方案、私人化的美容顾问等服务受到越来越多消费者的青睐。这些变化要求美容行业不断创新和提升服务质量，以满足消费者的需求。

（3）技术创新与应用　技术创新是推动美容行业发展的重要因素之一。近年来，随着科技的进步，越来越多的新技术被应用于美容领域。例如，人工智能和大数据技术的应用使得美容行业能够实现精准营销和个性化服务；生物科技的发展则为美容产品提供了更多的可能性，如抗衰老、修复肌肤损伤等方面的突破；而纳米技术、微针等新型技术的应用，则为美容行业带来了新的发展方向。

这些技术创新不仅提升了美容服务的质量和效率，也为消费者带来了更加安全、有效的美容体验。同时，它们也推动了美容行业的转型升级，使得整个行业更加智能化、绿色化和可持续化。

（4）未来发展趋势与机遇　展望未来，世界美容发展将继续保持蓬勃发展的态势。随着科技的不断进步和消费者需求的不断变化，美容行业将迎来更多的创新和发展机遇。首先，个性化服务将成为美容行业的重要发展方向。通过大数据和人工智能等技术手段，美容机构可以更加精准地了解消费者的需求和偏好，提供个性化的产品和服务。其次，绿色、环保的美容产品将受到更多消费者的青睐。随着人们环保意识的提高，对美容产品的环保性能要求也越来越高。因此，开发绿色、环保的美容产品将成为行业的重要趋势。此外，随着全球化的推进和互联网的普及，美容行业的国际合作与交流也将更加频繁和深入，为行业的发展带来更多的机遇。

综上所述，世界美容发展现状呈现出市场规模扩大、消费者需求多样化、技术创新活跃以及挑战与机遇并存的特点。为了推动美容行业的健康发展，需要加强行业自律和规范，提高产品质量和服务水平，完善监管机制，加强国际合作与交流。

（二）我国美容发展史

1. 古代美容发展史　"美容"一词，最早见于明代《普济方》中，有"美容膏"一方，但中国美容史远早于此。上古三代时期，"禹选粉""纣烧铅锡作粉""周文王敷粉以饰面"等都真实地记录了护肤美容与帝王的切身联系，表现出人类追求美的迫切愿望。春秋战国，"粉敷面""黛画眉"盛极一时，华夏美容史正式揭开了序幕。

从上古三代时期（公元 207 年以前），"禹选粉""纣烧铅锡作粉"商纣王时代，古人就已开始烧铅作粉，用于妇女美容化妆了。而当时的粉不易得只限于宫室，所以《古今实采》记："妇人傅粉，始于秦时"。随着秦国力的增强，社会生产力的发展，粉的制作已开始大量生产，老百姓也用得起了，于是，民间妇女也开始使用了。所以这种粉，最初叫作宫粉。由于它取于铅，所以又叫铅华。后来，人们又把香料与铅合在一起，制成香粉。周文王敷粉以饰面等都真实地记录了护肤美容与帝王的切身联系，表现出人类追求美的迫切愿望。

春秋战国（770—221 年），"粉敷面""黛（一种黑色的矿物）画眉"盛极一时，华夏美容史正式揭开了序幕。美发、美容技术在质与量两方面都有了提高。在文字上出现了"妆饰""扮妆"等词汇，美容开始普及，化妆的用品也随之进一步发展。《毛诗注疏》中说："兰、香草也。汉宫中种之可着粉"。这说明当时人们已能够从植物中提取、制作化妆用的粉。这不难看出当时不仅已能制作化妆用的粉，而且已经有了专门从事制作化妆品的人。此时的妇女化妆不仅十分普遍，而且还有创新。

盛唐时期（618—907 年），文化繁荣，国际交流广泛，生活化妆有了长足的发展。眉型有时兴阔而浓，有时兴尖而细长。值得一提的是唐玄宗曾命令画工设计数十种眉型（十眉图），以示提倡，并赋予每一种眉型以美丽的名称，如"鸳鸯眉""小山眉""五岳眉""三峰眉""垂珠眉""月棱眉"（又称"却月眉"）、"晕眉""分梢眉""涵烟眉""拂云眉"（又名"横烟眉"）等。还有在眉目之间饰以金银、羽翠制成的五彩花子，名"花钿（同音恬）"有的妇女在面颊两旁用丹青、朱红等颜色点出各种形状如月形或钱形，名"妆靥"；有的妇女用一种鸦黄的染料，蘸水画在额上，称为"鸦黄"。面部化妆有白妆（以粉为主），红装（以胭脂为主）之分。

唐朝时在长安还流行一种时世妆，即在白妆的基础上，不用红色，嘴唇改用乌膏，画愁眉，给人一种忧伤的印象，故又称"啼妆"。还有"飞霞妆"，即在面部薄薄施朱，以粉罩之。后来，又出现了一种"北苑妆"，即在淡妆基础上，将大小、形状各异的茶油花籽贴在额上。随着美容化妆内容的不断丰富，人们已经不再单纯地注重美容化妆术了，开始向养颜和调整皮肤生理机能方面发展。一些医家常常以入药的植物和动物的某些组织为原料，按比例配成药，长期使用，收到了良好的预防和治疗效果。

唐代大医学家孙思邈编撰的《千金要方》明确提出了治疗痤疮、雀斑、润泽肌肤的验方80余个。可见，当时利用中药美容护肤已经相当普遍。相传，武则天曾炼益母草泽面，皮肤细嫩滋润，到了80多岁，仍保持美丽的容貌。她的女儿太平公主曾用桃花粉与乌鸡血调和敷面，其面色红润，皮肤光滑。在民间，人们还把美容药品制成面脂，在喜庆佳节相互馈赠。与面脂同样受到青睐的首推面膜。唐代著名歌妓庞三娘常用薄纱贴面，再将云母等中草药、细粉和蜜拌匀涂于面上，称为"嫩面"。唐代宫廷中使用的面膜以名贵中药提炼，其中有珍珠、白玉、人参等，将其研制成粉，并配以上等藕粉一起调和。这类面膜不但可以使皮肤白嫩、光泽而富有弹性，还可以将毛孔深处的污垢及死细胞清除。

宋元时期（960—1368年），人们同样注重皮肤的养护，并沿袭和发展了唐代以来的美容秘方，美容术不断提高，制出了专门的珍珠膏。宋代陈直的《养老奉亲书》中对老人的健美作了详细的论述。此外，宋代从发髻款式到头饰和面部花钿的粘贴，比唐代也不逊色。但是后来几个皇帝比较保守，多次修改服饰制度，一些华丽的装饰被禁锢了，民风也不如唐代那样开放，人们的审美观也由豪放转为隐逸，文弱颓丽的面容逐渐流行。宋朝面饰虽被摒弃，但对美容按摩却非常重视。

到了元代，一些北方游牧民族的妇女盛行黄妆，即在冬季用一种黄粉涂面，直到春暖花开才洗去。这种粉是将一种药用植物的茎碾成粉末，涂了这种粉可以抵御寒风沙砾的侵袭，开春后才洗去，皮肤会显得细白柔嫩。

明清时期（1368—1912年），人们用珍珠粉擦脸，使皮肤滋润。名医李时珍将医学与养生紧密结合，编撰出巨著《本草纲目》，书中记载了700多个既是药物又是食物、既营养肌肤又美化容颜的验方。在所有这些美容养颜方法中，有外用的也有内服的，药用原理主要是根据皮肤反映出来的现象，或从内部调整，或从外部加以润泽或保护，既科学又无副作用。

2. 现代美容发展史　我国美容行业的发展历程可追溯到20世纪80年代初中期，但其真正的快速增长则是从90年代中期开始的。以美容院为例，我们可以观察到这一明显的变迁。在20世纪80年代末到90年代初期，大多数美容院主要以"家庭作坊"的形式存在，这些作坊通常位于小区家属宿舍楼内，设施简单，仅包含一两张床和一些基本的护肤产品，如按摩膏和润肤乳，这几乎就是"美容护理"的全部内容。然而，到了90年代中期，这些家庭作坊开始逐步走出宿舍楼，以更加专业和独立的街面店形式出现，标志着美容院的专业化转型。从那时起，随着产品和专业美容护理项目的不断扩展和升级，美容行业经历了六个显著的发展阶段，每个阶段都标志着行业向前迈进的一大步。

第一阶段：20世纪80年代中期到90年代初期——美容基础保养期

在这一阶段，美容行业的焦点主要集中在基础保养上。随着生活水平的提高，人们开始注重面部肌肤的日常护理，包括洁面、保湿、防晒等基础步骤。当时，各大品牌纷纷推出针对不同肤质和需求的护肤产品，例如，针对干性肌肤的滋润型乳液、针对油性肌肤的清爽型洁面乳等。此外，美容院也开始兴起，为人们提供专业的护肤建议和服务。

第二阶段：20 世纪 90 年代中期到 90 年代末期——美白祛斑期

进入 20 世纪 90 年代中期，美白和祛斑成为美容行业的热点。受到亚洲文化的影响，人们普遍认为白皙的肌肤更为美观。因此，市场上涌现出大量的美白产品和祛斑产品。此外，美容院也推出了各种美白疗程，例如，激光美白、果酸换肤等。

第三阶段：2000 年代初期——减肥丰胸期

随着生活节奏的加快和审美观念的转变，人们开始关注身体的塑形和曲线美。在这一阶段，减肥和丰胸成为美容行业的两大热门话题。市场上涌现出大量的减肥产品和丰胸产品，同时，各种减肥机构和整形医院也开始兴起，为人们提供专业的减肥和丰胸服务。

第四阶段：2000—2010 年——美容 SPA、光子嫩肤期

在这一阶段，美容 SPA 和光子嫩肤成为行业的热点。人们开始追求全面的身心放松和肌肤嫩滑。美容 SPA 以其独特的舒缓效果和放松环境受到了广泛欢迎。同时，随着科技的进步，光子嫩肤技术也逐渐成熟并被广泛应用于美容行业。这种技术能够有效地改善肌肤质地和色泽，使皮肤更加光滑细腻。

第五阶段：2011—2015 年——光电美容、微整形期

进入 21 世纪第二个十年，光电美容和微整形成为美容行业的热门项目。随着科技的不断发展，光电美容设备越来越先进，能够有效地解决各种肌肤问题，如皱纹、色斑、松弛等。而微整形则以其效果显著、恢复时间短等特点受到了越来越多人的青睐。在这一阶段，美容行业也开始注重个性化和定制化服务，以满足不同消费者的需求。

第六阶段：2015 年至今——全人类美容肌肤管理、健康管理期

近年来，随着人们对健康和美丽追求的不断提高，美容行业也开始关注肌肤管理和健康管理。在这一阶段，人们不仅关注外在的美观，还注重内在的健康和平衡。各大品牌开始推出更加天然、健康的护肤产品，强调产品的成分和功效。同时，美容行业也开始提供更加全面的肌肤管理和健康管理方案，帮助人们实现内外兼修的美丽和健康。此外，随着社交媒体和互联网的普及，美容行业也开始注重线上服务和互动体验，为消费者提供更加便捷和个性化的服务。

（三）美容行业在国民经济中的地位

美容行业在中国国民经济中的地位日益显著，成为推动经济增长、促进就业和满足人民日益增长的美好生活需求的重要行业。以下是美容行业在中国国民经济中的几个关键地位和影响。

消费升级的体现：随着国民生活水平的提升和对生活品质的追求，美容美发行业的消费需求旺盛，成为消费升级的一个重要方面。消费者对于美容服务和产品的需求更加多样化和个性化，推动了行业的创新和发展。

就业机会的创造：美容行业为大量劳动力提供了就业机会，包括美容师、美发师、化妆师等专业技能岗位以及相关的管理、销售、培训等职业岗位，对缓解就业压力、提高居民收入具有积极作用。

产业链的带动作用：美容行业的发展带动了化妆品、护肤品、美容器械等相关产业的增长，形成了一个相互促进、共同发展的产业生态。这些相关产业的发展又进一步促进了制造业、生物技术、化工等行业的进步。

技术和创新的推动：美容行业的快速发展也催生了技术创新，如人工智能、大数据在美容服务中的应用，以及新型美容产品的开发，这些都有助于提升整个行业的竞争力和可持续发展能力。

国际贸易的参与者：中国美容行业不仅在国内市场表现活跃，也是国际贸易的重要参与者。中国的美容产品出口到世界各地，提升了国家的贸易收入和国际形象。

政策支持和行业规范：中国政府陆续出台了一系列政策来规范和支持美容行业的发展，如加强医

疗美容行业的监管，这有助于提升行业标准，保护消费者权益，促进健康有序的市场环境。

美容行业在中国国民经济中的地位不断增强，它不仅反映了消费市场的活力，也是推动经济发展、促进就业、激发创新和技术进步的重要力量。随着行业的持续发展和消费者需求的不断增长，美容行业在中国国民经济中的作用将更加重要。

任务二　美容企业的分类

一、企业的概述

企业，作为经济发展史上的一个重要概念，其形成与演变是社会分工细化及商品生产进步的标志，伴随着市场经济体制的构建与成熟而逐步浮现与壮大。企业的存在，旨在降低市场交易成本，优化生产过程，以及高效配置资源，从而构成一种以盈利为目的的经济实体。

作为经济活动的主体，企业专注于商品的生产、流通及提供各类服务等活动。其核心目的在于实现盈利，通过自主经营、独立财务核算以及自担风险的机制，确保其经济活动的独立性和自主性。

二、企业的特点

企业作为现代社会经济活动的基本单元，具备一系列独特的特点，这些特点共同定义了企业的本质和运作方式。

1. 组织性　企业是由企业所有者和员工通过契约关系自由组合而成的社会组织。这种组织形式使得企业具有开放性，能够根据市场需求和战略目标灵活地调整组织结构和运作模式。企业内部的各个部门和团队通过明确的职责分工和协作机制，共同实现企业目标。企业的组织性不仅体现在内部管理上，也体现在与外部合作伙伴、供应商和客户的关系构建上。

2. 经济性　企业的核心在于开展经济活动，它是以经济效益为中心的组织。企业通过全面的经济核算和财务管理，确保资源的有效利用和成本的合理控制，从而追求经济效益的最大化。作为微观经济单位，企业直接参与市场交易，与消费者之间的互动是市场经济运行的基础。

3. 商品性　企业的经济活动紧密围绕市场展开，其产出和投入均以商品的形式存在。企业不仅生产和销售商品，其品牌、服务、技术和管理等无形资产也具有商品属性。在资本市场中，企业本身可以作为一种商品进行买卖，企业产权的有偿转让是市场经济中常见的现象。

4. 盈利性　盈利是企业运营的基本目的和动力源泉。企业通过生产和经营活动，利用资本、技术和管理等手段，追求资本的增值和利润的最大化。盈利性使得企业不断优化产品和服务，提高市场竞争力，同时也为企业的扩张、研发和社会责任活动提供资金支持。

5. 独立性　企业在法律和经济上具有独立性。它作为一个独立的法人实体，拥有自主决策和自主经营的权利。企业在法律地位上与其他自然人和法人平等，不受行政级别的限制，也没有行政隶属关系。企业自主承担经济责任和风险，独立进行经济核算，这使得企业能够根据市场变化灵活调整经营策略，保持竞争力和创新能力。

这些特点共同构成了企业的基本属性，决定了企业在市场经济体系中的角色和功能。企业通过不断地创新和优化，为社会提供商品和服务，推动经济的发展和繁荣。同时，企业也需要在追求经济效益的同时，关注社会责任和可持续发展，以实现长期稳定的发展。

三、企业的组织形式

企业的三类基本组织形式是根据不同的所有制结构、法律地位和运营特点进行划分的，它们都具有各自的特征和适用场景。

1. 个人独资企业 这是最简单的企业组织形式，由单一的自然人投资设立，独资业主对企业的债务承担无限责任。个人独资企业的所有权和经营权完全集中在一人手中，决策迅速，但同时也面临着较大的个人风险。

2. 合伙企业 由两个或多个合伙人共同出资设立，合伙人共同承担企业的债务和风险。合伙企业可以进一步细分为普通合伙企业和有限合伙企业。在普通合伙企业中，所有合伙人对企业债务承担无限连带责任；而在有限合伙企业中，有限合伙人的责任限于其投资额。合伙企业的特点是资源共享和风险分担，但在管理上可能需要协调多个合伙人的意见和利益。

3. 公司制企业 公司是一种具有独立法人资格的企业组织形式，它的存在独立于其股东。公司制企业的股东对企业的债务和风险承担有限责任，即只需承担相当于其出资额的责任。公司制企业可以发行股票来吸引投资，适合规模较大、需要较多资本投入的企业。公司治理结构通常包括股东大会、董事会和管理层，这有助于实现所有权和经营权的分离，提高企业的运营效率和透明度。

这三类基本组织形式各有优势和局限，企业在选择组织形式时需要考虑自身的资金需求、风险承受能力、管理结构和发展规划等因素。随着企业的成长和发展，组织形式也可能随之调整和变化。

四、我国美容企业的特点

美容企业的多样性体现在其服务内容的广泛性、经营模式的多变性、规模的大小不一、目标客户群体的特定性以及服务渠道的多样性。这些维度共同构成了美容企业分类的基础，使得美容行业能够更好地适应市场需求和消费者的个性化需求。

（一）按服务类型分类

生活美容服务企业：这类企业致力于为顾客提供一系列基础而全面的美容护理服务，包括但不限于面部护理、皮肤保养、美发造型、美甲设计以及身体护理等。它们致力于通过专业的技术和细致的服务，帮助顾客改善和提升外观形象，促进皮肤健康。生活美容服务企业在提供服务的过程中，特别注重顾客体验和服务质量，力求为顾客创造舒适、愉悦的美容环境，满足顾客对美好生活的追求。

医疗美容服务企业：这类企业专注于提供更为专业和深入的医疗美容服务，涵盖了整形手术、微整形、皮肤治疗、牙齿美容等多个领域。由于这类服务涉及较高的医疗风险和技术专业性，因此通常由具备相应资质的专业医师进行操作。医疗美容服务企业往往配备有先进的医疗设备和严格的卫生标准，同时拥有一支由经验丰富的医疗专家组成的团队，以确保每项服务的安全性和有效性，满足顾客对改善外貌和提升自信的需求。

（二）按经营模式分类

连锁经营企业：这类企业通过在不同地理位置设立多个分支机构，建立起广泛的服务网络。通过实行标准化的服务流程和统一的产品供应，连锁经营企业确保了服务质量的一致性和品牌的辨识度。这种模式的优势在于能够借助品牌效应吸引顾客，并通过规模经济降低成本，从而在激烈的市场竞争中占据有利地位。此外，连锁经营企业通常拥有完善的管理体系和强大的市场推广能力，这些都有助于增强顾客的信任度和忠诚度。

个体经营企业：与连锁经营企业不同，个体经营的美容企业通常是以小型美容院或个人工作室的形式存在。这类企业由于规模较小，能够更加灵活地调整服务内容和经营策略，以适应市场变化和顾客需求。个体经营企业能够提供更加个性化的服务，满足顾客对于定制化美容体验的追求。尽管在资金和资源方面可能相对有限，但它们在服务的个性化和创新性方面具有明显的优势。

（三）按机构规模分类

大型美容企业：这类企业以其较大的经营面积和丰富的服务项目而著称。它们不仅提供基础的生活美容服务，还涵盖高端医疗美容服务，能够满足不同层次顾客的需求。大型美容企业往往拥有强大的资金支持和广泛的品牌影响力，这使得它们能够引入先进的美容设备和技术，吸引包括高端客户在内的广泛客户群体。此外，大型美容企业还能够提供更为舒适和豪华的服务环境，增强顾客的整体体验。

中小型美容企业：相较于大型美容企业，中小型美容企业如社区美容院和小型 SPA 店更加贴近顾客的日常生活。它们专注于为特定社区或区域的居民提供便捷、贴心的美容服务。中小型美容企业在运营成本控制和市场适应性方面表现出色，能够快速响应市场变化和顾客偏好。这类企业的灵活性和亲近性使其在社区市场中具有独特的竞争优势。

（四）按服务对象分类

针对女性客户的美容企业：女性一直是美容市场的主要消费者，因此大多数美容企业都将女性作为核心服务对象。这些企业通常提供包括面部护理、身体护理、美甲、化妆等在内的多种美容服务，旨在满足女性顾客对美的追求和个人护理的需求。随着女性经济独立性的提高和对自我形象要求的增加，这类企业不断推出新的服务项目和产品，以迎合女性顾客的多样化和高端化的美容需求。

针对男性客户的美容企业：近年来，随着社会观念的变化和男性美容意识的提升，越来越多的美容企业开始关注男性客户群体。这些企业提供专为男性设计的美容服务，如男士基础护肤、胡须造型设计、防脱发治疗等，以满足男性顾客在个人形象管理和健康护理方面的需求。这类企业的兴起，不仅丰富了美容市场的服务内容，也为美容行业带来了新的增长点。

（五）按服务渠道分类

线下美容企业：传统的线下美容企业通过实体店铺为顾客提供面对面的美容服务。这类企业注重营造优雅舒适的服务环境，提供专业的美容咨询和个性化的服务体验，以增强顾客的满意度和忠诚度。线下美容企业通过提供高品质的服务和产品以及优质的顾客体验，来建立品牌形象和口碑。

线上美容企业：随着互联网技术的飞速发展，线上美容企业利用电子商务平台和社交媒体等网络工具，为顾客提供在线咨询、远程预约、美容产品销售等服务。这类企业通过线上渠道，能够覆盖更广泛的潜在顾客，提供更加便捷的服务体验。线上美容企业通过大数据分析顾客需求，精准营销，以及提供个性化推荐，来吸引和留住顾客。

总体来看，美容企业的分类体现了市场的细分化和消费者需求的个性化。美容企业需要紧跟市场趋势，不断创新服务内容和经营模式，以满足消费者的多元化需求。在未来的发展中，美容企业还需关注消费者对健康、环保、科技融合等方面的新要求，积极探索可持续发展的道路，以实现长期的市场竞争力和品牌价值。

五、美容院的概念

美容院作为美容行业的重要组成部分，是提供专业美容和护理服务的场所，旨在帮助顾客改善外貌和提升个人形象。美容院的服务范围广泛，包括面部护理、皮肤治疗、身体护理、美发、美甲、化妆等。随着社会的发展和消费者需求的多样化，美容院的服务项目和经营模式也在不断创新和扩展。

在服务项目方面，美容院提供的面部护理不局限于基础的洁面和去角质，还包括深层的面膜滋养、精华液导入等，以及更为高级的抗衰老、美白和针对特定肌肤问题的治疗。身体护理服务则更加全面，从身体按摩到去角质，从瘦身到丰胸塑形，旨在全面提升顾客的身体线条和肌肤健康。美发服务也不再局限于传统的洗剪吹，而是根据顾客的个性化需求，提供专业的烫发、染发和护发建议，打造适合顾客脸型和风格的发型。美甲服务则通过精细的指甲修剪、时尚的涂色和创意的美甲设计，为顾客的双手增添独特的美感。化妆造型服务则提供从日常妆容到特殊场合妆容的定制设计、专业的化妆教学，帮助顾客掌握化技巧。

在经营模式上，美容院展现出多样化的特点。个体经营的美容院以其亲切、个性化的服务赢得了顾客的青睐，而连锁经营的美容院则通过统一的服务标准和品牌形象，提供更专业的服务和产品。会员制美容院通过提供定制化服务和优惠，增强了顾客的忠诚度。综合性美容会所则不仅提供基础的美容服务，还可能包括SPA、健身、心理咨询等多元化服务，为顾客提供一站式的美容和健康体验。

随着美容技术的不断发展，美容院提供的服务越来越专业化，对美容师的技能要求也越来越高。美容院针对不同的消费群体，如女性、男性、年轻人、中老年人等，提供专门的服务，以满足不同顾客的需求。此外，许多美容院还销售美容产品和护肤品，为顾客提供从内到外的美容解决方案。

在发展趋势方面，美容院正逐渐融合科技元素，引入高科技美容仪器和产品，如激光、射频、微针等，以提高服务效率和效果。线上线下结合的O2O模式也越来越受到美容院的青睐，通过线上预约、咨询和产品销售，结合线下实体店提供服务，为顾客提供更加便捷的体验。同时，美容院也在向健康管理领域拓展，提供更多的身体调理和健康咨询服务，以满足顾客对健康生活方式的追求。可持续发展的理念也日益受到重视，美容院开始使用天然、有机的美容产品，提倡绿色美容，关注环保和健康。

知识链接

美容院新的发展方向

技术创新：随着科技的进步，美容院也开始引入各种先进的技术设备，如智能美容仪器、VR/AR技术、3D打印等，为顾客提供更为先进和个性化的服务。此外，人工智能和大数据的应用也可以帮助美容院更好地了解顾客需求，提供更为精准的服务。

绿色环保：随着消费者对环保意识的提高，美容院也开始重视环保和可持续性。使用环保材料、绿色美容产品，减少废物产生，提高能源效率等，都是美容院可以努力的方向。

个性化定制：消费者对个性化的需求越来越高，美容院可以通过提供个性化定制的服务来满足这一需求。例如，根据顾客的肤质、生活习惯等，提供定制化的美容方案和产品。

跨界合作：美容院可以尝试与其他行业进行跨界合作，如与健身房、SPA、餐饮等结合，提供一站式服务，满足顾客多元化的需求。

在线教育：随着网络的发展，美容院也可以尝试开展在线教育和培训，如在线美容课程、直播教学等，提高顾客的美容知识和技能。

社交属性：美容院可以打造一个社交场所，让顾客在享受美容服务的同时，也能与他人交流、分享经验，形成一个美容爱好者的社群。

任务三　美容行业的发展趋势

随着科技的不断进步，美容行业也在经历着前所未有的变革。技术创新不仅提升了美容服务的质量和效率，也为消费者提供了更加个性化和高效的美容体验。

一、美容科技创新与应用

在当今时代，美容行业的科技创新正成为推动行业发展的核心动力。这些创新不仅在产品配方上展现出前所未有的多样性和有效性，而且在服务流程和顾客体验上也实现了质的飞跃。研发人员通过跨学科的合作，将生物技术、化学工程、材料科学等领域的最新研究成果融入美容产品的研发中，不断推出新的美容成分和产品配方。

生物技术的应用，尤其是基因工程技术，已经在美容行业中取得了显著的成就。通过改造微生物，科学家们能够生产出具有特定功效的生物活性物质，这些物质在抗衰老、美白、保湿等美容产品中的应用，为消费者提供了更多的选择和更好的效果。纳米技术的发展，更是让美容成分的渗透力和作用效果得到了显著提升。纳米粒子的微小尺寸使其能够深入皮肤，更有效地释放活性成分，从而提高产品的功效和吸收率。

服务流程的科技创新，使得美容服务变得更加高效和精准。大数据分析技术的应用，让美容师能够根据顾客的肤质、生活习惯和美容偏好，提供更加个性化的服务方案。这种数据驱动的服务模式，不仅提高了服务的针对性和有效性，也为顾客带来了更加满意的体验。虚拟现实（VR）和增强现实（AR）技术的应用，更是让顾客能够在虚拟环境中预览美容效果，甚至在家中通过智能设备进行部分美容护理，极大地丰富了美容服务的形式和内容。

二、智能化美容设备与技术

智能化美容设备与技术的发展，为美容行业带来了革命性的变化。智能皮肤分析仪利用高清摄像头和传感器技术，能够精确地分析顾客的肤质，提供详细的皮肤报告，并根据分析结果推荐相应的护理方案。这种智能化的诊断方式，不仅提高了服务的专业性，也为顾客提供了更加科学和精准的护肤指导。

智能美容仪器，如射频、光疗等设备，通过精确控制能量输出，能够针对不同的皮肤问题提供定制化的治疗。这些设备的高度智能化和自动化，使得美容治疗过程更加安全、有效，同时也降低了对专业人员操作的依赖。智能穿戴设备，如智能手环、智能镜子等，能够实时监测顾客的皮肤状态和生理指标，提供健康建议和美容指导，使美容护理更加贴近顾客的日常生活。

人工智能（AI）技术的应用，使得美容服务变得更加智能化。AI美容顾问能够通过分析顾客的大量数据，提供个性化的护肤建议和产品推荐。这种智能化的服务模式，不仅提高了顾客的满意度，也为美容行业带来了新的增长点。

三、绿色环保美容产品与技术

环保意识的提高，使得绿色环保美容产品与技术成为美容行业的新趋势。消费者越来越关注产品的成分来源和生产过程，对健康和环保的要求也越来越高。为了满足这一市场需求，美容行业正在逐步减少对化学合成成分的依赖，转而采用天然、有机和可持续来源的原料。植物提取物、天然油脂和精油等成分的应用，不仅对皮肤更加温和，也减少了对环境的影响。

生物发酵技术的应用，使得美容产品中的有效成分能够以更加环保和可持续的方式生产。通过微生物发酵，可以大量生产出胶原蛋白、透明质酸等美容成分，同时减少对化石燃料的依赖。此外，包装材料的创新也是绿色环保美容产品的一个重要方面。采用可降解材料、减少包装的使用量，以及鼓励产品回收，都是美容行业在环保方面所做的努力。

美容行业的技术发展正推动着整个行业向更高效、更个性化、更环保的方向发展。美容科技创新与应用、智能化美容设备与技术以及绿色环保美容产品与技术的发展，不仅提升了美容服务的质量和顾客体验，也为行业的可持续发展奠定了坚实的基础。未来，随着科技的不断进步，美容行业将继续探索新的技术和方法，为消费者提供更加安全、有效和环保的美容产品和服务。随着这些创新技术的不断成熟和普及，美容行业必将迎来更加广阔的发展前景。

目标检测

答案解析

1. 美容一词的起源是什么？
2. 美容行业的服务内容有哪些？
3. 化妆品制造的重要性体现在哪些方面？
4. 美容设备生产的作用是什么？
5. 美容教育培训的目的是什么？
6. 美容行业在国民经济中的地位如何？
7. 美容企业的分类有哪些？
8. 美容院提供的服务项目有哪些？
9. 美容行业的发展趋势是什么？
10. 美容行业面临的挑战与机遇是什么？

（邱子津）

书网融合……

重点小结　　　　微课　　　　习题

项目二 美容机构人力资源管理

> **学习目标**

知识目标：通过本项目的学习，应能掌握美容机构人力资源配置和规划、组织、协调和控制等；熟悉美容企业员工培训的内容与方法；了解美容企业员工流失的原因。

能力目标：具备美容机构人员招聘及考核培训能力。

素质目标：通过本项目的学习，具备美容从业人员所必备的职业素养，具备一定的职业素养培训业务能力。

任务一 美容机构人员配置与招聘

PPT

> **情境导入**

情境：上海市某美容会所，近几年优秀的美容师流失率居高不下。为了留住人才，该会所对薪酬水平进行了调整，但是，高薪仍然留不住优秀的人才，该会所逐渐成了"训练基地"。面对这一情况，会所负责人不得不反复招聘新员工，但是又难以招到合适的人员，即使招聘到优秀的员工，对新员工的培训又成为难题，不知道该如何下手。目前，该会所的员工培训只有针对新员工的培训和产品及设备培训；此外，好不容易留住的员工工作积极性不强，服务意识欠缺。这导致该美容会所客户体验感下降，顾客到店明显比往年更少，员工工作状态也十分悠闲散漫，会所负责人又担心加强管理会导致现有员工不满而离职。总之，该美容会所面临一系列管理问题。

思考：1. 该美容会所应该如何招聘员工并设置科学的培训体系？

2. 该美容会所如何提高员工工作积极性？

一、美容机构人员配置

（一）美容机构人员配置的概述

大部分美容机构从业者素质参差不齐，都面临着招人难、用人难、育人难、留人难的状况，而且作为服务行业，一线员工的专业水平和服务品质，对能否留住客户起到关键作用。美容机构的发展主要依赖高素质的员工，其工作人员主要含管理人员、专业技术人员和辅助人员，其人员配置应满足机构发展的需要，同时也要考虑满足员工个人的特点、爱好和需要，优化人力资源配置，将合适的人员安排在合适的岗位上。

1. 美容机构人员配置的目标 美容机构在实现整体经营目标的同时，应兼顾员工个人的发展目标，强调在实现美容企业发展战略的同时实现员工个人素质的全面提升。具体来讲，美容机构人员配置的目标主要包括以下几方面。

（1）实现美容机构利益最大化 美容机构通过合理设置岗位，安排合适的员工到岗履职尽责，通过合理的管理方式或手段，来实现美容机构人力资源的精干和高效，达到 $1+1>2$ 的效果，从而最大化美容机构员工的使用价值，实现美容企业利益的最大化。

（2）实现员工个人利益最大化　美容企业的人力资源配置，是将合适的人安排在合适的岗位上。要关注员工个体的发展，多方面考虑到员工个人特点、兴趣爱好和需求，为其提供发展平台和机会，加强教育与培训，维系员工对企业的忠诚，降低离职率。激发员工工作积极性和潜能，实现员工的成长与收获，达到员工个人利益最大化。

（3）促进社会利益最大化　人力资源是社会进步最核心的资源，通过教育与培训，美容机构员工的知识、素质与技能将会不断得到提高。美容企业员工全面进步，为社会创造更多的财富，推动社会的进步与发展。

2. 美容机构人员配置的原则

（1）因事设岗，按岗择人　就是按岗位的需要选派合适的人员。

（2）量才适用　是指将具有不同能力的人放在美容企业组织内部不同的职位上，给予不同的权力和责任，实现能力与职位的对应和适应。简单地说，就是把合适的人放在适合的位置上。

（3）经济高效　人员配置必须做到精简、节约、高效、合理。鼓励员工一人多能，提倡兼职；一定范围内简化业务手续、减少管理层次、精简机构等。

（4）人事动态平衡　应合理安排各类人员的比例关系，注意尽量让能力强的人去从事更高层次的工作，承担更多的责任，让能力不符合职务要求的人有机会从事力所能及的工作，力求人尽其才，实现人与工作的动态平衡。

（5）互补增值　美容机构人员配置要考虑到员工的性格、气质、知识、专业、能力、性别、年龄等，应相互补充，扬长避短，使整个团队的战斗力更强，达到增值效应。因此，美容机构在人员匹配时，要注意成员的能力、知识、专业等各方面的结构与配置。

（6）留有余地　美容机构在人员配置过程中要充分考虑到岗位设置、工作要求、员工离职、晋升等多方面原因，留有充分的余地，使得人力资源整体运行过程具有一定的弹性，当某一决策发生偏差时，留有纠偏和重新决策的余地。

（二）常见美容机构人员配置及主要职责

美容机构的人员如何配备及岗位职责是美容行业经营管理的难点，实行岗位制度化管理是美容机构做强、做大必不可少的条件。以美容机构最常见的美容院、美容化妆品公司、医疗美容机构人员配置为例，其人员构成及主要职责简介如下。

1. 美容院　下面以美容院岗位设置及职责标准设定为例进行介绍，各机构可根据实际情况，加以灵活运用。

（1）院长　美容院院长是整个美容院最核心的人物，他的主要职责是整个美容院的经营管理及各项工作的指导、督促、检查等。具体职责一般包括以下几项。

①确定美容院的经营理念，培育店员的服务意识及敬业精神，合理使用各类人才。

②分析顾客的意见，解释服务目标及标准，与同事共同制定改善服务的方法，以身作则，执行服务承诺。

③定期了解客源拓展情况和市场竞争动态，并分析形势，制定对策。

④订立公正、合理、有效的奖罚制度，协调员工之间的关系，维持良好的纪律。

⑤督导日常工作，保证美容院各环节的正常营运和高质量的服务。

⑥选择优质的产品和服务项目，确保产品效果良好，质量稳定，物有所值。

⑦定期培训员工，以提高服务水平。

⑧制定合理收费价格，并明码标价（包括护理项目产品），树立良好的信誉。

⑨定期考核美容院店长、代店长的工作业绩，并形成考核材料等。

（2）店长 其主要职责有以下几项。

①严格内部管理，抓好各项规章制度的落实，做好对现金、产品、设备器皿等物品的管理，坚持定期检查，确保不出差错。

②做好对美容顾问、美容师的管理，严格上岗标准，严肃工作纪律，制定工作计划，分工合理明确。

③组织落实员工考评活动，做好日常各项指标的考核、记录工作。

④做好员工的思想工作，经常与员工谈心，关心她们的思想、工作、生活等情况，广泛听取员工的意见、建议，不断改进工作，充分调动员工的积极性。

⑤组织好每周例会及每天早会，会前做好准备，及时解决出现的问题，协助员工达成目标以及提升店员的技术和销售能力。

⑥做好对顾客资料的管理，经常了解顾客的需求，检查各项服务是否到位，听取顾客的意见，加强与顾客的沟通。

⑦根据需要不定期地组织美容师培训，不断提高美容师的业务水平。

⑧做好前台咨询工作，不断提高业务水平和服务水平，提高顾客到店率和满意度。

⑨抓好卫生管理，落实责任制，始终保证环境卫生的整洁等。

（3）美容顾问 其主要职责有以下几项。

①热情周到地接待来访顾客，建立、完善客户个人档案。

②详细了解顾客需求，评估顾客的消费水平，合理推荐产品及美容项目。

③指导、帮助美容师、美容助理为客户护理。

④与客户有效沟通，建议其配合进行家居护理。

⑤定期电话跟踪服务，保持良好的客群关系等。

（4）美容师 其主要职责有以下几项。

①准时上班，更换统一的工作制服，整洁仪容，化淡妆，保持良好的精神面貌。

②服从店长、顾问的工作安排，认真执行经营指示。

③清洁美容院内外的环境卫生，备齐必需的美容用品、用具，并整理、清洁货架上陈列的商品。

④科学、合理地按照产品要求、程序、性能进行美容护理操作，并为顾客推荐其适用的美容产品和服务项目。

⑤服务顾客细致入微、热情周到，规范使用礼貌用语，征询客人意见、要求，并及时向上级主管反馈信息。

⑥以客观公允的态度面对投诉，态度和蔼、语气婉转地给予解释。

⑦配合、协助店长、顾问拟订各项工作计划、完成各项销售任务，并积极参与各项宣传促销活动。

⑧认真学习产品知识和业务技术，提高自身素质和专业技能等。

2. 美容化妆品公司 以专业线为例，工作人员大致分为以下几种。

（1）**市场拓展人员** 其主要职责：扩大市场占有率、提升销售业绩。一般职责包括以下几项。

①通过代理、加盟、连锁等方式推广产品或美容项目，提升市场占有率。

②拓展加盟店、代理商和合作对象，扩大市场占有率。

③不断收集、整理、完善合作潜在商家的经营管理、项目设置、店面销售、终端客户、货物用品管理等系统资料，形成标准的美容院管理系统，并不断调整、充实。

④跟踪市场终端营销思维，研究、开发新颖的促销方案、方法、技巧、概念。

⑤收集、整理和分析市场信息及竞争对手的情报信息，及时反馈，以便公司及时调整市场策略。

⑥建立健全客户关系管理体系，处理客户服务需求及投诉建议。定期定时地保持与客户的日常联系，建立积极良好的客户关系。

（2）市场服务（销售）人员　以美容导师为例，其主要职责有以下几项。

①宣传公司及企业文化、美容产品品牌，塑造良好的企业形象和产品品牌形象。

②处理客户服务要求，解决客户在产品营销中遇到的问题，帮助加盟（合作）美容院提高管理水平，指导美容师熟悉产品、提高专业技能和销售技巧及产品知识，帮助美容院提升销量。

③收集反馈加盟（合作）美容院建议、意见，包括顾客对产品的问题、建议、意见，市场相关产品或服务项目信息，以及公司产品使用过程中出现的问题、不良反应、效果等。

④加强与加盟（合作）美容院沟通联系，维护良好客情关系等。

（3）企划人员　其主要职责有：规划营销发展方向，做出战略规划、战术制定，监控市场，调整完善战略和战术。

（4）教育培训人员　其主要职责有：美容企业人员心态培训、入职在职培训、技术和业务培训以及企业文化教育等。

（5）仓储部门人员　其主要职责有：负责建立和完善仓库管理系统，负责产品的保管、采购、配送；处理各种产品的退、换货等。

此外，美容化妆品企业一般还有行政管理人员（主要含人力资源及财务人员等）、研发人员、生产人员（大部分交工厂代工或代理产品）等。

3. 医疗美容机构　医疗美容机构的工作人员大致分为美学设计师、医务人员、客服人员、后勤工作者等。美学设计师，即整形咨询师，顾名思义，是帮顾客做前期面部设计、给出方案，以达到某种效果的岗位。医务人员包括治疗医生、手术医生、护士、检验科、药房医师等。客服人员是指给顾客提供术前术后咨询、维护、售后的工作人员。后勤工作一般包括行政、保洁等人员。

（三）美容机构员工的素质要求

1. 管理者的素质要求　美容机构或部门管理人员是能够带领、指导、激励团队员工的核心人员。

（1）思想品德素质　自觉接受党的领导，拥护社会主义，严格遵守国家的法律法规。有崇高的道德品质，通过自律来引导员工规范，能够起到表率作用，善于树立标准和榜样，确立目标和方向。

以企业为荣，以身作则，保持积极乐观的工作态度，在做好"言传"沟通的同时，做好无声的"身教"表率，产生凝聚力；对员工一诺千金，制定的目标和做出的承诺都能给员工予以极大的鼓舞；公私是非分明，不损害团队的利益，不贪功，不诿过；尊重和关心别人，正确对待批评和建议，善于发现和发掘下属的才能和潜力；要有强烈的事业心和工作责任感，有适度挫折容忍力，遇事冷静沉着，具有坚忍的意志；善于学习，善于创新。

（2）知识素质　面对现代消费中网络营销、直播销售等新业态的兴起，善于转变管理理念；具备一定的营销知识和能力，熟悉消费心理学、管理心理学、市场销售学、公共关系学等；懂得美容行业相关学科的基本知识，如美学、化妆品学、皮肤科学相关知识等。

（3）能力素质　组织指挥能力：作为企业管理者的核心，应该有一定的号召力，以组织整体目标为依据，按照企业目标、任务，按员工能力大小，建立合理的组织结构，明确每个人的职责范围、相应权利。能有效地协调、激励员工开展工作，达到企业经营目标。

应变竞争能力：时代在前进，社会在发展，作为一个管理者心须掌握市场信息，不断思考改进，正确预见未来环境变化趋势，及时对经营目标和计划做出相应的决策，自我调整，发挥优势，敢于、善于竞争，才能在竞争中使企业得到生存，得到发展。

2. 美容机构一线员工的要求　自觉拥护党的领导，遵守法律法规，遵守企业的各项规章制度。热爱本职工作，踏实肯干，具有服务意识和责任感，具备一定的美容心理学知识和较好的美容技术技能。

（1）专业知识素质　较好地掌握美容专业知识（医学美学、美容心理学等）、设备和工具的简单维修知识、色彩知识、素描知识、消费心理知识等相关知识。

（2）能力素质　注重仪容仪表，着装整洁得体，举止礼貌、表情亲切、自我尊重。熟悉服务程序，能较好地与顾客沟通，具有良好的业务操作能力。

二、美容机构员工招聘

美容机构员工招聘是指美容机构及时寻找、吸引并鼓励符合要求的人到本企业任职和工作的过程。一般由招募、选择、录用等一系列活动构成。吸引、选择、保留高素质的员工是美容企业赖以生存和发展的基础。所以，员工招聘是美容企业员工管理的重要环节。

（一）美容机构员工招聘原则

1. 合法　美容企业在招聘过程中，应知法守法，遵守国家有关法律、法规、政策。

2. 因事择人　美容企业的招聘应根据企业的人力资源规划和工作说明书进行，空缺什么样的职位，就招什么样的人。

3. 公平公开　员工招聘必须向全社会公开招聘条件，对应聘者进行全考核，公开考核结果，择优录用，避免暗箱操作。这一原则是保证美容企业招聘到高素质人员和实现招聘活动高效率的基础。

4. 效率优先　美容企业应根据不同的招聘要求，灵活选用适当的招聘途径和甄选手段，在保证招聘质量的基础上，尽可能降低招聘成本。

（二）美容机构员工招聘流程

美容机构招聘流程一般包含招募、甄选、录用和评估等环节。

1. 招募　美容机构在招募过程一般分为三个阶段。第一阶段，制定招募计划，明确企业员工选聘需求和招聘的目标，并做好工作分析和招募前的准备工作。美容机构招募计划往往有年度招募计划和临时招募计划两种。年度招募计划是美容机构根据年度岗位需求来进行招募。临时招募计划是根据人员流动增减而进行补充短期人员。招募计划是由各部门根据岗位需求报备给人力资源部，最终由总经理批准后实施。第二阶段，招募计划的实施。首要工作就是发布招募信息，内部招募的方法是各部门主管直接推荐或在内部张榜招募信息等。外部招募需要借助各种媒体、网络及其他渠道来发布需要招募的信息，或者去学校进行校园招聘，对应聘者的资料做好收集、整理。第三阶段，评价和控制。在招募工作中及时发现问题、控制问题并及时做好可实行的方案。

2. 甄选　甄选是整个招聘过程中最重要的一环，是对应聘人员是否适合本次所招聘工作岗位的考察，并对应聘者做初步的筛选和面试。在整理好所有应聘者的资料后进行初步筛选，对应聘者进行考察（笔试和面试）。

3. 录用　美容机构通过各种方式的甄选，对剩余应聘者下发录用通知，并做好录用的初步安置，确定每一位被录用者的工作部门和岗位。由人力资源部人员通知到岗时间，到岗后送培训部进行行业及业务专业培训，培训合格的人员办理入职手续等。

4. 评估　招聘评估指的是有效评估（录用员工数量与质量评估）和招聘方法的成效评估（招聘的信度与效度评估）。

（三）美容机构员工招聘的途径

1. 内部推荐制度　是指靠老员工带新员工和员工自己推荐，这种方式推荐的人员大多数是自己的亲朋好友，这样造成公司员工之间的裙带关系。

2. 内部提拔 是指从美容机构内部选拔合适的人才来补充空缺或新增职位。内部选拔比较适用于招聘负责新增美容项目的美容师及店长等中层人员，其招聘的渠道主要有提升、调换及工作轮换等。

3. 外部招聘 是利于互联网等平台发布招聘信息。此类招聘方式是比较普遍的方式之一，但投递到互联网平台的简历过多，在筛选简历过程中过多占据了大量的工作时间，筛选通过的简历基本都通过了录用，看似录用了很多人招聘了很多人，但较难招聘到合适的员工。

4. 校园招聘 直接和开设美容专业的学校联系，招聘美容专业（或专业接近）的学生，这种招聘方式往往能招聘到理想的员工。

（四）美容机构员工招聘来源

按照美容机构招聘来源不同，美容机构员工的招聘渠道主要分为内部选拔和外部招聘两个方面。其各有特点。

1. 内部选拔 从美容企业内部选拔合适的人才来补充空缺或新增职位。内部选拔具有以下优势。

（1）从选拔的有效性和可信度分析 美容企业管理者和员工之间的信息是对称的，不存在"逆向选择"（员工为了入选而夸大长处、弱化缺点）问题，甚至"道德风险"问题。因为内部员工的历史资料有案可查，对其工作态度、素质能力以及发展潜能等方面有比较准确的认识和把握。

（2）从企业文化分析 员工在美容企业中工作过较长一段时间，已融入到美容企业文化之中，视美容企业作为自己的事业和命运的共同体，认同美容企业的价值观念和行为规范，因而对美容企业的忠诚度较高。

（3）从组织运行效率分析 美容企业现有的员工更容易接受指挥和领导，易于沟通和协调，易于消除边际摩擦，易于贯彻执行方针决策，易于发挥组织效能。

（4）从激励作用分析 美容企业内部选拔能够给员工提供一系列晋升机会，使员工的成长与美容企业的成长同步，容易鼓舞员工士气，形成积极进取、追求成功的气氛，达成美好的愿景。

但是，内部选拔本身也存在明显不足。比如，内部员工竞争的结果必然是有胜有败，可能影响美容企业内部的团结；美容企业内部可能出现"团体思维"现象而缺少创新；内部选拔可能因领导的好恶而导致优秀人才外流或被埋没；也可能出现"裙带关系"，滋生美容企业内部的"小帮派""小团体"，削弱组织效能。

2. 外部招聘 美容机构按照一定的标准和程序，从企业外部众多的候选人中挑选符合空缺职位工作要求的人员。美容企业创办初期或快速发展期，需要纳入更多新人或需要新鲜血液时，多采用外部招聘的方式吸纳更多的资源。美容企业外部招聘的途径和方法主要有广告招聘、店面门口招聘、网络招聘、员工举荐、人才招聘会等。外部招聘具有以下优势。

（1）新员工会带来不同的价值观和新观点、新思路、新方法，外募优秀的技术人才、营销专家和管理专家，他们将带给美容企业"技术知识""客户群体"和"管理技能"，往往都是无法从书本上直接学到的巨大财富。

（2）外聘人才可以在无形当中给美容企业原有员工施加压力，形成危机意识，激发斗志和潜能，从而产生"鲶鱼效应"，通过标杆学习而共同进步。

（3）外部挑选的余地很大，能招聘到许多优秀的人才，还可以节省大量内部培养和培训的费用。

（4）外部招聘也是一种很有效的信息交流方式，美容企业可以借此树立积极进取、锐意改革的良好形象。

鲶鱼效应

鲶鱼效应是一种经济学和管理学的概念，源自挪威人捕捞沙丁鱼的一种方法，指的是鲶鱼在搅动小鱼生存环境的同时，也激活了小鱼的求生能力。鲶鱼效应慢慢应用到市场，利用一种手段或措施，刺激一些企业活跃起来投入到市场中积极参与竞争，从而激活市场中的同行业企业。从人力资源管理的角度来看，"鲶鱼效应"是企业管理者激发员工活力的有效措施，具体是指组织管理部门通过引进优秀人才以激活原有员工的活力，产生一石激起千层浪的激荡效果。如广州某美容企业，员工大多数安于现状，公司氛围死气沉沉，后来，企业引进数名业内专业带头人，通过其高于本企业人才的能力，产生了非常积极的"鲶鱼效应"，员工的工作积极性和创造力提高不少。然而鲶鱼效应也存在一定的弊端，由于鲶鱼具有强烈的攻击性，如果控制不好，可能会对原有的沙丁鱼造成伤害。在企业中，如果竞争过于激烈，可能会导致员工之间的相互攻击，影响企业的和谐稳定。因此鲶鱼效应的使用需要适度，需要根据企业的实际情况进行调整。

美容企业外部招聘也不可避免地存在着不足。比如，由于信息不对称，往往造成筛选难度大，成本高。甚至出现"逆向选择"可能挫伤有上进心、有事业心的内部员工的积极性和自信心，或者引发内外部人才之间的冲突；"外部人员"有可能出现"水土不服"的现象，无法融入美容企业文化之中。

内部选拔和外部招聘各有利弊，究竟是"自家兄弟最可靠"，还是"外来和尚好念经"，要视美容企业具体的选聘目的和环境条件来定。

一般来说，美容企业对于基层的职位可从外部进行招聘，对于高层或关键的职位则从内部晋升或调配。当美容企业外部经营环境变化剧烈时，宜从外部选聘适合的人才。处于成长期的美容企业，外聘人才多；成长后期与成熟期，美容企业通过长期培养，已经积累了一定的优秀人力资源，内部选聘更为恰当。当美容企业需要调整发展战略，改造原有文化，宜从外部招聘；反之，可从内部晋升。

美容企业在招聘员工时会遇到各种各样的问题，需要招聘人员具备公正的态度和相应的知识储备，才能在招聘过程中避免各种误区，保证所招聘人员符合企业要求，否则，不仅不利于美容企业的发展，也不利于员工个人的职业生涯发展。

PPT

任务二　美容机构人力资源的内部管理与调控

一、美容机构人员培训

在美容行业，新的管理理念、新技能、新产品等层出不穷。美容机构必须建立完善的培训制度，不断对员工"充电"。对培训对象而言，既可以按员工工作性质、工作经历，还可以按员工的知识背景来分类培训。员工培训是美容企业通过对员工有计划、有针对性的教育和训练，使其能够改进目前知识和能力的一项连续而有效的工作。

按工作岗位来分，美容机构应针对不同的岗位，以不同内容、不同层次和不同的方法进行培训。例如：①美容师等一线员工着重加强技能培训，同时学习企业文化、产品知识、顾客心理和销售技巧等；②管理人员着重培训企业文化、企业的规章流程和处理突发事件的能力；③咨询人员着重培训美容行业知识，同类产品或服务项目培训，熟悉公司的内部事务和沟通技能培训；④接待人员着重培训处理人际关系的能力，能处理诸如投诉、调换产品、协调顾客不同要求等事件的能力，另外还要与员工密切配合，销售产品。对于以上员工的培训要视其具体岗位要求而定，不能一概而论。

（一）员工培训对象

美容企业所有的员工，包括新来员工、美容师、美容顾问、店长、院长和其他员工都需要进行培训。

（二）员工培训目标

美容企业员工培训的目的是提高员工队伍的素质，促进美容企业的发展，实现以下四个方面的具体目标。

1. 更新知识 通过组织各类培训，员工可以学习到最新美容服务理念与技能、新美容产品知识和先进仪器设备的操作技能等。

2. 提高能力 包括沟通、用人、激励、决策、创新等综合能力。

3. 转变观念 促进理念交流，达成共识，使员工了解美容企业文化并尽快融于美容企业文化之中，形成统一的价值观念，规范员工行为。

4. 交流信息 员工能够了解美容企业在一定时期内的政策变化、技术发展、经营环境、绩效水平、市场状况等方面的情况，利于企业经营。

（三）员工培训方法

美容企业员工培训包括管理人员的培训和一般员工的培训。

1. 管理人员的培训 一般美容机构对管理人员培训，一方面是培训企业文化、产品或项目基础知识，企业运作方式、各岗位员工的工作内容等；另一方面是管理理论（管理心理学、人际关系学等）。

美容机构的管理人员培训方法主要包括临时职务代理、设置职务助理、工作轮换、授权管理岗位职责等。

（1）临时职务代理 美容机构设置临时职务代理（代理美容院院长、代理店长等）负责正式职务的工作内容，其目的是让管理人员进一步体验管理岗位工作，并在代理中充分展示或迅速弥补所缺乏的管理能力和素养。

（2）设置职务助理 美容机构可在有些管理层次设置职务助理，如店长助理、区域经理助理、院长（总经理）助理等，让其接触中、高层次管理实务，通过耳濡目染，积累高层管理经验并培养管理人员能力和职业素养。

（3）工作轮换 美容机构工作轮换可以让管理人员熟悉、积累不同门店、不同部门的管理经验，丰富其技术知识和管理能力，培养协作精神和全局观念，使其知晓美容企业系统各组成部分在整体运行和发展中的作用，提高其工作能力。

（4）授权管理岗位职责 将有些管理岗位职责处理权限给员工，也是培养员工管理能力的一种方式。

2. 一般员工的培训 美容企业一般员工培训方法包括：入职培训、在职培训和脱产培训。

（1）入职培训 美容行业新员工上岗前所具有的行业经验和背景不尽相同，尤其是生活美容行业就业门槛偏低，甚至部分新员工不具有美容行业的从业经验。

入职培训主要是培训关于美容专业基础知识（如如何测定皮肤的类型、如何正确针对不同的皮肤选择产品等）、美容技能（减肥、面部护肤、美颈等）和产品知识（产品的成分、功效、最佳使用时间、类型、售价等）等，学习企业的各种规章制度、处理日常事务的方式；另外还要学习企业文化、销售技巧，以及学习如何分析顾客，与顾客沟通的技巧等。

针对新员工的培训，是美容企业最常见、最重要的培训，一般为 2~4 周时间。

（2）在职培训 指员工不离开其工作岗位，在工作进行的同时所实施的培训。是美容企业最常见、最普遍的培训方式之一。如：员工要逐步参加美容行业的专门的从业资格认证，企业组织员工参加美容行业的技能鉴定考试，学习新推广的手法和新产品知识等。

其培训方式包括：制订学习内容、安排学习时间；定期召开小型讨论会：让美容师轮流讲解产品知识、销售心得、技术探讨；师带徒，让新员工向优秀的老员工学习；定期进行横向的工作轮换，了解熟悉各工作环节之间的依存性；经常请外来老师讲课等。

（3）脱产培训 为了使员工能够适应新的工作岗位，让员工离开原工作岗位一段时间，专心脱产培训。美容企业应不定期选派优秀员工到先进地区学习。如了解新的信息，开阔职业视野，学习新项目、新技术、新方法、新管理，即"充电"。脱产培训成本很高，美容企业要将培训、员工职业规划与企业发展紧密结合起来。

二、美容机构人员的薪酬及激励制度

（一）美容机构人员的薪酬

薪酬是指员工因为被雇用而获得的各种形式的收入，包括基本工资、奖金、津贴、加班工资、各种福利项目、长期与短期激励等。广义上包括经济性薪酬和非经济性薪酬，狭义仅指经济性薪酬。

1. 薪酬的组成

（1）基本工资 员工与企业签订劳动合同后，主要根据工作岗位劳动强度、工作复杂程度以及员工知识、技能和素养水平为基础，以员工完成岗位实际工作而支付的报酬。基本工资是美容行业各工作岗位最普遍的薪酬之一，具有差异性。

（2）岗位工资 经过技术考核评定后，确定不同级别享受不同的工资。近年来，各美容机构高度重视专业晋升通道。依据员工知识、技能水平不同，将同一工作岗位分成若干等级，如一级美容师、二级美容师、三级美容师、四级美容师等，各工作岗位不同工资标准。给予员工专业晋升渠道，以鼓励员工提高知识、技能水平，提高专业荣誉感等。

（3）工龄工资 因美容行业有些岗位的流动性较大，为鼓励对企业忠诚度高的员工，设定工龄工资，即指员工在企业工作一定时间后，所享有的工资，一般以年为单位、逐年递增的报酬。

（4）业绩提成 根据不同的服务项目，以产品和服务所享有的工资，按比例计算，不同的服务项目所提的比例有所不同。业绩提成具有高差异性，可以有效鼓励员工提高工作业绩。

（5）奖金 员工因对企业有特殊的贡献而享有的工资，如业绩超出既定目标很大的幅度；为企业的经营出谋划策，采用后带来很好的效果；对企业某专项活动作出重大贡献等。

（6）福利 是指给内部员工的一种福利待遇。企业给员工提供的用以改善其本人和家庭生活质量的，常以非货币工资或延期支付形式为主的各种补充性报酬和服务。例如：美容企业给员工提供的免费或折扣产品（美容服务）、购车补贴、免费旅游、福利房、工作餐、发放生活用品等。

2. 薪酬管理的必要性 薪酬管理作为保护和提高员工工作热情的最有效的激励手段，是美容企业管理制度中不可欠缺的一部分。企业经营者只有站在经营管理的高度，结合企业的经营战略和发展规划，综合考虑企业内外部各种因素的影响，确定自身的薪酬水平、薪酬结构和薪酬形式，科学合理地设置薪酬体系，并结合企业阶段性目标不断调控，才能吸引和留住符合企业需要的员工，并激发他们的工作热情和各种潜能，最终实现企业的经营目标。美容企业科学合理的薪酬体系可以让企业在不增加成本的情况下提高员工对薪酬的满意度。

（1）有利于塑造良好的企业文化 企业通过科学发放工资、津贴、奖金和员工福利作为企业经营管理的有效手段，除发放工资，资金实力不足的中小企业而言，仅仅依靠现金留人，将很难避免人才大流失的问题。而具有延期支付性质的员工福利，不可以很好地维系住人才。合理的薪酬制度可以作为构建美容企业文化的制度性基础，对美容企业文化的发展方向具有重要的引导作用。

（2）有利于激发员工的工作积极性　有效的薪酬管理使美容企业能够在不同程度上满足员工的需要，公平合理的薪酬制度可以保证企业员工在工作中具有高涨的热情、积极的心态。同时薪酬水平的高低也是员工绩效水平的一个反映，从而可以实现对员工的激励。企业形成一种公平竞争的机制氛围，可以激励员工奋发图强，不断进行更具成效的价值创造。

（3）有利于控制企业成本　企业人力成本是人力资源管理的重要组成部分，薪酬体系是企业控制人力成本投入、提升人力价值产出的有效管理办法。美容企业通过人力成本控制和薪酬激励实施，创新管理方法，可以有效控制成本，提升人力成本产出率，从而提升企业的经营绩效。

（4）有利于吸引和保留优秀的员工　科学合理的薪酬体系是企业吸引人才、留住人才的保障。一般来说，薪酬是员工最关注的问题之一，也是员工工作得到肯定的重要反馈之一。薪酬管理的实施，能够给员工提供可靠的经济保障，从而有助于吸引和保留优秀的员工，并最终为企业的战略目标服务。

（5）有利于改善企业的绩效　合理的薪酬制度可提高美容企业员工的工作绩效，进而使美容企业整体绩效得以提升。

3. 薪酬管理的原则　美容企业为了有效提高员工工作的积极性，应制定出一套符合企业实际情况的薪酬体系，使企业工作氛围浓重，增强企业竞争力。根据企业发展的实际情况，合理制定薪酬管理体系。一般来说，薪酬管理要坚持合法性、公平性、激励性、竞争性和经济性原则。

（1）合法性原则　企业薪酬管理体系的制定与实施，必须遵循国家的法律法规及相关政策，确保建立的薪酬管理体系是一套合法合规的管理体系。合法的薪酬管理体系能够保障员工的合法利益，避免美容企业及员工采取非法手段获得不当利益，能够让员工安心稳定地为企业服务，并获得合法合理的劳动报酬。

（2）公平性原则　公平性原则是薪酬管理体系科学性、合理性与否的一种检验标准，也是薪酬管理最基础的原则。其反映的是员工的比较心理，包括横向、纵向比较以及对企业内、对外比较，通常情况下，企业员工在工作中努力付出，必定会将其投入与最终获得的薪酬予以期望，同时还会与本企业同岗位员工对比，甚至与同一行业其他企业的同岗位员工对比。如果对比结果符合或者超出员工的心理需求和预期，员工心理舒适，并激发员工工作积极性；相反，员工会认为受到了不公平待遇，易产生负面情绪，心态失衡，进而影响工作效率，甚至产生离职想法。

（3）激励性原则　实行薪酬管理的目标就是要激励员工工作积极性。美容企业要经济效益、社会效益的最大化，需要调动员工工作热情和主动性。薪酬的分配需要公平性原则，但这种公平指的是付出与收获的正相关，并不是平均主义、干多干少都一样，合理的薪酬制度更应体现按劳分配、按贡献分配的原则。也不能对员工抱有又想马儿跑、又不给马吃草的态度，否则员工的工作热情和积极性会被严重削弱。企业管理者在结合市场经济和企业自身发展的基础上，在员工薪酬体系设计上尤其要注意融入激励性原则，鼓励员工提高技能和服务水平，多为企业做贡献，以达到最大限度激发员工个人潜能、提高企业效益的目的。

（4）竞争性原则　人才是美容企业发展的第一动力，为了招聘并留住优秀人才，在招聘员工时多数企业会提出高于员工现有薪资水平，即具有市场竞争力的薪酬水平。这是企业之间市场竞争的体现。同时，对于企业内部员工，在控制人力资源成本的前提下，如何通过薪资制度的调整挖掘员工潜能，需要发挥薪资制度的竞争性。调整薪酬的差异性能够建立同类岗位以及不同岗位之间的竞争关系，奖优罚劣，这也是公平性原则的体现。使不同能力、不同贡献的员工也取得满意的薪酬水平，使美容企业呈现你追我赶、不甘落后的良好工作氛围。

（5）经济性原则 薪资管理是企业人力资源管理的重要一环，如何降本增效是企业薪资管理的重要考量部分。美容企业在薪资管理的同时，要平衡人力资源总成本与企业效益增量，最理想状态是降低成本，提高效益。经济性原则的本质在于企业成本的控制。企业薪酬管理实际过程中，激励性原则和竞争性原则可能在这一项目支出中增加成本，看似经济性原则与之矛盾，但可能会提高企业整体效益，故并不代表这几项原则是对立的。美容企业在结合自身实际，在充分的市场调研基础上，制定的薪酬管理体系才是科学合理的，是上述原则的有机结合。在考虑经济性原则的过程中，要求企业结合市场实际行情、成本与产出、资金实力、员工接受度、员工期望与需求等，而不是单纯追求降低人力成本。

4. 薪酬管理的模式 美容机构对员工的常见的薪酬管理主要有以下三种方式：底薪加提成、高提成、固定薪水等。

（1）底薪加提成 优点是有利于激发员工的积极性，不足之处是由于提成与销售相挂钩，可能造成员工之间的竞争，如不团结、互相诋毁、拉拢有限的客源等。

（2）高提成、低底薪或无底薪 本意是为了促进员工销售的积极性，刺激员工多销售。但在实际运作中有些员工为了提高业绩，不仅恶意竞争，还向顾客推荐不实用或不合适的产品，结果引起顾客的排斥和反感，损害企业自身形象。另外，有些员工由于不太适应美容行业的销售方式，或由于其他客观原因导致销售额太低，以至于基本生活都难以得到保障，不利于员工稳定性。

（3）固定薪水 优点是给员工一个较为宽松的工作环境，不足之处是容易形成员工安逸、享乐的心理，没有动力去自动自发地做好工作，形成混日子的心态。同时对于优秀的员工也没有特殊的鼓励，也会影响他们的工作积极性。

由于以上三种做法各有其片面性，没有很好地体现薪酬管理的真正作用。目前很多优秀的美容机构尝试对员工进行分级管理，即员工所受教育程度、技术熟练程度以及在组织中所承担工作的重要性加以综合考虑，划分级别。不同级别的员工在工资、福利上享受不同的待遇，采用考核晋升和分级管理的方式。这样在一定程度上能激发员工的上进心，同时鼓励他们通过自己的努力不断丰富理论知识和提高技能水平。

一般来说，美容企业对于企业中各类员工往往采用不同的薪资策略。以广州市某美容企业为例，高级管理人员（总经理、城市经理、区域经理）的薪酬结构采用的是较为稳定的薪酬模式，薪酬结构为固定月度薪资＋年度绩效奖金＋津贴＋五险一金＋带薪年病假＋年度培训；基层管理人员（店长），其薪酬模式属于平衡性的，既具备一定的稳定性也加入了一定的弹性薪酬，薪酬结构为固定月度薪资＋月度奖金＋年度绩效奖金＋津贴＋五险一金＋带薪年病假＋年度培训；一线员工（美容顾问、彩妆师、美容师等）的薪酬模式则为高弹性的，他们的薪酬受月度目标达成的影响很大。基层员工的薪酬结构是基本工资＋月度奖金＋岗位津贴＋四险一金＋带薪年病假＋岗位培训。此外，为了更好地吸引优秀基层员工，为了体现薪资的公平性、竞争性，近年来，很多企业将基本工资根据岗位不同，每一岗位根据员工知识、技能水平差异不同设为若干个级别（如，设置星级美容师，对应 1～2 个级别，一共 9 级，级别从 10 级到 19 级）。各岗位员工入职时根据岗位和个人情况在岗位起始基本工资定薪，定薪后年度根据绩效结果和企业经营状况进行一定比例调薪。基本工资一旦确定，很难进行下调，所以月度基本工资成本是逐年上升的。从整体设计上，确保员工工资呈上升趋势，从薪资上保障老员工待遇。

（二）美容企业员工激励策略

1. 激励的含义　激励是企业人力资源管理的重要内容，它是指通过掌握与引导员工的内在需要，有效激发企业员工的行为动机，实现个体行为契合组织目标的一系列过程和活动。是一种改变个体的行为模式，鼓励个人向组织目标及价值观努力的过程。

2. 激励机制在美容机构管理的作用　激励作为美容机构人力资源管理的重要内容，是激发员工工作积极性和创造力的关键手段。美容行业重视服务质量，每一个员工都是美容企业的核心零部件，每个员工的个人素质和主动性直接影响到他们所提供的服务质量。激励制度是效益管理的有效手段，是提升美容企业员工工作积极性的重要手段，在美容企业经营管理中扮演着重要角色。

（1）有效的激励有助于提高员工的工作绩效　激励理论表明，激励有利于激发员工的创造性和创新精神，提高员工的工作积极性，从而获得更好的工作成绩。

（2）激励能够提高员工素质　员工在有效激励下，更倾向于积极主动掌握业务内容，钻研工作技巧，提高自身业务能力与水平。例如，美容企业通过对认真学习业务知识、现代科技知识的员工给予表扬，对不思进取的员工给予批评，并在物质待遇、职务晋升等方面予以区别考虑。

（3）激励有助于吸引和留住现有优秀人才　美容企业为了更好地吸引和留住高素质、技术好的优秀人才，往往会建立有效的激励制度：企业为员工提供各种培训及学习进修机会，购买的各类保险、优厚的医疗待遇等。

3. 美容机构员工激励过程中存在的问题　部分美容企业人力资源管理体系缺乏激励策略或激励方法，手段、形式单一，往往强调管理，忽视激励、关怀等作用，造成员工在工作中缺乏自主性和成就感，最终人员流失速度快。

美容企业往往注重薪资激励和增加福利的简单激励形式，忽略精神方面的激励。大多数美容机构实行的是底薪加提成的工资体制，部分基层员工工资较低，但却要承担较重的工作量与压力，打击了员工积极性，没有真正做到以"员工为本"；企业中高层管理人员与基层技术人员、销售人员福利待遇相差过大，影响部分员工工作积极性；部分员工认为"美容行业从业人员吃的就是青春饭"，到了一定的年龄就会另谋他职，导致美容企业基层人员失去工作热情与动力；缺乏优良的企业文化，部分企业过分强调"以管理者为中心""以顾客为中心"的企业文化，而忽略员工的感受等。

4. 美容机构激励策略

（1）物质激励和精神鼓励并举　注重物质激励（如提供具有竞争力的薪资和福利，如奖金、分红、福利等，以吸引和留住优秀员工）的同时，也注重精神激励（如荣誉、交友、自尊、成就、晋升、自我实现等），做到物质激励与精神激励相结合。

（2）将美容企业集体目标与员工个人目标相结合　企业经营目标设置既要以美容企业集体目标为要求，同时也要满足员工个人需要，以便收到良好的激励效果。近年来，除基本工资外，美容企业往往还会设置业绩提成，员工的个人目标业绩就是美容企业业绩目标的分解，关键是目标额度设置要适度，过高或过低，都起不了激励的作用。尽量做到让员工通过一定的努力后实现分解后的目标，这样的目标才能被员工转化为自我控制、自我管理的激励力量。

（3）适度授权，发挥员工主动性　根据马斯洛需求层次理论，个体都有自我实现的需求，根据实际情况，适度地给予员工一定授权，鼓励员工发挥工作积极性，发挥员工主人翁意识。

此外，给员工颁发奖励，塑造积极正面形象与荣誉激励；多表扬少批评员工，营造轻松愉快的工作氛围；经常性赞美员工并建立良好的友谊；结合员工个人发展，展现美容企业美好远景等都有助于激励员工工作积极性。

知识链接

马斯洛需求层次理论

1943 年马斯洛指出，人们需要动力实现某些需要，有些需求优先于其他需求。马斯洛认为需要层次越低，力量越大，潜力越大。随着需要层次的上升，需要的力量相应减弱。高级需要出现之前，必须先满足低级需要。马斯洛需求层次共分为以下八级。

第一级需要：生理的需要　如食物、水分、空气、睡眠等。它们在人的需要中最重要，最有力量。

第二级需要：安全需要　人们需要稳定、安全、保护、有秩序、能消除恐惧和焦虑等。

第三级需要：归属和爱的需要　一个人要求与其他人建立感情的联系或关系。如：结交朋友、追求爱情等。

第四级需要：尊重的需要　尊重自己（尊严、成就、掌握、独立）或他人的尊重（例如地位、威望）。

第五级需要：认知需求　对知识的理解、好奇心、探索、意义和可预测性需求。

第六级需要：审美需求　欣赏和寻找美等。

第七级需要：自我实现的需要　人们追求实现自己的能力或者潜能，并使之完善化。

第八级需要：超越需要　一个人的动机是超越个人自我的价值观。

三、美容机构员工流失及对策 　微课

经营美容企业，最难的问题不是来自客户，而是员工的流失。以美容院为例，在中小美容企业更为突出。统计数字显示，美容行业的人才平均流失在 30% 左右，相对于其他行业来讲是比较高的，有的美容企业达到 50%，大型美容企业（连锁机构）相对理想一些，在 15% 左右。可以说，员工的流失已经成为美容行业最为关切的核心问题。

（一）美容机构员工流失的原因

美容机构员工流失的原因主要可以从社会环境因素、员工、美容机构三方面分析，员工产生离职念头往往是以上多种因素相互作用的结果。

1. 社会环境因素

（1）劳动力市场状况　我国的美容行业正处在快速增长的阶段，对人员的需求特别大，本行业的就业机会很大，对有一定工作经验的员工有广阔的就业前景。

（2）外部工作机会　部分员工考虑到美容行业别的岗位发展或选择尝试跳出美容行业就业而导致离职。

（3）离职成本　美容行业内对于员工离职缺乏有效的限制条件，员工离职成本较低。部分美容行业员工上班未签订劳动合同以及部分从业者认为不能从法律上维护自己正当权益，导致员工离职等。

2. 员工个人因素

（1）员工职业生涯发展规划的影响　员工普遍关注的问题是自身职业生涯的发展。在外界看来美容是吃"青春饭"的行业，部分员工在这方面有很大的顾虑，随着工作年限的增加，年龄的增长，对职业生涯方面的诉求越来越强烈，而美容机构往往没有给予员工明确合理的职业晋升路径。

（2）家庭因素的影响　美容行业从业人员多为女性，随着年龄的增加，部分员工由于结婚、哺

育孩子，会考虑选择离职。

（3）对薪酬的不满意　部分员工认为工作中的努力在收入中没有合理的体现，在相同薪酬待遇的条件下，部分员工大多选择了工作环境相对稳定的公司；另外，低薪酬的离职者表示在薪酬方面与同岗位员工存在很大差距，给员工心理带来不平衡，无形之中产生人员流失隐患。

（4）过大的压力　美容行业员工往往要承担企业的销售目标压力、市场竞争压力、工作性质带来的家庭压力以及收入压力。销售人员在工作中承担着巨大的压力，是人员流失的重要因素。

（5）工作氛围的影响　美容企业中员工之间的矛盾，缺乏对员工的信任、认同，营销业绩过高以及部分员工反感"简单而重复的工作内容"等现象导致员工离职等。

3. 美容机构因素

（1）企业晋升制度不完善　部分美容企业员工晋升往往靠领导的感觉，充斥着"关系"文化，缺乏公平、公正的晋升通道。

（2）企业缺乏凝聚力　企业的核心竞争力是人才，但单纯靠个人所发挥的能量，缺少团队合作是无法赢得市场的。只有团结一致，众志成城才能使企业处于领先地位。企业缺乏凝聚力归结原因表现在以下几个方面。

①企业内部缺乏有效的沟通交流机制。部分岗位员工之间交流机会很少，员工与公司领导见面、交谈的机会更少。由于沟通渠道的不畅通，公司上下级之间缺少良好的沟通传递，在工作上的分歧会越来越大。

②员工没有归属感。员工对企业文化缺乏认同感，对企业文化的认识仅停留在口号和企业形象宣传上，没有"主人翁"的感觉，久而久之员工没有归属感。

③缺乏有效的激励体系。有效的激励能够使员工对工作产生极大的热忱，由于缺乏科学、完整、合理的激励机制，导致人员流失。

（3）企业管理者管理的影响　管理人员看待企业的发展要有前瞻性眼光，要站在战略的角度。由于管理风格单一、沟通不到位、缺少关心、个人情绪化等因素，管理者与员工的意见隔阂越来越大，每个员工都只关注自己的利益所得，久而久之，导致员工离职。

（4）企业缺乏有效的激励和合理的薪酬制度　目前大多数企业设立员工等级，员工通过自身能力考取相应等级，并获得相应员工等级工资，但是这已经不能满足目前员工个性化的发展，导致人员流失。

（5）企业自身业务发展停滞不前，竞争中处于劣势　员工在自身工作的企业看不到希望后，会开始寻找新的价值实现方式以及新的收入增长方式。

（二）美容机构员工流失的影响

企业的竞争归根到底是人才的竞争。企业员工离职是正常的现象，其在合理的范围内，是正常的"换血造血"，有利于企业的良性发展。对于企业来说，如果核心员工以及短时间内员工大量流失，往往会直接影响企业的正常经营，主要体现在以下几个方面。

1. 影响企业以及产品品牌形象，弱化企业的市场竞争力　美容机构一线工作人员是既懂美容护肤技术又精通市场的销售人员，这些优秀的员工与客户着良好的客户关系，能够确保企业的市场优势，提高产品的市场占有率。员工流失使这些销售人员在工作中积累的工作经验、销售技巧以及美容护肤工作技能还有客户关系也随之流失，导致客户体验感下降，使得客户信赖度大打折扣，企业的市场竞争力弱化。

2. 增加企业人力资源成本　每一个员工都是经过招募、选拔、录用、培养的过程才最终成为企业的一员，员工一旦流失，就会产生岗位空缺，影响正常工作开展，必须招聘新的员工，又需要花费一定成本。研究表明，招聘新员工的成本是挽留老员工成本的 2~3 倍。

3. 影响公司的正常销售计划　很多员工离职前工作积极性下降，甚至敷衍工作，直接影响到美容服务质量。

4. 影响员工的工作稳定性　通常情况下有员工离职会对在职人员有着不同程度心理冲击，尤其是优秀的员工，她的离职会动摇其他在职员工的信心，使得员工忠诚度下降，团队缺少凝聚力。

此外，企业的技术标准、销售方案、管理理念等也会受到一定影响，这些流失的员工加入竞争对手队伍，势必会削弱公司的市场竞争力。

（三）美容机构员工流失的预防措施

1. 制定科学的招聘计划　就宏观环境来看，美容行业市场发展空间广阔，对一线员工，特别是高素质的员工需求量很大，而美容行业岗位流动性较强，因此，美容机构必须制定科学的招聘计划。首先，要做好人员规划和预测，并要建立人才招聘有效备选库。提早与人事部门沟通制定好科学的招聘计划，人员规划和预测并且建立候选人才库，都是为了将来能快速、及时应对人员流动问题，以免影响公司的正常运营。其次，招聘工作不能仅仅依靠人事部门，建议公司所有部门通力合作。

2. 制定完善科学的招聘录用制度　要应对员工的流失问题，必须重视人才录用招聘环节。有调查显示每个企业可能因为招聘不及时和招聘质量问题丢失本来可以轻易得到的 10%~20% 的业务增长。

3. 提高员工与岗位匹配度　充分考虑到员工的职业规划、能力、忠诚度等因素，招聘符合公司岗位需要的员工。只招"对"的人才，而不是单纯追求"好"的人才。

4. 考查应聘者稳定性　招聘环节是控制人员流失的第一环节，要对录用人员的稳定性进行考察。在招聘销售人员时，往往重视应聘者是否有类似的销售工作经历，工作经验如何，却忽略了稳定性这一重要细节，要认真研究应聘者的求职资料。

5. 优化人才地域结构，用人制度力求属地化　特别是经常出差的岗位（如美容导师），适当考虑到员工工作地域性，为其生活上的方便提供保障，尽量避免与家人分离，减少因家庭原因的流失。

6. 注重员工的价值观倾向　在人员招聘时，不能一味只看工作经验与能力，还要注重求职者的价值观倾向。只有在个体方向和群体方向相一致的时候，个体的才能才会得到充分的发挥，群体的整体功能水平才会最大化。员工个人目标与公司整体目标一致的求职者，未来能更好地融入团队，更有利于实现个人价值。同时员工的优秀表现也会得到团队的认可，使得员工的工作满意度大大增加。在选拔人才的过程中可以运用多种方法，比如心理测试、情景模拟、观察判断等，通过面对面的交流，从求职者的言谈举止、回答问题的态度可以反映应聘者的个性、应变能力、语言表达能力、思维组织、人际交往等是否与企业价值观、企业文化吻合。

7. 降低对核心员工的依赖　美容企业各项工作的开展无疑离不开一线员工的个人操作，但是一定要避免因为某项工作离开某个核心员工就无法进行的情况发生。美容企业应该通过标准化的管理、优化业务流程、科学设计岗位、加强知识管理，来降低对个别能力出色的核心员工的依赖，弱化核心员工对企业资源的控制，避免因核心员工流失给美容企业造成无可挽回的损失。

8. 塑造良好企业文化和企业形象　企业文化是一种以人为本，员工内心认同的集体文化，包括物质层面、行为层面、制度层面和精神层面，是企业的灵魂和信念支柱，对员工起着整合、导向、激励等作用。企业管理者在强调实现企业目标的同时，更应理解、尊重、关心员工，从多角度多方面努力为员工营造良好的工作氛围，进而激发员工的使命感，提升员工的归属感，加强员工的责任感，使员工在工作过程中能够获得成就感。公平地看待每一位员工，每一位员工都是平等的，尊重员工，员工在平等的氛围下和睦相处，可增强企业的凝聚力。重视团队合作，企业可以通过员工分组，增加对优秀团队的奖励，组织员工参加团队活动，使得每一个员工都觉得自己是团队的一份子，自己工作的好坏直接影响团队的成绩，这样销售人员的主人翁意识会大大提高，同时有利于提高企业凝聚力。

9. 建立科学合理的绩效考核体系和合理的薪酬制度　设计与制定一个合理的薪酬制度是一项最困难的人力资源管理任务。企业组织必须奖励员工，因为这会使他们以更高的忠诚度和更好的绩效为企业工作。对于企业员工个人而言，他们希望自己的行为可以获得一些额外收获，而员工的满意度与忠诚度则是报酬之后的绩效带来的结果，因为绩效会带来报酬，而报酬又带来满足感。

10. 建立公平公正的薪酬制度　薪酬是企业留住人才的关键因素。任何组织只有具备科学合理的薪酬制度和公平有效的分配机制，才能招聘和留住所需的人才，才能把人才配置到合适的工作岗位上。公司建立公平合理的薪酬制度，能提高员工的工作满意度，减少员工流失。薪酬由固定工资（基本工资＋工龄工资＋销售人员的等级考核工资）、奖金（绩效工资＋竞赛奖励）、福利组成。奖金部分是通过绩效考核的方式来决定，员工的绩效考核是关键指标法与关键目标相结合的方法。此外，根据企业实际，考虑给员工享受其他报酬，如：晋升、福利、津贴、资金、股票期权等；同时，注重精神激励如：对工作的胜任感、成就感、责任感、受重视、有影响力、个人成长和富有价值的认同等。体现出外在激励，又体现出内在激励。

11. 客观介绍企业情况与工作内容　有些工作岗位常年出差在外，要独立一人在外完成公司任务。其岗位要求应聘者具备吃苦耐劳、独立果断、性格坚毅、经常出差等素养。

目标检测

答案解析

1. 简述美容机构人员配置的原则。
2. 简述美容院、美容化妆品公司、医疗美容机构常见人员配置。
3. 简述美容机构员工招聘原则、流程、途径。
4. 简述美容机构应针对不同的岗位，以不同内容、不同层次和不同的方法进行哪些培训。
5. 简述员工培训的目标。
6. 简述美容机构人员的薪酬由哪些部分组成。
7. 简述薪酬管理的必要性和原则。
8. 简述激励机制在美容机构管理的作用。
9. 简述美容机构员工流失原因。
10. 简述美容机构员工流失预防措施。

（杨　启）

书网融合……

重点小结　　　　　微课　　　　　习题

项目三　美容企业财务管理

知识目标：通过本项目的学习，应能掌握财务管理的意义；熟悉财务管理的相关制度；了解企业的管理与利润分配原则。

能力目标：具备在日常的运营中做好财务管理的能力。

素质目标：通过本项目的学习，能够精准地分析财务状况，并且控制机构的成本和费用，通过有效的财务管理措施，为机构的长期发展奠定基础。

任务一　概　述

PPT

⟩⟩情境导入///

情境：小郭毕业之后回老家发展，发现当地市场没有特别专业的皮肤管理机构，于是，小郭当机立断和自己的同学合伙投资开了一家皮肤管理机构，但是干了一段时间发现，比起大城市来说，虽然租金和人工都很便宜，但是算上每个月房租水电、耗材、产品、广告费等费用，每个月都是亏损，小郭陷入了迷茫之中，不知道面对这样的局面后续该何去何从。

思考：在这种情况下，小郭该如何监控机构的收入和支出情况，确保机构的财务状况良好？如何合理控制成本，提高机构的经济效益？

财务管理作为企业管理的核心环节，承担着规划、调控和优化企业财务资源的重要职责。这一过程不仅仅局限于对企业内部资金的有效配置，比如投资决策的制定、筹集所需资金的策略选择以及日常营运资金的管理，它还涉及到对企业盈利后如何合理分配利润的考量。在遵循现有的财经法规制度的前提下，财务管理的实施旨在通过一系列原则和方法来确保企业财务活动的合理性、有效性，同时处理好企业内外部的财务关系。

在投资方面，财务管理关注的是如何合理安排企业的资产结构和投资项目，确保投资能够带来预期的收益，同时控制相关风险。这涉及到对市场的分析、项目的评估以及资金的有效配置，是企业发展和扩张的基础。

例如，一家传统的美容院由于美容行业的不断发展，竞争越来越激烈，并且由于消费者需求发生变化，现代消费者对美容服务的需求越来越高以及管理和运营方面的问题、互联网的冲击，还有政策法规的影响，政府对于美容行业的监管越来越严格，以上种种原因导致了传统的美容业越来越没落。

该传统美容院急需转型来应对市场的不断发展，通过对市场需求的深入分析、问题性皮肤项目潜在回报的评估以及资金成本的计算，计划从传统美容院转型到问题肌肤的管理上面，财务团队建议投资该项目，并成功筹集所需资金通过发行新的股份，最终该美容院转型非常成功，显著提升了公司的市场份额和盈利能力。

可以说财务管理在企业中的角色不可或缺，它通过一系列专业的管理活动和决策过程，帮助企业实现资源的有效配置，风险的合理控制，以及财务目标的实现，从而支持企业的整体战略目标。

美容企业在追求其商业目标的同时，必须确保其财务管理体系的健全性和效率，这不仅关乎企业的生存，更是其可持续发展的关键。

一、美容企业财务管理的目的

1. 保证企业的财务健康　美容企业通过制定合理的财务规划和实施严格的财务控制措施，确保有足够的资金支持日常运营和未来扩展。这包括维持充足的流动资金，以应对突发事件，避免因资金短缺而导致的运营障碍，同时采取适当的措施预防来降低财务风险，如信贷风险、市场风险等。

2. 提高企业的经济效益　通过精细化的成本控制和财务分析，美容企业可以优化资源配置，剔除非效益性支出，提升运营效率。财务分析帮助企业识别机会节约成本，评估不同业务单元的盈利能力，从而在保证服务质量的前提下最大化利润。

3. 支持企业的战略决策　利用财务数据分析和评估，美容企业可以获得关于市场趋势、客户行为、竞争对手状况等方面的深入了解，为战略规划和决策提供科学依据。这种数据驱动的决策过程有助于企业在不确定的市场环境中作出更加精准和高效的战略选择。

4. 增强企业的竞争力　通过有效的财务管理，美容企业能够提高资金使用效率，降低成本，提升盈利能力。这不仅增强了企业的市场地位，还能够在激烈的市场竞争中为企业赢得更大的发展空间和客户基础。

5. 维护企业的合法权益　规范的财务管理确保所有财务活动都符合相关法律法规的要求，避免因违规操作而带来的法律风险和财务损失。此外，它还包括保护企业资产不受侵害，确保投资者和债权人的权益得到公正对待。

6. 提高企业的信誉度　及时、准确地发布财务报告，不仅展现了企业的财务状况和经营成果，也是企业透明度和专业度的体现。这有助于建立和维护与投资者、客户、合作伙伴以及其他利益相关者的信任和良好关系。

总之，美容企业的财务管理目标集中体现了对财务健康的重视、对经济效益的追求、对战略决策的支持、对竞争力的增强、对合法权益的维护以及对信誉度的提升。这些目标不仅促进了企业的日常运营效率，也为企业的长期发展和市场竞争力的提升奠定了坚实的基础。通过这样的财务管理，从而实现企业的可持续发展。

在当今经济环境下，美容企业面对着激烈的市场竞争和不断变化的消费者需求。在这种背景下，财务管理不仅仅是企业运营中的一项基本职能，更是企业战略规划和决策过程中的关键环节。通过有效的财务管理，美容企业能够确保资金的高效使用，提高企业的盈利能力和市场竞争力，实现长期可持续发展。

对于美容企业而言，保障财务健康是其财务管理的首要目标。这不仅要求企业有能力满足日常运营的资金需求，还要求企业能够应对市场变化和突发事件，保持足够的流动性和财务弹性。通过建立严格的财务控制体系和风险管理机制，美容企业可以有效降低运营风险，避免财务危机的发生，保持企业的稳定发展。其次，提高经济效益是美容企业财务管理的核心目标之一。通过对成本的严格控制和对收入的持续增长，美容企业可以提升盈利水平，为企业的进一步发展提供资金支持。这要求企业不仅要注重内部成本的优化，还要积极开拓市场，提高服务质量和产品竞争力，吸引更多的顾客，扩大市场份额。

同时，财务管理还为美容企业的战略决策提供了重要的支持。通过对财务数据的分析和评估，企业管理层可以更准确地把握企业的经营状况和市场趋势，为战略规划和资源配置提供科学依据。这种数据驱动的决策过程有助于企业在复杂多变的市场环境中做出正确的选择，把握发展机会。此外，规范的财务管理还有助于美容企业维护和提升自身的信誉度。通过及时、准确、透明地发布财务报告，企业不仅能向外界展示其财务健康和经营成果，还能建立起投资者和合作伙伴的信任，为企业吸引更多的资本和资源。并且，美容企业的财务管理还需注重合法权益的维护和社会责任的履行。遵守相关法律法规，确保财务活动的合法性和合规性，对保护企业、股东和其他利益相关者的权益至关重要。同时，美容企业还应积极承担社会责任，通过财务管理促进环境保护和社会福利，实现企业价值的多元化。

综上所述，美容企业的财务管理具有多重意义，它不仅关乎企业的财务健康和经济效益，更关系到企业的战略发展、市场竞争力和社会形象。因此，美容企业需要建立和完善财务管理体系，通过专业的财务管理活动和决策过程，实现资源的有效配置，风险的合理控制，以及财务目标的实现，最终支撑企业的整体战略目标，促进企业的长期可持续发展。在这一过程中，企业需要不断适应市场变化，优化财务管理策略，提高财务管理的专业性和效率，以应对未来的挑战和机遇。

二、财务管理的原则

在当今经济环境下，美容企业面临着前所未有的挑战和机遇。随着消费者需求的多样化和市场竞争的加剧，如何确保企业的财务健康、合法性及高效运作成为了企业管理层必须面对的重要问题。在这种背景下，遵循一系列精细化的财务管理原则，不仅成为了企业财务管理的基本要求，更是企业稳健发展的重要保障。美容企业的财务管理体系是其成功和持续发展的关键。为此，企业必须遵循一系列精细化的原则，确保其财务活动的健康、合法和高效。以下是美容企业财务管理应遵循原则的详细阐述。

1. 合规性原则 美容企业的所有财务活动必须严格遵守国家法律法规和国际财务报告标准。这包括确保财务报告的真实性、准确性、完整性和及时性，以避免法律风险，并保护企业和投资者的利益。

2. 风险控制原则 企业需主动识别、评估和管理潜在的财务风险，如市场风险、信用风险、操作风险等。通过制定有效的风险应对及缓解策略，企业可以最大限度地降低这些风险带来的财务损失。

3. 效益原则 企业应通过精心的财务规划和明智的财务决策，优化资源配置，提高资金的使用效率，增加企业的经济效益和资产回报率。这要求企业不断审视和调整其财务策略以适应市场和业务的变化。

4. 稳健性原则 美容企业的财务政策应该保持保守和稳健，避免过度负债或过度投资，防止财务状况因过度风险而变得不稳定。这种原则有助于企业在不确定的市场环境中保持稳定和持续增长。

5. 适应性原则 随着市场条件和企业内部环境的不断变化，企业的财务管理也应灵活调整和优化，以确保财务战略和实践能够有效支持企业的当前需求和未来发展。

6. 信息透明原则 企业应保证财务信息及时、准确和透明地披露给所有利益相关者，包括投资者、客户、员工和监管机构。这有助于建立和维护投资者和合作伙伴的信任，提高企业的市场声誉。

7. 责任原则 企业的管理层应对财务管理的有效性和合规性负全责，需要建立和维护一个有效的内部控制系统，确保所有财务决策和活动的合理性和科学性。

8. 全员参与原则 财务管理的责任不仅仅落在财务部门，企业全体员工都应参与到降低成本和提高效率的过程中，通过每个人的努力共同提高企业的经济效益。

9. 可持续发展原则 在制定和实施财务管理策略时，企业应充分考虑其长期发展，注重企业的社会责任和对环境的保护，力求在经济增长、社会福利和环境保护之间实现平衡，促进企业的全面和持续发展。

在如今这个充满变革和挑战的时代，美容企业面对的不仅是日益激烈的市场竞争，还有消费者需求的多样化以及科技进步带来的经营模式变革。在这种背景下，坚持财务管理原则，对于美容企业而言，不仅是遵守基本财务治理规范的问题，更是关乎企业能否在竞争中保持稳健发展的核心问题。这一点的重要性不言而喻，它要求企业不只是在表面上、在形式上遵循这些原则，而是需要将这些原则深深植入企业文化之中，让其成为企业决策和行动的内在驱动力。遵循财务管理原则对于美容企业而言，不仅是一种财务治理的基本要求，更是企业稳健发展的重要保障。通过坚持这些原则，美容企业可以在激烈的市场竞争中脱颖而出，实现长期的可持续发展。

三、财务管理的制度

美容企业在财务管理中实施的制度是确保企业财务稳健、提升经营效率与增强市场竞争力的关键。以下是一些美容企业在财务管理中通常需要执行制度的详细阐述。

1. 预算编制与控制制度　美容企业应制定全面的年度预算计划，涵盖收入预测、支出预算、资金分配等关键财务指标，并在日常经营活动中严格执行预算控制。这一制度旨在通过持续监控与分析实际表现与预算目标的偏差，采取适时调整，确保企业财务目标的有效实现。

2. 成本控制制度　企业需建立一套完善的成本控制体系，对原材料采购、生产过程、运营支出等各项成本进行细致监控与分析，以识别成本节约潜力和优化资源配置的机会，进而提升整体经济效益。

3. 财务核算与报告制度　按照国家财务会计标准和规定，美容企业应实施规范的财务核算流程，及时编制并披露财务报告。这包括资产负债表、利润表和现金流量表等，以保障财务信息的真实性、准确性和完整性，为投资者和管理层提供决策依据。

4. 资金管理制度　企业应制订合理的资金管理计划，强化对现金流的监控与管理，确保资金的安全性与流动性，同时优化资金的使用效率，支持企业的持续发展和扩张需求。

5. 固定资产管理制度　通过建立固定资产的规范管理流程，对固定资产的采购、使用、维护和处置进行有效控制，美容企业能够确保其固定资产的价值最大化和寿命延长。

6. 内部审计制度　设立或委托专门的内部审计机构，定期对企业的财务管理和运营活动进行独立的审查和评估，及时发现和纠正管理漏洞或不规范操作，增强企业的内部控制和风险管理能力。

7. 税务管理制度　遵循国家税法，建立科学的税务管理机制，确保及时、准确地完成税务申报和纳税工作，同时合理利用税收政策，降低税务成本。

8. 财务分析与决策支持制度　定期对企业的财务状况进行深入分析，包括债务比率分析、成本效益分析等，为管理层提供科学的决策支持，帮助企业优化财务结构和提升经营业绩。

9. 财务人员培训与考核制度　通过定期的培训和系统的考核，不断提升财务团队的专业能力和职业道德水平，确保财务管理工作的高效和规范。

10. 财务风险管理制度　识别并评估企业面临的各类财务风险，包括市场风险、信用风险、汇率风险等，并制定相应的风险应对策略，如风险分散、保险保障等，以维护企业财务的稳定性和安全性。

通过这些制度的有效实施，美容企业能够建立起一套健全的财务管理体系。这一体系的核心不仅在于提升财务管理的专业性和规范性，而且在于通过优化财务流程和提高财务透明度，增强企业的整体竞争力和可持续发展能力。在当今这个快速变化的市场环境中，一个健全的财务管理体系能够为企业提供稳定的财务支撑，帮助企业在激烈的竞争中保持领先。值得注意的是，财务管理体系并非一成不变的，而是随着企业发展阶段的变化和外部市场环境的变动，企业需要根据自身的具体情况和需求，对财务管理制度进行灵活的调整和优化，这包括对财务管理策略的定期评估和更新、对财务管理流程的持续改进以及对财务管理团队能力的不断提升，通过这种动态的管理机制，企业能够确保财务管理体系始终与企业的发展战略相匹配，支持企业的长期健康发展。

比如，一家从事美容整形的医美机构，由于市场饱和度高、技术和服务更新缓慢、行业竞争激烈等原因导致了该机构面临倒闭的情况。该机构负责人痛定思痛，首先对市场进行了细致的分析，确定了目标消费群体，20～30 岁的人群由于经济压力大消费能力有限，针对这类型的人群，推荐手术类的项目；30～40 岁的人群经济实力提升，针对这类型人群主要推荐微整光电类项目；40～50 岁人群面临衰老的问题，针对这类型人群，重点推荐抗衰老项目。并根据该机构消费者需求的多样化，增加了微整、皮肤光电及中胚层项目。同时，对于一些客诉高且恢复期久的项目进行下架，将一些恢复快、顾客满意度高的项目继续优化之后面向市场，除此之外，该机构同时在各个新媒体平台开设账号，打造院内的医生 IP，优化营销策略，通过有效的线上与线下结合的销售模式，提高了销售效率和顾客满意度。这些举措的背后，是企业对财务管理原则的严格遵循，包括成本控制、投资回报分析以及现金流管理等，确保了这些变革措施的财务可行性和长期可持续性。

通过坚持这些财务管理方法，该美容企业不仅在竞争中稳步发展，还成功拓展了市场份额，提高了品牌知名度。这一切都证明了，遵循财务管理原则对于美容企业来说，不仅是一种财务治理的基本要求，更是企业在不断变化的市场环境中保持竞争力、实现稳健和可持续发展的重要保障。

知识链接

绩效管理制度

绩效管理是机构中用于提升员工、部门和整个机构绩效的一个连续循环的管理过程。它不仅关注最终的业绩指标，还注重达成这些指标的过程，强调管理者与员工的互动沟通，进而激发员工的潜力，提高员工工作积极性，从而实现组织的战略目标。

绩效管理制度是由哪些内容组成的呢？

1. 考核周期　一般一季度为一考核周期，次季度初对上季度进行考核。

2. 考核职责与分工　一般由人力资源部负责拟定员工考核管理制度及考核标准，并负责绩效考核工作的组织、实施以及考核结果的应用，各部门负责人负责绩效考核的落实推动工作，也包含员工目标的确定、考核结果的评价、绩效面谈等相关工作。

3. 考核分类　考核分部门绩效和个人绩效，部门绩效是指部门当期工作的完成情况及工作效率；个人绩效是指部门绩效拆解到个人的指标，体现的是个人当期的绩效表现。

4. 考核维度与考核指标　①业绩/工作指标：业绩指标指的是相关的现金指标、到店人数、客单价、成交率等。②管理指标：是指包含流程标准化、团队协作、环境卫生、服务规范、人才培养、人效、成本控制等相关指标，一般是用来考核部门负责人的指标。③客户指标：指与客户评价相关的维度，如客诉率、顾客满意度等。

5. 考核流程　①部门绩效考核指标：由人力资源部组织发起，运营部负责设定、分配指标，领导进行审核。②个人绩效考核指标：季度初，由直接上级和员工根据组织目标、岗位职责设定当季度个人工作指标。过程指标由直接上级进行细化管理，所属上级可以根据组织内部要求，在制定考核指标基础上，有针对性地调整指标项与指标权重，人力资源部、运营部对指标设定的合理性、有效性进行总体把控、规范性的指导。

6. 绩效评价　次季度初进行组织/员工个人季度的绩效评分。由相应部门/直接上级根据机构及本部门工作要求/员工岗位职责、当期的组织/个人季度的绩效表现、客观数据对各项绩效指标进行评分，每个考核项目评分为整数，乘以权重，即为单项考核成绩，单项考核成绩之和即为当期绩效结果。

7. 绩效结果汇总及应用 在完成全部绩效面谈后，各部门在次季度初前将员工本期考核结果提交人力资源部，作为绩效奖罚核算的依据，绩效考核的结果将由人力资源部汇总、初审、签批、存档。绩效应用是落实绩效管理的重要途径，绩效考核结果是季度绩效奖励核发、员工绩效未达成的绩效扣罚、职务升降、职级薪级调整等人力资源工作的重要依据。

任务二　美容企业财务管理内容

PPT

一、美容企业资金筹集

1. 美容企业在发展过程中面临各种资金需求，筹集资金成为支持其战略目标实现的关键。以下详细说明了美容企业筹集资金的目的。

（1）**扩张业务** 筹资是助力美容企业实现扩张的重要途径，通过筹集到的资金，企业能够开设新的门店、扩充产品线或增加服务项目，以覆盖更广泛的市场和客户群体。这种扩张不仅能满足日益增长的市场需求，还有助于企业提高在行业内的市场份额和影响力。

（2）**技术升级** 随着美容行业技术的快速发展，不断更新的设备和技术是提升服务质量和企业竞争力的关键。筹集到的资金可以用于购买最新的美容设备、引进先进技术或对员工进行专业培训，从而保持企业在技术上的领先地位。

（3）**市场营销** 为了提升品牌知名度和吸引更多客户，美容企业需要投入资金进行有效的市场推广和宣传活动。这包括但不限于广告投放、促销活动、线上线下营销等。通过这些活动，企业能够更好地与目标客户沟通，提高品牌的市场认知度和客户忠诚度。

（4）**运营资金** 企业日常运营需要稳定的资金流支持，以支付员工工资、租金、水电费和其他经营成本。筹集资金可以确保企业拥有充足的流动资金，维持正常的业务运营，避免因资金短缺而影响服务质量或运营效率。

（5）**偿还债务** 对于负债较多的美容企业来说，筹集资金是偿还债务、减轻财务压力的有效方式。通过偿还旧债，企业能够改善财务状况，降低财务成本，为未来的发展腾出更多的空间。

（6）**投资机会** 市场上时常会出现有吸引力的投资机会，筹集资金使得美容企业有能力抓住这些机会，进行战略性投资。这些投资可能包括扩展到新的业务领域、收购合作伙伴或竞争对手等，旨在获取长期的高回报。

（7）**应对风险** 筹集资金还能增强企业的财务实力，提升其抵御市场波动和竞争压力的能力。有了充足的资金储备，企业在面对市场不确定性时能更加灵活应变，确保持续稳定发展。

总之，美容企业筹集资金的目的多元且关键，旨在全方位支持企业的持续发展、提升竞争力和扩大市场份额。随着企业发展阶段的不同，具体的资金需求和筹资目标也会相应调整，但其核心目的始终是确保企业的健康成长和可持续经营。通过这样全面而系统的资金筹集和管理策略，美容企业不仅能够满足当前的业务需求，还能为未来的发展留下充足的资金储备。这样，企业即使在市场环境发生变化时，也能够保持足够的灵活性和应对能力，持续推进业务的扩展和创新，最终实现长期的稳定发展。

2. 美容企业在发展过程中，为了满足各种资金需求，可以采取多种筹资方式。选择合适的筹资途径对于企业的健康发展和扩张至关重要。以下是美容企业可以通过多种方式筹集资金的详细阐述。

（1）自有资金　企业可以利用累积的盈余或储备的资金进行再投资和日常运营。这种筹资方式最直接，没有融资成本，不会增加企业的负债，也不会稀释股权，有利于保持企业的独立性和决策自主权。

（2）银行贷款　通过向银行或其他金融机构申请贷款，是企业常用的融资方式之一。这种方式适用于购买设备、扩展门店或其他需要大笔资金的业务活动。贷款利率和还款条件是企业需要重点考虑的因素。

（3）股权融资　企业可以通过发行新股或引入战略投资者来筹集资金。这种方式虽然不需要还本付息，但会稀释原有股东的股权比例。股权融资适合于快速成长期的企业，特别是那些需要大量资金支持并有潜力实现快速扩张的企业。

（4）债券融资　企业可以通过发行债券向公众募集资金。这种方式相比银行贷款可能具有更低的融资成本，但需要企业有较好的信用等级和还款能力。债券发行还可以增加企业的财务灵活性和资本结构的多样性。

（5）政府补助　政府为了促进特定行业的发展，往往会提供各种补助和扶持资金。企业通过申请这些资金，可以在一定程度上减轻财务压力，特别是在研发、技术创新等方面。

（6）合作伙伴投资　寻找业务合作伙伴进行战略性投资，既可以筹集到资金，也可以通过合作开拓新的市场或技术领域。这种方式有助于企业扩大业务范围，同时分担发展成本和降低风险。

（7）租赁融资　对于一些高价值的设备或资产，企业可以选择租赁而非直接购买的方式，以减少一次性的资金支出。租赁融资可以提高资金的使用效率，同时保持企业资产的灵活性。

在选择筹资方式时，美容企业应综合考虑自身的财务状况、资金需求、融资成本和风险承受能力，制定出最合适的融资策略。同时，企业还应确保其筹资活动完全符合相关的法律法规要求，以保障融资的合法性和合规性。综上所述，美容企业在选择筹资方式和制定融资策略时，需要进行全面而深入的分析和规划。通过综合考量企业的财务状况、资金需求、融资成本和风险承受能力，并确保融资活动的合法性和合规性，企业可以有效地筹集所需资金，同时保持财务稳定和健康发展，为实现长期目标奠定坚实的基础。

二、美容企业资金管理和利润分配

美容企业的资金管理和利润分配策略对于维护企业财务健康和促进可持续发展至关重要。以下是对资金管理方法和利润分配的详细阐述。

（一）资金管理

1. 预算编制　制定全面而详尽的年度或季度预算计划是资金管理的基础。预算应涵盖预期收入、预计支出、资金需求和预备资金等各个方面。通过对比实际财务表现与预算计划，企业能够及时调整策略，确保资金使用的合理性和效率性，支持企业战略目标的实现。

2. 现金流管理　对企业的现金流入和流出进行严格监控，确保企业在任何时候都有充足的现金储备，以满足日常运营、应急需求和投资机会。有效的现金流管理还包括预测未来的现金流动，以便于企业提前规划和应对潜在的现金流短缺。

3. 应收账款管理　加强对应收账款的管理，采取有效措施加速催收，如设立信用政策、提供早期付款折扣等，以缩短收款周期，加快资金回流速度。及时回收应收账款对于维护企业流动性和降低信用风险至关重要。

4. 库存管理 通过优化库存水平，平衡库存成本和服务水平，避免过度库存或库存不足的情况。合理的库存管理可以减少资金占用，提高资金的周转率，同时确保客户需求得到及时满足。

5. 投资管理 对企业的短期和长期投资项目进行谨慎规划和评估，确保每项投资都能带来合理的回报，提高资金使用效率。投资决策应基于充分的市场研究和财务分析，考虑到投资风险和企业的整体战略目标。

通过上述细致的资金管理策略，企业能够在财务上保持高度的灵活性和稳定性，为实现长期战略目标和应对市场变化提供坚实的基础。优化资金流动、加强财务控制、提高资金使用效率和降低运营风险，这些措施共同构建了一个健全的财务管理框架，确保企业能够在竞争激烈的市场环境中保持竞争优势和盈利能力。一个科学、合理的资金管理体系是企业财务健康的保障，也是企业实现可持续发展的关键。

企业需要持续优化其资金管理策略，确保能够适应不断变化的市场环境和业务需求。通过不断的财务创新和管理优化，企业不仅能够有效管理风险，还能够抓住增长机会，增强自身的市场竞争力，实现长期成功。在这一过程中，企业领导层的洞察力、决策力和执行力起着决定性的作用，他们的领导将直接影响到财务管理策略的制定和实施，进而影响到企业的整体表现和未来发展。因此，构建和维护一个高效、透明、灵活的财务管理体系，应成为每个企业追求卓越和持续发展过程中不可或缺的一部分。

（二）利润分配

1. 依法纳税 美容企业首先需遵守国家税法的规定，按时足额缴纳企业所得税。这是企业社会责任的体现，确保企业经营活动的合法性。合理的税务规划可以帮助企业有效利用税收政策，减轻税负，但必须在法律允许的范围内进行。

2. 提取法定公积金 根据法律法规和公司章程的要求，企业需从净利润中提取一定比例的资金作为法定公积金。法定公积金旨在强化企业的财务安全，用于弥补企业亏损或扩大企业资本基础。这一步骤有助于保障企业的长期稳定发展和股东权益的保护。

3. 支付股息 在满足纳税和法定公积金提取的要求后，企业可以根据股东大会的决议，向股东支付股息。股息的分配应考虑企业的实际盈利状况、未来发展需要和股东的期望，合理确定股息支付比例，以保持股东满意度和吸引更多的投资。

4. 留存利润 对于分配后的剩余利润，企业可以将其作为留存收益，用于企业的再投资、业务扩展来增强企业应对未来经营风险的能力。合理的利润留存策略有助于企业积累资本，支持其持续成长和市场竞争力的提升。

在实施利润分配策略时，美容企业通过遵循上述原则，不仅展现了其对社会责任的承担，对法律法规的遵守，也体现了对企业长期稳定发展和股东利益保护的重视。这种综合性的利润分配机制，确保了企业能够在遵守法律框架的同时，实现财务的健康和可持续发展。美容企业通过遵循合理的利润分配原则，不仅能够确保自身财务的健康和合规性，更能在此基础上增强企业的市场竞争力和持续发展能力。这要求企业在制定利润分配策略时，需要综合考虑企业的实际情况、市场环境、股东需求等多方面因素，以实现企业利润最大化的同时，也要确保企业的长期稳定发展和社会责任的履行。通过这样的财务管理策略，美容企业能够在激烈的市场竞争中稳步前行，实现可持续的发展目标。

以某家专注于祛痘的企业为例，它采取了一种多元化的利润分配策略。该祛痘机构以前开店是由公司总部募集资金开设直营店，直营店开店速度慢不说，由于公司的管理人员跟不上，导致除了几个店盈利之外，其他的门店都处于亏损状况。该祛痘机构通过市场调查分析后做出决策，该机构后面的新店都是以合作店的形式来进行的，合作方投资80%，公司总部投资20%，这样既保证了合作方在合作中能够获得巨大的回报，同时还保证了公司总部对该机构的管理权没有丢失，实现了双赢的目标。合作方从自己的股份里面分出来20%给到店内的店长和骨干员工，这样店长和骨干员工的积极性被充分调动起来，合作的祛痘店在短短的半年时间不光收回了成本，还实现了盈利。

综上所述，美容企业应严格遵循相关法律法规和内部财务制度，确保所有操作的合法性、合规性。同时，企业还需要根据自身的发展战略、市场环境和未来的资金需求，做出合理的资金配置和投资决策，以提高资金使用的效率和回报率，确保企业可持续发展和股东长期利益的最大化。

（三）美容企业的财务分析

美容企业进行财务分析，旨在深入了解其财务状况和经营成效，从而为决策提供依据。以下是对偿债能力分析中常见指标的详细阐述。

1. 偿债能力分析

（1）流动比率　流动比率是衡量企业短期偿债能力的基本指标，通过将企业的流动资产总额与流动负债总额的比值计算得出。一个较高的流动比率表明企业拥有足够的流动资产来覆盖其短期内到期的负债，通常认为，流动比率大于1表示企业的短期偿债能力较强。然而，过高的流动比率可能也意味着资金使用效率不高。

（2）速动比率　速动比率是从流动比率中进一步细化而来，通过计算（流动资产－存货）与流动负债的比值来评估企业的短期偿债能力。速动比率剔除了存货这一相对不易快速变现的部分，因此更能准确反映企业面对紧急偿债需求时的流动性状况。一般来说，速动比率大于1被认为是健康的。

（3）利息保障倍数　利息保障倍数是通过计算息税前利润（EBIT）与利息费用的比值来衡量企业支付利息的能力。这一指标显示了企业从运营活动中赚取的利润是否足以覆盖其财务费用，特别是利息支出。较高的利息保障倍数表明企业有更强的财务稳定性和支付利息的能力，从而减少财务危机的风险。

（4）通过对偿债能力的深入分析，企业能够全面了解自己在短期及长期财务健康状况方面的表现。流动比率、速动比率以及利息保障倍数这三个关键指标共同构成了对企业偿债能力的基础评估框架。每一个指标都从不同的角度提供了关于企业财务稳健性的重要信息，帮助企业管理层和投资者做出更加明智的决策。对偿债能力的全面分析对于企业而言至关重要。这不仅有助于企业及时调整策略，优化资产负债结构，还能够增强企业的市场竞争力，提高投资者和债权人的信心。通过持续监控这些关键财务指标，企业能够更好地把握自身的财务健康状况，制定出更为科学合理的财务规划和决策，最终实现长期的稳定发展和财务安全。在未来的经营活动中，企业应继续强化对这些偿债能力指标的关注和分析，确保能够及时应对各种财务挑战，保持企业的财务健康和可持续增长。

2. 盈利能力分析

（1）毛利率　毛利率是通过将毛利润（营业收入减去销售成本）与营业收入的比值来衡量的。这一指标反映了企业通过其核心业务活动产生利润的能力，即企业出售产品或服务的盈利水平。较高的毛利率表明企业在销售过程中保留了更多的收入作为毛利，这通常意味着较强的市场定价能力和成本控制能力。

（2）净利率　净利率是通过将净利润（营业收入减去所有运营和非运营费用后的利润）与营业收入的比值来计算的。这一指标展示了企业在扣除所有费用后的最终盈利能力，反映了企业整体的盈利水平和效率。净利率较高的企业通常具有更好的成本管理和运营效率。

（3）净资产收益率　净资产收益率（ROE）是通过将净利润与净资产（企业资产减去负债后的净值）的比值来衡量。ROE是评估企业如何有效地使用股东资本来产生利润的重要指标。较高的ROE值表明企业能够有效地利用投入的资本实现增值，是股东投资回报率高的标志。

通过细致的盈利能力分析，企业能够深入了解自身的财务状况和经营效率，为企业的战略决策提供坚实的数据支持。毛利率、净利率和净资产收益率（ROE）这三个关键财务指标共同描绘了企业盈利能力的全貌，为企业揭示了通过核心业务活动产生利润的能力、在扣除所有费用后保持盈利的能力，以及有效利用股东资本以实现增值的能力。通过对毛利率、净利率和净资产收益率的深入分析和管理，企业不仅能够确保自身的财务健康和盈利能力，还能够在激烈的市场竞争中稳定发展，实现长期的商业成功。因此，企业需要将这些盈利能力分析视为持续的财务管理过程的一部分，不断地评估和调整经营策略，以适应市场变化，实现盈利最大化和可持续发展。在未来的经营活动中，不断优化盈利模式，提升财务效率和盈利能力，将是企业赢得市场竞争和实现长期发展的关键。

3. 营运能力分析

（1）存货周转率　存货周转率是通过营业成本与平均存货额的比值来衡量的。这一指标反映了企业在一定时期内存货的周转速度，即存货被销售并转换为收入的频率。较高的存货周转率表明企业在存货管理上较为高效，能够快速地将存货转换为现金，减少资金的占用和存货积压的风险，有助于提高企业的流动性和盈利能力。

（2）应收账款周转率　应收账款周转率是通过营业收入与平均应收账款额的比值来计算的。这一指标用于评估企业收回应收账款的速度，反映了企业在一定时期内回收应收账款的效率。较高的应收账款周转率意味着企业能够更快地收回销售产生的款项，提高资金的使用效率，降低因账款回收延迟带来的财务风险。

（3）总资产周转率　总资产周转率是通过营业收入与平均总资产额的比值来衡量的。这一指标用于评估企业利用其总资产产生营业收入的能力，反映了企业资产的使用效率。较高的总资产周转率表明企业能够有效地利用其资产来实现销售，是资产管理高效和经营活动健康的标志。

通过对企业营运能力的全面分析，尤其是通过存货周转率、应收账款周转率和总资产周转率这三个关键指标的评估，企业能够深入理解其在存货管理、应收账款回收以及资产利用方面的表现。这些指标不仅揭示了企业在营运过程中的效率和效能，还为企业提供了优化运营策略、提升财务健康水平的重要数据支持。企业通过对营运能力的深入分析和管理，不仅能够有效提升运营效率，还能够在激烈的市场竞争中保持灵活性和响应性，实现财务稳定和持续增长。因此，企业应将营运能力分析视为持续的管理过程的一部分，不断地评估和调整运营策略，以适应市场变化，优化财务表现，最终实现企业的长期成功和可持续发展。在未来的经营活动中，不断探索和实施提升营运能力的新方法和策略，将是企业赢得竞争优势和保持市场领先地位的关键。

4. 发展能力分析

（1）营业收入增长率　营业收入增长率是通过将本期营业收入与上期营业收入进行比较得到的比值，用以反映企业一定时期内业务增长的速度和规模。这个指标直观地显示了企业在市场中的表现和竞争力，较高的营业收入增长率通常意味着企业成功扩大了市场份额，提升了其市场地位。

（2）净利润增长率　净利润增长率通过比较本期净利润与上期净利润的变化，衡量企业盈利能力的增长情况。这一指标重点反映了企业盈利水平的提升和经营效率的改进，是评估企业长期财务健康和盈利前景的重要指标。

（3）总资产增长率　总资产增长率是通过将本期总资产与上期总资产进行比较得到的比值，用于评价企业资产规模的扩张情况。这个指标能够反映企业的扩张速度和投资活动的强度，较高的总资产增长率表明企业正在积极地扩大经营规模和增强市场竞争能力。

通过对企业的发展能力进行综合分析，可以明显看出，营业收入增长率、净利润增长率和总资产增长率这三个关键指标共同构成了对企业成长潜力和市场表现的全面评估。这些指标不仅反映了企业在特定时期内的业务拓展速度、盈利能力的提升以及资产规模的增长，而且还揭示了企业在激烈的市场竞争中的位置和竞争力。通过深入分析和理解这些发展能力指标，企业能够更准确地把握自身的发展态势和市场地位，为未来的战略规划和决策提供科学依据。为了实现长期的健康发展，企业需要在确保营业收入、净利润和总资产持续增长的同时，也要注重经营效率的提升、成本控制、风险管理以及持续创新，从而在日益激烈的市场竞争中保持竞争优势，实现可持续发展。在这个过程中，企业的领导层需要展现出前瞻性的思考和战略性的规划能力，不断调整和优化经营策略，以适应市场变化，把握发展机遇。

（四）日常运营过程中的数据分析及意义

做好财务分析，还需要了解在日常运营中一些常见的数据及意义，通过这些数据，能够直观且清晰地了解到本机构的经营状况，进而更好地进行管理。

1. 环比数据　环比数据作为一种关键的财务分析工具，是用来衡量并比较相邻时间段内数据变化的一种方法。它通常与同比数据并用，后者则是用来分析当前数据与去年同期数据之间的变化情况。环比数据的分析重点在于揭示短期内的数据变化趋势，如月度、季度或年度的数据比较，而同比数据则更侧重于揭示长期的时间趋势和周期性变化。

环比增长率的计算公式是：（本期数据 − 上一期数据）／ 上一期数据 × 100%。这一公式简单直观，能够清晰地反映出连续两个时间段内数据的变动情况。例如，若某企业 1 月份的销售收入为 100 万元，2 月份的销售收入为 120 万元，则 2 月份的环比增长率为（120 万 − 100 万）／ 100 万 × 100% = 20%，表明 2 月份的销售收入相比 1 月份有了显著增长。

环比数据分析在企业和决策者的日常管理中具有极其重要的应用价值。通过对连续时间段的数据进行比较，决策者可以及时发现业务活动中的季节性波动、周期性变化以及可能的趋势转折点，从而对企业的经营活动和市场策略进行及时的调整和优化。这种分析方法尤其适用于对企业短期内的经营状况和市场动态进行快速响应和调整。

环比数据的分析对于揭示短期内的经济活动和市场变化至关重要。它能够帮助企业及时掌握业务运营的动态，识别出由季节性因素、市场促销活动或其他短期因素引起的数据波动。此外，环比数据还能够揭示出业务周期中的异常变化，为企业提供调整战略、优化运营的依据。在美容行业，通过环比数据分析，企业能够准确地识别出节假日或促销活动对销售额的影响，进而评估促销活动的效果，优化未来的促销策略。

尽管环比数据分析在短期内提供了有价值的见解，但它也有其局限性。环比数据易受季节因素、节假日、促销活动等短期因素的影响，这些因素可能会导致数据出现波动，从而影响分析结果的稳定性和可靠性。因此，在进行环比数据分析时，必须考虑这些短期因素的影响，必要时应结合同比数据和其他分析方法，以获得更全面、更准确的业务洞察。

环比数据是企业和决策者评估短期经营状况和市场动态的有力工具。通过精确的环比数据分析，企业可以及时调整经营策略和市场计划，更好地应对动态的市场。

2. 同比数据　同比数据分析是在财务分析和市场研究中广泛使用的一种方法，它通过比较当前时期数据与去年同期数据之间的差异和变化率，来评估企业的业绩增长、市场趋势以及经济环境的影响。与环比数据相对，后者主要用于观察相邻时间段（如月度、季度）之间的短期变化，同比数据分析则更侧重于揭示长期趋势和季节性波动的情况。

同比增长率的计算公式是：（本期数据 − 去年同期数据）／ 去年同期数据 × 100%。这一指标能够直观地反映出企业在相同时间段内，相较于前一年的业绩表现和增长态势。例如，如果一个美容企业在 2023 年第一季度的营业收入相比 2022 年第一季度增长了 20%，则这表明企业可能成功扩大了市场份额、提高了产品或服务的竞争力，或者行业整体处于上升趋势中。

同比数据分析的应用：通过同比数据分析，企业和分析师能够识别出业绩的增长或下降趋势，以及季节性波动的规律。这种分析方法尤其适用于那些受季节因素影响较大的行业。比如，美容企业可以通过分析节假日前后的销售数据同比变化，评估促销策略的效果和消费者购买行为的变化。

此外，同比数据分析还有助于评估企业在面对宏观经济波动和行业趋势变化时的适应性和韧性。在经济增长放缓或市场竞争加剧的情况下，保持正向的同比增长可能意味着企业具有较强的市场定位和经营策略。

在进行同比数据分析时，需要考虑多种因素的影响，包括季节性变化、经济周期、市场政策调整等。例如，如果某年的特定季节由于政策因素导致市场需求暂时增加或减少，这种变化可能会在同比数据中反映出来，但并不完全代表企业自身业绩的真实增长情况。

为了更全面地理解同比数据的含义，通常会结合环比数据、行业平均水平、宏观经济指标等其他相关指标进行综合分析。这种多维度的分析方法可以帮助企业和决策者深入了解业绩变化的背后因素，制定更为精准和有效的经营策略。

同比数据分析作为一种重要的财务分析工具，对于评估企业的长期业绩表现、市场趋势变化以及对外部经济环境变化的适应能力具有重要意义。它不仅可以帮助企业发现问题、把握机会，还能为投资者和市场分析师提供评估企业价值和投资风险的重要依据。

3. 人效　人力资源效能（人效）是衡量企业人力资源管理成效的关键指标，它体现了企业员工的工作效率和效能，直接关联到企业的绩效和盈利能力。人效不仅是一个衡量个体员工业绩的量化指标，更是一个反映整个企业人力资源管理水平和企业综合竞争力的重要参数。

人效通常通过计算平均每人每天创造的业绩来具体化。这一计算不仅包括直接的财务收益，如销售额、生产量等，也包括非直接的价值贡献，例如客户满意度提升、品牌形象提升等。通过这个指标，管理者能够轻松识别出团队中表现杰出的员工，以及那些需要进一步提升工作能力的员工。利用人效指标，企业可以制定更为科学合理的奖励机制。对于人效表现高的员工，企业不仅可以通过经济奖励来表彰其贡献，还可以通过职位晋升、更多的职责授权等方式进行激励，从而增强其对企业的归属感和忠诚度。相反，对于那些人效较低的员工，企业则需要采取针对性的培训和指导，帮助他们提升工作效率和业绩表现，从而实现员工个人价值的提升和企业整体盈利能力的增强。

对于企业管理者而言，最大化利用"人"的因素，优化人力资源配置，提高人力资源效能，是实现财富最大化的重要途径。通过对人效的持续关注和分析，管理者可以及时发现人力资源管理中存在的问题和不足，如员工能力结构不合理、激励机制不完善、培训体系缺失等，进而采取有效措施进行优化调整。此外，人效的提升还需要建立在科学合理的人力资源管理体系上。这包括但不限于完善的招聘选拔机制、合理的薪酬福利体系、有效的培训发展计划、公平公正的绩效评估体系等。只有当企业在这些方面做到精细化管理，才能真正激发员工的工作潜能，提升人效，实现企业的持续健康发展。

综上所述，人效作为衡量企业人力资源价值和获利能力的重要指标，对于企业的长期发展至关重要。通过对人效的精准测量和有效管理，企业不仅可以提升员工的工作效率和绩效表现，还可以优化人力资源配置，提高企业的整体竞争力和市场地位。因此，企业管理者应当重视人效的提升，将其作为企业战略规划和日常管理的重要内容，不断探索和实践更为有效的人效提升策略，以促进企业的可持续发展和价值最大化。

4. 坪效　作为衡量店铺经营效益的一个重要指标，反映了每单位面积（通常以坪为单位）上能够产生的营业额。这一指标不仅揭示了店铺的营业表现，而且还能深入反映出店铺的实际经营水平。在零售行业中，坪效的高低常常成为衡量店铺经营成功与否的关键因素。

坪效的计算公式是：坪效＝营业额÷店铺面积。通过这一简单的计算，企业和店铺管理者可以快速得出每坪面积所产生的营业额，进而对店铺的经营效益进行评估。高坪效意味着店铺能够在有限的空间内创造出更多的营业额，显示了店铺在选址、商品陈列、促销活动等方面的良好表现。

在美容业，坪效的应用价值极其广泛。首先，它是评估店铺选址策略是否成功的重要指标。一个好的店铺位置不仅能够吸引更多的顾客流量，还能有效提升店铺的坪效。其次，商品的陈列方式直接影响顾客的购物体验和购买决策，优秀的商品陈列能够有效提升商品的销售，从而增加坪效。此外，促销活动的策划和执行也是影响坪效的关键因素，合理的促销策略能够激发顾客的购买欲望，提高单坪营业额。为了提升坪效，店铺管理者需要从多个方面着手。首先，优化店铺选址，选择人流量大、目标顾客群聚集的地点开设店铺。其次，改进商品陈列，根据顾客的购物习惯和商品特性进行科学布局，提升顾客的购物体验。再次，定期举办促销活动，利用折扣、限时优惠等手段吸引顾客，增加销售额。此外，店铺还可以通过提升服务质量和顾客满意度来增强顾客的忠诚度，从而间接提升坪效。坪效不仅是衡量店铺经营效益的指标，更是店铺经营管理决策的依据。通过对坪效的持续监控和分析，管理者可以及时发现经营中的问题和不足，如店铺位置的不理想、商品陈列的不合理、促销活动的效果不佳等，进而采取相应的改进措施。同时，坪效的提升也能为店铺带来更多的利润空间，促进企业的持续发展和壮大。

总而言之，坪效作为衡量店铺经营效益的重要指标，对于零售企业和店铺管理者来说具有极其重要的价值。通过对坪效的细致分析和科学管理，不仅能够提升店铺的营业表现，还能优化店铺的经营策略，提高企业的竞争力。因此，企业应当重视坪效的测量和提升，将其作为提高店铺经营效益和实现企业发展目标的重要手段。

5. **客单价** 作为衡量顾客平均消费水平和购买力的重要指标，对于企业尤其是零售行业来说，具有极其重要的战略意义。通过准确计算和深入分析客单价，企业不仅能够把握顾客的消费习惯和偏好，还能进一步优化自身的产品和服务，从而在激烈的市场竞争中脱颖而出。

客单价的基本计算公式是：客单价 = 总销售额 ÷ 总顾客数。这一指标直接反映了顾客在单次购物中的平均消费金额，是企业评估销售业绩和顾客消费水平的重要依据。通过对客单价的持续跟踪和分析，企业可以深入了解市场趋势、顾客需求以及自身产品和服务的市场表现。

客单价能够帮助企业揭示顾客的消费习惯和购买能力，为企业制定更为精准的市场定位和寻找目标顾客群提供参考。例如，通过分析客单价的变化趋势，企业可以判断顾客对价格敏感度的变化，进而调整产品定价策略。企业可以根据客单价的分析结果，制定或调整营销策略和促销活动。例如，对于客单价较高的顾客群体，企业可以通过提供更为高端的产品或服务来满足其需求；而对于客单价较低的顾客群体，则可以通过打折促销等方式刺激其消费。客单价的分析还可以帮助企业优化商品组合，通过增加或减少某些产品的比重来提升客单价，同时满足不同顾客群体的需求。

企业可以通过以下策略来提高客单价。

（1）优化商品组合 通过调整商品结构，增加高价值或高利润商品的比例，减少低效益商品的占比，来提升整体客单价。

（2）提升服务质量 优质的服务能够增强顾客的购物体验，提高顾客满意度，促使顾客愿意为更好的服务支付更高的费用，从而提高客单价。

（3）实施精准营销 通过对顾客数据的分析，实施针对性的营销策略，如个性化推荐、会员专享优惠等，以刺激顾客增加购买量或购买更高价值的商品。

（4）增加附加值服务 提供包装、快递、售后等附加值服务，增加顾客的消费点，提升顾客的整体消费金额。

在努力提高客单价的同时，企业还需注意保持顾客的满意度和忠诚度。过高的客单价可能会导致部分顾客的消费压力增大，从而影响顾客的重复购买意愿。因此，企业在提升客单价的过程中，应注重顾客价值的长期培养，通过提供高性价比的产品和服务，确保顾客的满意度和忠诚度不受影响。客单价不仅是衡量企业销售业绩的重要指标，更是企业深入了解顾客消费行为、优化营销策略的重要工具。通过科学计算和细致分析客单价，企业可以更准确地把握市场动态和顾客需求，制定出更有效的营销策略和产品策略。然而，提高客单价的同时，企业也需要注意维护顾客的满意度和忠诚度，实现企业盈利和顾客价值的双赢。在这个过程中，持续的创新和优化是提高客单价、促进企业持续健康发展的关键。

6. 客流量　作为衡量单位时间内进入特定场所人数的指标，对于零售行业尤为关键，它不仅反映了店铺或商场的人气和市场价值，而且直接影响着销售业绩和企业的盈利能力。

对于任何零售店铺而言，客流量是其生存和发展的基石。没有足够的顾客进店，就不会有足够的销售机会，自然也就无法产生理想的业绩。因此，如何有效提升客流量，成为每个零售业经营者关注的焦点。客流量的增加不仅能提高店铺的销售额，还能增强品牌的市场影响力，吸引更多潜在顾客，形成良性循环。在实际操作中，企业可以采取多种策略来提升客流量，以下为一些有效的方法。

（1）数据分析　通过对日常销售数据进行详细的透视分析，企业可以识别出销售业绩的高峰期和低迷期。基于这些数据，企业可以制定针对性的营销策略，比如在低迷期推出特价促销，或在高峰期推出限时抢购，以此吸引顾客，提升客流量。

（2）活动主题宣传　通过策划和执行有吸引力的主题活动，如节日庆典、新品发布会等，可以有效提升店铺的知名度和吸引力，吸引更多顾客前来体验和购买。

（3）商家联盟　与周边的商家或品牌进行合作，共同推出联合促销活动或优惠套餐，可以共享各自的顾客资源，实现互利共赢，从而提升客流量。

（4）优化店铺布局和商品陈列　通过优化店铺的内部布局和商品的陈列方式，提升顾客的购物体验，可以有效增加顾客的停留时间和购买意愿，进而提升客流量和成交率。

（5）增强社交媒体宣传　利用社交媒体平台，如微博、微信、抖音等，进行店铺和产品的宣传推广。通过精美的图片、有趣的内容和互动活动吸引关注，引导线上顾客到店消费。

（6）提供个性化服务　通过提供个性化的服务和产品，满足顾客的个性需求，可以有效提升顾客满意度和忠诚度，吸引更多的回头客和新顾客。

（7）满意度提升　提升客流量的同时，企业还需要重视顾客的满意度。高客流量带来的不仅是销售机会，也伴随着服务压力的增大。因此，企业需要通过优化服务流程、提升服务质量等措施，确保顾客满意度不因客流量的增加而下降。只有当顾客体验到满意的服务，才能真正实现客流量的有效转化，促进销售业绩的增长。总之，客流量是零售行业经营成功的关键因素之一。通过精准的数据分析、创新的营销策略以及优质的服务保障，企业可以有效提升客流量，进而提高销售额和市场竞争力。然而，提升客流量的过程中，企业还需要平衡好客流量增长与顾客满意度之间的关系，确保两者之间的良性互动，从而促进企业的长期健康发展。

7. 到店率　是零售行业和服务行业中一个重要的指标，它反映了在特定时间段内，实际到店消费的顾客数量与潜在顾客数量之间的比例。一个高到店率不仅说明了店铺对顾客的吸引力，也直接关联到顾客参与度及最终的销售转化率。因此，提升到店率是提高客流量、增加销售额、优化顾客体验的关键。

要有效提高到店率，企业和店铺管理者可以从以下几个方面入手。

（1）优化店铺位置和可见性　店铺的位置直接影响顾客的到访率。选择人流量大、容易被发现的优质位置是提高到店率的首要步骤。同时，通过增加店铺的可见性，如醒目的招牌、独特的外观设计等，也能有效吸引顾客的注意，提高到店率。

（2）提供有吸引力的产品或服务　顾客到店的最大动力在于店铺所提供的产品或服务能够满

其需求。因此，了解市场趋势和顾客偏好，提供有吸引力的产品或服务，是提高到店率的关键。定期更新产品线，引入新产品也能持续吸引顾客光顾。

（3）利用线上渠道进行宣传和推广　线上渠道如社交媒体、电子邮件营销、线上广告等，能够帮助店铺推广更广泛的潜在顾客。通过有效的线上宣传和推广，可以激发顾客的兴趣，引导他们到店体验和购买。

（4）提供优惠活动或促销　通过定期提供优惠券、限时打折、会员日等促销活动，可以有效激发顾客的购买欲望，提高到店率。此外，特殊节日或纪念日的主题活动也是吸引顾客到店的有效手段。

（5）改善店铺体验　提升店铺的装修水平、营造舒适的购物氛围、提供优质的顾客服务等，都能显著改善顾客的到店体验。一个好的店铺体验不仅能提高到店率，还能增强顾客的忠诚度和口碑传播，吸引更多新顾客。

（6）与顾客保持良好的沟通和互动　通过社交媒体、顾客调查、反馈渠道等与顾客建立良好的沟通和互动，可以增强顾客的参与感和归属感。良好的顾客关系管理有助于建立积极的口碑，促进顾客再次光顾和推荐新顾客。

通过上述措施，店铺可以有效提高到店率，从而促进客流量和销售额的增长。然而，需要注意的是，提升到店率的同时也要确保高质量的顾客体验和服务，避免盲目追求客流量而忽略了顾客的实际需求和满意度。综合运用上述策略，结合企业自身的特点和市场定位，可以更有效地提升到店率，实现企业的长期发展和盈利目标。在这个过程中，不断地创新和优化、紧密的市场跟踪和顾客反馈收集将是提高到店率不可或缺的重要环节。

8. 复购率　作为衡量顾客忠诚度和企业产品或服务受欢迎程度的关键指标，对于企业来说意义重大。它直接关联到企业的长期收益和市场竞争力。在激烈的市场竞争中，提高复购率不仅能帮助企业稳定收入来源，还能有效降低营销成本，提升品牌声誉。以下是提高复购率的具体策略。

（1）提供高质量的产品或服务　顾客的复购行为往往基于对产品或服务的满意度。因此，保证产品质量和服务水平是提高复购率的基础。企业需要持续关注并优化产品或服务的性能、质量和可靠性，确保能够满足甚至超越顾客的期望。

（2）建立良好的顾客关系　优质的客户服务和良好的顾客关系能够增强顾客的信任感和满意度，促使他们再次选择你的产品或服务。这包括提供专业、及时的客户服务，主动解决顾客的问题以及在顾客体验中增加更多人性化的元素。

（3）定期与顾客沟通　通过定期的顾客沟通，企业可以更好地理解顾客的需求和反馈，及时调整产品和服务。这种沟通可以通过微信、社交媒体、客户调查等多种方式进行。有效的沟通不仅可以增加顾客的参与感，还可以及时发现并解决问题，提升顾客满意度。

（4）提供个性化的营销活动和优惠　个性化的营销活动和优惠能够有效吸引顾客再次购买。通过分析顾客的购买历史和偏好，企业可以推送针对性的产品推荐和定制化的优惠信息，增强顾客的购买欲望。个性化营销不仅能提升顾客的购物体验，还能增加顾客对品牌的忠诚度。

（5）优化购买流程　简化和优化购买流程可以大大提升顾客的购物体验，降低顾客的购买门槛。这包括简化网站的导航结构，优化移动端购物体验，提供多样化的支付方式等。一个顺畅、便捷的购买流程可以有效减少购物车放弃率，提高复购率。

（6）建立会员制度　通过建立会员制度，为会员提供专属优惠、积分奖励、会员日特权等，可以有效提升顾客的忠诚度和复购率。会员制度不仅可以让顾客感受到品牌的专属待遇，还能激励顾客积极参与品牌活动，增加再次购买的机会。

（7）收集并积极响应顾客反馈　顾客反馈是企业改进产品与服务、提升顾客满意度的宝贵资源。

通过设置便捷的反馈渠道，如在线调查、反馈箱、社交媒体互动等，企业可以及时收集顾客的意见和建议。更重要的是，企业需要对这些反馈给予积极响应，无论是正面还是负面的反馈，都应当认真对待、迅速采取行动进行改进或解决问题。这种积极的态度能够有效提升顾客的信任感，增强他们的满意度和忠诚度。

（8）利用社交媒体建立社区　社交媒体是现代企业与顾客沟通的重要平台。通过在社交媒体上建立品牌社区，企业不仅能够及时发布最新信息、收集顾客反馈，还能鼓励顾客在社区中分享自己的使用体验和购买故事。这种顾客之间的互动不仅能增强品牌的可见性和影响力，还能提高品牌的黏性，促进复购行为的发生。

（9）定期更新产品和服务　持续的创新是保持顾客兴趣和吸引力的关键。通过定期推出新产品或更新服务内容，企业可以有效激发顾客的新鲜感和好奇心，增加他们重新访问和购买的动力。新产品的推出还可以作为与顾客沟通的契机，加强与顾客的互动，进一步提升顾客的满意度和忠诚度。

提高复购率的过程，是一个涉及产品质量、顾客服务、市场营销和品牌建设等多个方面的综合策略。企业需要在确保产品或服务高质量的基础上，建立起与顾客的良好关系，通过定期的沟通和互动，了解并满足顾客的需求和期望。同时，通过个性化营销活动和优惠、优化的购买流程以及会员制度的建立，企业可以有效提升顾客的购买体验，激励顾客的复购行为。

以某家美容护肤产品企业为例，该企业通过实施一系列创新举措显著提高了其复购率。首先，企业通过社交媒体平台和社群营销，定期发布产品使用技巧、护肤知识和特别优惠，有效地增强了与顾客的互动和沟通。通过这些平台，顾客不仅能够获得有价值的信息，还能感受到品牌对其需求和期望的重视。此外，该企业还推出了个性化营销活动，比如根据顾客过往购买历史和偏好推荐相应的产品，并提供专属折扣。这种个性化的接触方式极大地增强了顾客的购买体验，从而激励复购行为。同时，引入了会员制度，为回头客提供积分累计、生日特惠、VIP 专享活动等优惠，进一步促进了顾客的忠诚度和复购意愿。在提升复购率的过程中，该企业不断创新思维，在线下开设皮肤管理门店，让顾客能够非常直观地感受产品的功效、温馨舒适的环境、专业的皮肤检测，加上的美容顾问的有效讲解，这不仅加深了顾客对品牌的好感，也促进了复购行为。

通过实施以顾客为中心的经营理念，该企业不仅在激烈的市场竞争中稳定发展，还实现了与顾客的共赢。通过不断优化策略和措施，企业成功提高了复购率，增强了品牌忠诚度，扩大了市场份额，实现了长期的商业成功和品牌增长。这一案例清晰地展示了，综合考虑顾客需求、期望以及市场趋势，并通过持续的创新和优化，是提高复购率、增强品牌忠诚度和扩大市场份额的关键。

在提升复购率的过程中，企业需要不断地创新思维，紧跟市场趋势，深入了解顾客的需求和期望。以顾客为中心的经营理念，应贯穿于企业的各个层面和流程之中，只有这样，企业才能在激烈的市场竞争中稳定发展，实现与顾客的共赢。最终，通过不断优化的策略和措施，企业不仅能提高复购率，还能增强品牌忠诚度，扩大市场份额，实现长期的商业成功和品牌增长。

▣ 知识链接

美容机构设定新项目价格的方法

设定一个新项目的价格是一个重要的决策，它需要考虑多个因素来确保价格既能吸引客户又能保证盈利。以下是一些关键步骤和考虑因素，可以帮助设定新项目的价格。

1. 成本分析　计算项目的总成本，包括直接成本（如材料、劳动力）和间接成本（如管理费用、租金、营销费用），确保定价能够覆盖所有成本。

2. 市场研究　研究市场上类似产品或服务的价格，了解竞争对手的定价策略，以及他们提供的产品或服务的特点和价值。

3. 客户调研　了解目标客户的需求和支付意愿。

4. 价值定位　确定新项目在市场上的价值定位，如果新项目采用了先进的技术、独特的材料或优质的服务体验，那么价格可以相应提高。反之，如果目标是价格竞争，那么价格可能需要设定得更低。

5. 利润目标　根据业务目标和利润目标设定价格，确保在覆盖成本的基础上有足够的利润空间。

6. 地理位置和消费群体　地理位置和消费群体也会影响定价策略，不同地区的消费水平和消费者购买力存在差异，需要根据实际情况进行调整。

目标检测

答案解析

1. 美容财务管理的定义是什么？
2. 美容财务管理的目的是什么？
3. 美容财务管理的原则是什么？
4. 如何做好机构的库存管理？
5. 简述美容财务管理的制度。
6. 美容企业筹集资金的目的包括哪几个方面？
7. 美容企业可以通过哪些方式筹集资金？
8. 什么是毛利率？
9. 什么是净利率？
10. 如果你是一个机构的管理者，你将如何运营一个美容机构？

（代林梦）

书网融合……

重点小结　　　微课1　　　微课2　　　习题

项目四　美容院经营与管理

学习目标

知识目标：通过本项目的学习，应能掌握美容院店务管理细则；熟悉美容企业创办相关市场调查、选址、经营项目选择及定价、公司申办等筹备工作；了解美容企业经营策略。

能力目标：具备美容院开业筹备及美容院日常经营管理能力。

素质目标：通过本项目的学习，具备美容从业人员所必备的美容企业日常工作流程相关知识，认识美容服务品质的重要性，树立美容企业经营与管理的坚定信心。

任务一　美容企业创办

情境导入

情境：28 岁的黄女士打算投资开办一家减肥机构，面对着市场上五花八门的减肥方式和品牌，黄女士感到无所适从，不知道应该先选择项目还是先确定经营地址。作为创业者，她明白自己的决策将直接影响到后续的创业道路，却又有些迷茫和困惑。

思考：在这种情况下，黄女士该如何通过市场调查分析，了解消费者对于减肥的需求和偏好，找出市场的空白点和潜在的商机呢？请为黄女士做出开业筹备以及为企业的创办提出适当建议。

美容院经营系统是一个综合性的管理系统，它涵盖了美容院运营的各个方面，包括顾客预约和服务管理、采购和库存管理、营销和推广、员工管理等。这些模块相互关联、相互影响，共同构成了美容院经营系统的核心。通过不断优化美容院经营系统，不仅能够实现员工与客户的精细化管理，确保每位顾客都能享受到个性化、高质量的服务体验，从而提升客户满意度与服务效率；同时，借助先进的财务管理系统，美容院能够精确掌握经营状况，合理调配资源，有效控制成本，进而提升美容院的经营效益；此外，积极运用多样化的推广与营销策略，不仅能够扩大市场份额，还能有效增强品牌的市场影响力与知名度，为美容院的长期发展奠定坚实基础。总之，美容院经营系统是美容院成功运营的重要保障。

一、开业前企划

（一）制订开业前企划方案的重要性

1. 明确经营定位　美容企业的经营定位是企划方案的核心内容之一。通过经营定位的确立，企业可以明确自身的市场定位、目标客户、产品策略等，从而更好地把握市场机会，制定出更加精准的经营策略。

2. 规划经营策略　美容企业有了明确经营定位，既可根据市场情况结合自身的经营目标规划具体的市场策略、营销策略等，从而更好地指导团队成员开展工作，实现企业的经营目标。

3. 指导资源分配 开业前详尽的企划方案指导美容企业进行资源分配，明确自身的资源需求和分配方案，从而更好地优化资源配置，提高企业的运营效率。

4. 降低经营风险 通过开业前信息收集、准确的市场定位、明确的经营目标、合理的资源分配，企业在以后具体经营过程中可以预测和识别潜在的风险因素，制定相应的风险应对措施，从而降低企业的经营风险。

5. 提高运营效率 开业前企划方案可以提高美容企业的运营效率。通过制定科学合理的运营流程和管理制度，可以帮助企业实现高效运营，提高企业的竞争力。

6. 提升品牌形象 详尽的开业前企划方案应涉及企业品牌形象打造，这可以帮助美容企业提升品牌形象。通过企划书，企业可以明确自身的品牌定位和传播策略，从而更好地塑造品牌形象，提高企业的知名度和美誉度。

7. 稳定员工队伍 开业前企划方案的人力资源管理部分也是至关重要的，通过制定科学合理的员工管理制度，可以提高员工的工作积极性和归属感，从而稳定员工队伍，提高企业的稳定性和竞争力。

8. 调整经营策略 根据市场变化和企业自身发展，企业需要调整经营策略。通过开业前企划方案的制定，企业可以及时调整自身经营策略、转换经营方向，以适应市场变化和企业发展的需要。

9. 增加投资吸引力 通过开业前企划方案，企业可以向投资者展示自身的商业计划、市场前景、团队能力等方面的情况，从而吸引更多的投资者关注和投资。

10. 建立行业标准 市场经营过程中持续盈利并良性运行的美容企业甚至可以帮助美容企业建立行业标准。通过制定科学合理的行业标准和规范，可以推动行业的发展和进步，提高行业的整体水平和竞争力。

（二）美容企业创业谋划重点

1. 市场调研 在美容企业创业过程中，市场调研是非常重要的一个环节。通过市场调研，可以了解市场需求、竞争情况、行业趋势等信息，为企业制定创业策略提供重要的参考依据。

2. 竞争对手分析 在美容行业，通过对竞争对手的分析，可以了解竞争对手的产品、价格、营销策略等方面的信息，从而找出自身的优势和不足，制定出更加合理的经营策略。

3. 目标客户定位 在美容企业创业过程中，只有明确目标客户群体，才能制定出符合客户需求的产品和服务，提高客户的满意度和忠诚度。

4. 产品定位与设计 产品是美容企业的核心，在产品定位方面，需要明确产品的目标市场、功能特点、品质要求等；在产品设计方面，需要注重产品的用户体验和设计感，提高产品的竞争力。

5. 营销策略制定 营销是美容企业发展的重要手段，在营销策略方面，需要注重市场推广、销售渠道、促销活动等方面的策划，提高企业的知名度和美誉度。

6. 运营模式选择 在运营模式方面，需要根据企业的实际情况、市场需求以及服务定位，选择适合的运营模式，提高企业的运营效率和管理水平。目前市场上广泛采用的美容院加盟、美容品牌连锁、会员制美容院都是不错的选择。

7. 团队组建 团队是美容企业发展的重要保障。在团队组建方面，需要注重人才的选拔和培养，建立一支高效、专业的团队，为企业的快速发展提供有力支持。

8. 资金需求与预算 资金是美容企业发展的重要保障。在资金需求方面，需要根据企业的实际情况和市场需求，制定合理的资金计划；在预算方面，需要注重资金的合理分配和使用，提高资金的使用效率。

9. 风险评估与应对 在美容企业创业过程中，在风险评估方面，需要对市场风险、技术风险、管理风险等方面进行全面的评估；在风险应对方面，需要制定相应的应对措施，降低企业的经营风险。

10. 实施计划与时间表 实施计划与时间表是美容企业创业企划的重要环节。在实施计划方面，需要制定详细的实施计划和时间表，明确各项工作的具体目标和时间节点；在时间表方面，需要合理安排时间，确保各项工作的顺利推进和完成。同时，需要根据实际情况及时调整实施计划和时间表，确保计划的可行性和有效性。

二、美容市场调查

美容市场调查是美容企业了解市场情况、把握市场趋势、制定经营策略的重要手段。完整的美容市场调查报告应包括市场规模、消费者特征、市场竞争情况、市场趋势、建议和策略等五个部分。

（一）市场规模

快速发展的美容行业，在全球范围内呈现出不断扩大的趋势。根据市场研究机构的统计数据，全球美容市场的规模已经超过了数十亿美元，并且以每年5%左右的速度持续增长。在中国，美容行业的规模也在不断扩大，已经成为国内消费市场的重要组成部分。护肤品、彩妆、美发、美甲等细分市场均呈现出快速增长的趋势。随着消费者对美的追求不断提高以及对自身形象的关注度增强，预计未来几年中国美容行业的增长率仍将保持较高水平。

（二）消费者特征

1. 年龄层次 美容消费者年龄层次广泛，以中青年女性消费者为主。该层次消费者其消费观相对成熟，无论是美容知识上，还是美容产品的选择都有丰富的经验以及选择余地。

2. 消费习惯 美容消费者注重个人形象和健康，愿意花费更多的时间和金钱在美容上达到真正改善和重塑人体形态美的目的。

3. 消费需求 消费者对美容的需求多样化，包括护肤、身体塑形、彩妆、美发、美甲等各个方面。美容行业为满足顾客需求，不断有新产品、新项目涌现，更新着消费者需求认知，同时消费者提出了更高的美容要求，新美容产品应运而生，美容市场发展迅猛。

（三）市场竞争情况

1. 品牌竞争 国内外众多品牌在美容市场上展开激烈竞争。一些欧美知名品牌凭借其强大的品牌影响力和高质量的产品，在市场中占据较大份额。而一些新兴品牌或小众品牌则通过差异化策略，试图在特定消费群体中赢得一席之地。而随着国货美妆品牌的崛起，通过产品创新、营销策略优化等方式，不断提升品牌影响力和市场份额。

2. 产品竞争 不同品牌的产品在功能、品质、价格等方面存在差异，消费者选择多样化。以拥有500个优质品牌的法国欧莱雅集团为例，其事业遍及全球130多个国家及地区，产品类型丰富，包括护肤、养发、染发、彩妆、香水等多种产品。欧莱雅在中国的品牌几乎覆盖了化妆品的全部领域，不同类型产品满足消费者个性化需求、提升消费者体验，其在中国市场的占有率一直保持较高水平。

3. 渠道竞争 线上电商平台、社交媒体平台、品牌官网、微信小程序等和线下渠道商场专柜、超市、专卖店、美容院等是美容产品的主要销售渠道，不同渠道之间的竞争也日益激烈。

（四）市场趋势

1. 个性化定制 当下美容消费者注重个性化需求，美容机构的定制化产品和服务受到欢迎。消费者更趋向理性，看重产品实际功效。以往美容消费的从众心理，盲目效仿的美容消费时代逐渐淡出。

2. 科技美容　科技在美容领域的应用越来越广泛。如智能美容设备采用先进的声波、激光等技术深入皮肤，满足不同肌肤状态的顾客需求。虚拟试妆技术通过手机或者电脑软件进行虚拟试妆体验，可以帮助顾客尤其是线上消费群体更好地选择适合自己的彩妆产品。

3. 绿色环保　消费者对环保和健康的要求越来越高，绿色环保的产品和服务受到欢迎。消费者注重科学健康护肤，更趋向选择高纯度的天然精华。从天然植物、矿物到海洋生物，越来越多的化妆品开始走绿色环保路线。

（五）建议和策略

1. 精准定位　在激烈的市场竞争中根据美容消费者的需求和特点，精准定位产品和服务，强化自己的竞争优势，通过差异化经营实现企业的良性发展。

2. 创新产品　美容企业根据不同年龄、肌肤状态的顾客不断推陈出新，创新产品和服务，满足消费者的个性化需求。

3. 拓展渠道　美容企业应加强线上和线下销售渠道的建设，提高其产品的覆盖率和销售量。美容企业还可以通过社交媒体为顾客提供互动、评论和分享使用体验，帮助顾客做出明智的购买决策。

4. 提高服务水平　美容工作者不断完善个人的专业技能为顾客提供优质的服务，重视服务细节，建立顾客健康管理系统，了解顾客兴趣爱好，关注顾客皮肤状态，适时调整顾客养护方案，提高消费者的满意度和忠诚度。

三、店址选择

（一）选址建议

美容企业根据市场调查确定经营定位并选择适合的美容院位置是至关重要的，因为它决定了目标客户是否会光顾美容院。以下是一些选址建议。

1. 商圈选址　建议选择人流量较大的商圈或者商业街等位置，最好周边有大型购物中心或者集中特色小吃的地方。繁华商圈内各种业态促销活动频繁吸引顾客，在创业初期美容店面知名度和客源方面都需要积累，可以借助商圈人气吸引顾客，实现经营目的。

2. 社区选址　选择一个中档以上的小区内部或者周边位置，面向中高收入水平女性顾客群体提供美容服务。需要注意的是，不同的小区有着不同的消费习惯和需求，因此需要对潜在客户进行调研和分析。一般情况，社区店面租金成本较低、消费人群稳定，对于开设中小型美容店面来说是不错的选址。

3. 商厦选址　在集中办公的商厦选址，客源多，美容需求明确，美容院应配合写字楼上班族工作时间安排顾客，顾客进店时间集中，主要是中午午休时间和下班后非工作时间段。需要合理安排顾客预约，保证顾客的服务质量和美容效果。

（二）租赁建议

1. 了解房屋状况　在租赁之前，需要了解房屋的结构、面积、装修情况、设施设备等方面的状况，确保房屋符合自己的使用要求。同时可以针对性了解当地的城市规划情况，避免租赁房屋有拆迁风险。

2. 协商价格　在租赁之前，需要与房东谈好价格，包括租金、押金、租期等方面的细节问题。租赁合同还要明确其他各项费用如物业管理费等的承担方。

3. 注意合同条款　必须订立正式的房屋租赁合同，在合同中明确双方的权利和义务以及违约责任等方面的问题。

4. 维护好与房东的关系 在房屋租赁期间需要维护好与房东的关系，及时缴纳房租、保持房屋整洁等，保持租赁诚信，避免出现矛盾和纠纷而影响日常经营。

四、店面形象设计

（一）确定品牌定位

根据店面的经营理念、目标消费群体，确定店面的品牌形象和定位。美容院响亮易记的店名或造型美观的标志非常容易获得人们的认同和传播。

（二）注重空间布局

店面设计要考虑视觉效果和功能性，将不同的区域进行合理分割，避免拥挤和混乱。

1. 前台与接待区 前台应设计简洁、大气，并配备舒适的沙发和咖啡桌，让客户在等候时感受到家的温馨。

2. 美容理疗区 根据不同功能，将店面分为面部护理、身体护理、美发等区域，并配备相应的设施和仪器。

3. 洗浴区 为顾客提供舒适且私密的洗浴空间，配备高品质的沐浴用品和洗浴设施。

4. 彩妆试妆区 为顾客提供专业的彩妆试妆区域，满足顾客不同场合的妆容需求。

（三）装饰细节

1. 色彩搭配 细节装饰要从品牌形象出发，确定店铺的主要色调和搭配方案，呈现出温馨舒适的感觉。

2. 灯光照明 创造舒适的氛围和美好的视觉效果。可以从基本照明、重点照明、装饰照明三个方面，营造出温馨、典雅的氛围。

3. 装饰品 通过艺术品、墙面装饰、地毯铺设等装饰细节来打造出店铺的独特风格和特点。

4. 家具选购 根据店铺的风格和定位，选择符合品牌形象的家具，打造出一个高品质的美容店。

5. 空气净化 为了保证顾客的呼吸健康，在装修设计中，功能区域的通风设计尤为重要，有条件尽量设计窗户，也可以安装空气净化器和新风系统保证时刻有新鲜的空气进入室内。

6. 环保 店面装修时，应尽可能选择环保、可持续和健康的材料，营造出一个绿色和健康的美容店。

（四）产品陈列

在美容企业的经营中，产品陈列是一个至关重要的环节。通过合理的陈列方式和展示手法，能够充分体现产品或项目的优点和品质，从而吸引顾客的注意力。

首先，陈列柜的摆放位置和外形设计需要让顾客感到舒适，方便顾客取用产品。如商场中的化妆品专柜柜台多采用开放式货架，方便顾客浏览取用。反之陈列柜距离顾客较远，就会造成顾客取用产品的不便，从而影响顾客对产品的了解和购买意愿。因此，应尽量选择开放式或半开放式产品陈列方式，让顾客能随时与产品"零距离"接触。

其次，如果美容院的等候区比较大，可以在沙发之间设置略高于沙发的椭圆形或半圆形柜台，放些美容产品、产品说明书、美容仪器、护理效果对比图等图文资料，以便顾客在等候时浏览。

最后，陈列柜也可以设置于顾客进门的左侧或左前方，这是顾客进门时目光习惯性关注的方向。因此，陈列柜摆放于此更容易引起顾客关注。

五、经营项目选择

在美容院经营中，功效卓越美容项目是吸引美容顾客的主要焦点。当顾客进入美容院时，美容咨询师通常会结合顾客的美容需求，提供美容项目表，供顾客选择感兴趣的项目。因此，选择适合的美容项目对于美容企业的经营至关重要。美容院应该根据市场需求、客户需求、品牌形象和经营风险等因素进行综合考虑，选择适合自己店面的美容项目，以实现更好的经营效果和可持续发展。

（一）经营项目选择

为了选择适合顾客消费的美容项目，美容院可以考虑以下几个方面。

1. 了解顾客需求 美容咨询师应该与顾客进行沟通，了解他们的需求和肤质，秉承科学护肤的原则推荐适合顾客的美容产品及项目。

2. 多元化美容项目 美容院应该提供多种不同类型的美容项目，以满足不同顾客的需求。

3. 安全性与有效性 美容院项目是否安全，直接影响到美容院的生存，应该选择符合国家安全规定，受顾客认可、有口碑的美容项目或产品，确保其安全性和有效性。

4. 价格合理 美容院应该提供价格合理的美容项目，以吸引更多顾客。针对价格问题，贪便宜、崇洋媚外这两种态度都不可取，美容院要根据自己的顾客需求和自身经济实力，确定适当的价格。

5. 持续更新 随着市场和技术的不断变化，美容院应该持续提升店面的养护技术、更新其美容项目，以满足顾客不断变化的需求。

（二）服务项目的分类

美容院的服务项目可以根据不同的分类方式进行划分。以下是一些常见的分类方式。

1. 按照服务性质分类

（1）基础护理项目 包括面部清洁、按摩、面膜等基础护肤程序。

（2）疗效护理项目 如祛斑、祛痘、美白、舒敏、抗衰等特殊护肤需求。

（3）美体项目 如减肥、健胸、卵巢保养、肾部保养、肩颈养护等身体护理服务。

（4）特殊类护理 如耳烛、火疗、脐疗等。

2. 按照服务内容分类

（1）面部护理项目 包括面部基础护理、眼部护理、面部功效型护理等。

（2）身体护理项目 如泡澡、按摩、刮痧等身体护理服务。

（3）修饰美容项目 如身体脱毛、时尚美甲、植眉、嫁接睫毛、烫睫毛、修眉纹眉、洗眉绣眉、化妆等修饰美容服务。

3. 按照服务目标分类

（1）疗效护理项目 控油祛痘、美白淡斑、敏感修复、祛皱抗衰等疗效性护理项目。

（2）健康养生项目 全身淋巴排毒、刮痧、拔罐等养生类项目。

4. 按照技术手段分类

（1）传统美容项目 如面部按摩、面膜等传统生活美容技术。

（2）现代科技美容项目 如激光美白、射频紧肤、仪器塑形、光子嫩肤等运用现代科技美容仪器实现美容效果的科技美容项目。

美容院服务项目种类繁多，分类方法各不相同。店面可以根据自身的特色和定位，提供不同的服务项目。在制定美容院的服务项目分类时，需要考虑多个因素，包括目标客户的需求、技术手段的可行性、市场竞争情况等。通过合理的分类，可以更好地满足客户的需求，提升美容院的服务质量和竞争力。同时，为了更好地管理和运营美容院，还需要对服务项目进行标准化和规范化管理，建立完善的服务流程和质量管理体系。这有助于美容院提高服务质量，减少顾客纠纷，提升客户满意度，更好地满足客户需求，提升美容院竞争力。

六、美容企业注册

1. 确定企业类型　在注册美容企业之前，首先需要确定企业类型。企业类型直接影响到企业的税收政策、投资者责任等方面，因此应根据企业的经营模式、业务需求等因素进行选择。常见的企业类型包括有限责任公司、股份有限公司、个人独资企业、合伙企业等。

2. 确定注册地址　注册地址是企业注册的重要信息，需要提供详细的地址并确保该地址真实有效。在选择注册地址时，应考虑地址的商业价值、交通便利性、周边环境等因素。

3. 确定经营范围　经营范围是企业可以从事的业务活动范围，必须在工商行政管理部门核准后才能进行。在确定经营范围时，应根据企业的实际情况和市场需求进行描述，确保清晰明确。美容院注册公司经营范围主要有：美容护肤、美体塑形、面部护理、美发造型、化妆品销售、美甲美睫、皮肤治疗保养及纹绣美容服务等。

4. 准备注册材料　在确定企业类型、注册地址和经营范围后，需要准备以下注册材料：①公司名称预先核准申请书；②公司章程；③股东会或董事会决议；④投资者身份证明；⑤资信证明；⑥经营场所证明；⑦投资者授权委托书；⑧其他相关材料。

5. 办理注册手续　在准备好注册材料后，需要向当地工商行政管理部门提交申请，办理注册手续。具体流程包括提交申请、受理审核、核准发照等步骤。在办理过程中，需按照要求提供真实有效的材料，并配合相关部门的工作，确保注册手续顺利完成。

以上是美容企业注册的主要步骤和注意事项。在注册过程中，请务必遵守相关法律法规和规定，确保注册流程的顺利进行。

知识链接

美容院如何陈列产品

美容院有效的商品陈列不仅能吸引顾客的注意力，还能促进销售。因此，美容院应根据自身的品牌定位、顾客群体和产品特点等因素综合考虑，选择适合的陈列方式。首先，确定美容院具体的产品陈列区域，根据产品特点和目标顾客的需求，创造一个与美容产品相关的场景，帮助顾客更好地理解产品的用途，如门面橱窗区域是顾客最容易看到的，应将最具吸引力的产品陈列在此区域，以吸引顾客进店。

其次将需要展示产品，如面膜、护肤霜、美容套盒等用特别的照明，即明亮的光线聚焦，摆设在特制陈列台上突出产品的某些特点，以强调重要的产品或新品。对于一些需要展示其使用效果的产品，甚至可以通过动态展示的方法让顾客看到产品在实际使用中的效果，如向顾客展示使用产品之后的效果对比图。还可以提供一些让顾客可以亲自体验的服务或道具，如试妆台、试用装等，让顾客在互动中感受到产品的效果。还需要注意定期更新产品位置或更换陈列方式，以保持顾客的新鲜感。比如根据节日或季节调整产品陈列，如新春佳节欢天喜地的中国红、夏季的防晒主题等，以此来吸引顾客的注意。总的来讲，美容院产品陈列对于吸引顾客、提升品牌形象、引导顾客消费、提高产品认知度和营造良好购物体验等方面都具有重要意义。因此，美容院应重视产品陈列的设计和实施，以提升自身的竞争力。

任务二 美容企业经营策略选择

随着消费者对美容服务的需求不断增加，其要求也不断提高。因此美容企业需要不断提升服务品质和技术水平，以满足消费者的需求。其次，美容行业技术含量较低且容易复制，市场竞争激烈，企业需要加强品牌建设和营销推广，以提高知名度和美誉度。此外，由于消费者需求的多样性和个性化，需要美容企业不断创新服务模式和产品，以满足不同消费者的需求。美容院经营过程中，选择合适的经营策略对于提高竞争力至关重要。无论市场定位与品牌策略还是员工培训与管理等方面都需要全面考虑和精心策划。通过实施有效的经营策略，美容企业才能够吸引更多的客户，提高品牌知名度和市场占有率，实现持续的发展与增长。

一、品质经营

美容企业经营管理过程中，品质经营是其核心竞争力的重要组成部分。高品质的产品和服务能够为企业赢得客户的信任和忠诚度，提高企业的市场份额和盈利能力。品质经营能够推动企业不断进行创新和改进，保持领先地位，从而在激烈的市场竞争中脱颖而出。

（一）产品管理

美容企业的产品品质包括产品的安全性、有效性、稳定性等。要保证其产品品质，企业需要从源头抓起，严格筛选原材料，保证其安全性和质量。美容企业应选择国家正式批号的产品，国内外名牌产品都是不错的选择。如果美容企业的产品由自己团队研发生产，在抓好源头同时，应加强生产过程的质量控制，必须确保产品的有效性和稳定性。在产品研发方面，企业应注重创新，不断推出适合美容市场需求的新产品。比如国产彩妆品牌推出"仿生膜"口红，在满足顾客追求色彩效果的同时又达到了对唇部肌肤的呵护。

（二）教育培训

员工素质作为美容企业经营管理基础，包括专业素质、职业素质、道德素质等方面。企业应建立完善的招聘和培训体系，选拔优秀的人才，提供全面的培训和发展机会。员工应具备专业的美容知识和技能，能够为客户提供优质的服务。同时，企业应加强员工的职业道德教育，树立正确的价值观和行为准则。

（三）顾客满意

顾客满意，是企业生存之本。以顾客为中心，不断创新服务模式，提升服务品质。只有赢得顾客的满意和忠诚，企业才能得以生存和发展。美国著名推销员乔·吉拉德在商战中总结得出每一位顾客身后，大约有250名亲朋好友。如果赢得了一位顾客的好感，就意味着赢得了250个人的好感；反之，如果你得罪了一名顾客，也就意味着得罪了250名顾客。美容院在经营管理过程中必须认真对待每位顾客，因为每位顾客的身后都有一个相对稳定的、数量不小的群体。让顾客满意是美容企业经营的宗旨，顾客需要放心地从美容机构获得科学护肤咨询和养护指导。美容企业经营者需常常听取顾客的反馈意见，及时改善不足，不断提升经营品质，留住顾客，才能立于行业竞争之中。

（四）服务质量

服务质量是维持品质经营的基础。如今美容企业提升服务质量不再是接待人员每天对客户说"欢迎光临""您今天真年轻"几句赞美之词就能得到顾客的认同，而是需要实实在在地提升服务质量，完善服务细节。美容院的服务质量由以下四大要素构成：①服务设施，即服务场所，服务设备等固定资产；②服务材料，即形成服务产品中的物质成分，如护肤品、彩妆产品等；③外显服务，即能看得见的服务，如美容院的环境、器具的卫生等；④隐含服务，即顾客的心理感受，如店面轻松舒适的氛围，顾客受重视的程度、社会地位的满足感等。加强服务质量管理，美容企业可以着重从以下几个方面入手。

1. 制定标准的服务流程，确保每位顾客在美容机构得到一致且高品质的服务。从接待、咨询、服务到售后，每个环节都经过精心设计，使顾客感受到专业、贴心和舒适的服务，从而提高客户满意度和忠诚度。

2. 建立顾客沟通渠道，涵盖顾客需求了解、产品知识介绍、皮肤状况分析、服务项目推荐、费用说明与咨询、预约与时间安排以及售后服务沟通等方面。通过有效的沟通，美容企业可以更好地满足顾客的需求，提高服务质量，并建立长期的良好关系。因此，加强对企业员工沟通能力的培养和提高沟通技巧是至关重要的。

3. 传统手法和高科技美容仪器结合，使顾客在美容院享受到更加全面、专业的服务，从而提高顾客的体验感。例如，某些高端美容机构引入了先进的减脂美容仪器，采用电脉冲技术通过电流刺激肌肉，使肌肉收缩，加速脂肪的燃烧。顾客在减脂的同时，身体肌肉也得到最大的放松。美容机构通过舒适、高效的美体塑形服务，提升了顾客的满意度。

（五）心理经营

美容企业为更好地吸引和留住顾客除了关注硬件设施和专业技术外，还需要注重心理经营。尽管有的美容店面装潢华丽精致、光彩夺目，却无法让顾客在心理上感到舒适和满意，那么就无法称其为真正的"美观"。心理经营在美容企业的经营管理中具有举足轻重的地位和影响力。

顾客对美容院的好评往往源于对服务态度的满意。每位顾客都有独特的个性，如果美容院的外部装潢得体，但内部氛围与顾客的期望不符，那么可能会导致生意冷清。此外，如果经营者经常表现出消极的情绪或态度，可能会影响员工的工作情绪，甚至影响他们对待顾客的态度，从而影响顾客的情绪状态，导致整个店面没有愉悦的氛围，死气沉沉，毫无生机。在这样压抑的氛围中，顾客就不愿意到店了。顾客在接受美容服务时，往往期望能够让自己看起来更年轻、更漂亮。这种年轻不仅体现在外表上，更体现在精神上。如果美容院的员工充满年轻活力和开朗的性格，能够营造出一种积极向上的氛围，那么这种氛围同样会感染前来美容的顾客。顾客在这样的环境中接受服务，往往会更容易产生再次光顾的念头。因此，满足顾客的心理需求和提高顾客的自信心是美容院心理经营的基础。

二、连锁经营

（一）连锁经营的定义及特征

我国行业标准《连锁经营术语》（SB/T 10465—2008）对连锁经营的定义为："经营同类商品或服务，使用统一商号的若干店铺，在同一总部的管理下，采取统一采购或特许经营等方式，实现规模效益的组织形式。"连锁经营是一种商业经营模式，是把独立的经营活动组合成整体的规模经营，从而实现规模效益。

连锁经营具有规模化、关联性、统一性的特征。连锁经营的企业通常拥有相同的经营理念，这种理念贯穿于整个企业中，是企业的核心价值观和战略目标。该类型企业通常采用相同的经营管理模式，这种模式包括企业的组织结构、管理制度、员工行为规范等。并且连锁经营的企业通常具有统一的企业识别系统，包括标志、色彩、字体等视觉元素以及经营商标的统一。该类型企业通常提供相同或类似的商品或服务，这种统一性可以增加企业的市场竞争力，提高品牌知名度和客户忠诚度。有的还具有相同的经营规模，这种规模的一致性可以保证企业的经营效率和效益。

（二）连锁经营美容院的特点

1. 专业训练　连锁经营美容院注重员工的培训和技能提升。它们拥有专业的师资和科学的教学方式，为员工提供全面的培训内容和计划。这有助于员工在实际工作中提供优质服务，提高客户满意度。同时员工的个人技能也得以提升，更有利于个人职业规划的实现。

2. 系统管理　连锁经营美容院采用先进的管理系统，包括员工录用与晋升管理、行政管理、营销管理及财务管理等。这一系统有助于提高工作效率，减少人员流动性，稳定客户群，并使员工对美容院有更强的归属感。

3. 产品优质　随着美容产品生产和技术的发展，连锁经营美容院能够提供系列化的优质产品，这些产品往往提取天然，品种齐全并能满足顾客的美容需求。这有助于提高顾客的满意度和忠诚度。

4. 互助合作　连锁经营美容院注重与加盟店的互助合作，通过提供专业的培训、指导和支持，提升加盟店员工的专业素质和整体业绩。这种互助合作有助于加盟店的稳定和发展。

5. 互惠加盟　连锁经营美容院通常提供免加盟权利金制度，同时制定完善的区域保障制度和产品供应制度，以确保加盟店的利益。这种互惠政策有助于吸引更多的加盟商加入连锁经营体系。

（三）连锁经营美容院的类型

随着人们生活水平的提高和美容意识的增强，互联网技术的发展，连锁美容企业开始加速线上线下融合，消费者对美容的需求越来越多样化，从简单的护肤、美发到高端的美体、整形等都有涉及，连锁美容市场的需求不断增长，市场规模持续扩大。在大中型城市，连锁经营已经成为诸多行业的一大趋势，美容行业连锁经营方式的导入，众多美容机构推出自己的连锁经营体系，在市场上取得不菲的成绩。

根据目前市场经营模式划分，连锁美容院可以分为直营连锁、加盟连锁和自由连锁等三种方式。直营连锁是由总部直接经营门店，加盟连锁则是加盟商和总部合作经营门店，自由连锁则是将门店委托给第三方经营。如美丽田园是国内比较知名的大型美容连锁品牌，发展至今，在全国多个城市有多家直营连锁店和加盟连锁店。

1. 直营连锁　也称为正规连锁，是指连锁门店均由连锁总部全资或者控股开办，在总部的直接管理下统一经营。直营连锁模式下，美容院品牌会对分店选址、装修设计、员工培训、服务流程、产品采购等方面进行全面的指导和支持，确保分店能够快速占领市场并取得成功。此外，直营连锁模式还能够实现资源的共享和优化配置，提高整体运营效率，降低成本，为顾客提供更加优质、实惠的服务。

2. 加盟连锁　是指主导企业把自己开发的产品、服务的营业系统（包括商标、商号等企业形象，经营技术，营业场合和区域），以营业合同的形式，授予加盟店的规定区域内的经销权或营业权。加盟连锁在法律上称为"特许经营"，是指拥有注册商标、企业标志、专利、专有技术等经营资源的企业，以合同形式将其拥有的经营资源许可其他经营者使用，加盟商按合同约定在统一的经营模式下开展经营，并向总部支付特许经营费用的经营活动。美容院加盟连锁品牌方会为加盟商提供全面的支持，包括选址评估、装修设计、员工培训、市场营销、产品采购等方面的指导和服务。加盟商则可以借助品牌的影响力和管理经验，快速进入市场实现企业经营。同时，加盟商也需要按照品牌的要求和标准进行运营，确保服务质量和产品质量的稳定和可靠。

3. 自由连锁　在我国被定义为一种自由自愿的连锁经济组织，由几个志同道合的单店，比较随意组成的连锁组织。这种经营模式一般情况品牌方提供的支持相对较少，自由连锁的成员店保持所有权和经营权的独立，实行单独核算，但在保持自身独立性的前提下，通过协商自愿联合起来，共同合作，统一进货，统一管理，联合行动。美容院自由加盟的具体内容会因品牌方和加盟商之间的协商和约定而有所不同。加盟商在选择自由加盟时，应充分了解品牌方的加盟政策、支持内容和经营要求，确保自己具备相应的经营能力和市场经验，以便在经营过程中取得成功。同时，加盟商也应注重与品牌方建立良好的合作关系，共同推动品牌的发展和市场拓展。

（四）连锁经营美容院的策略

1. 市场定位　连锁美容院经营策略的根本即市场定位，以确定美容机构竞争优势，制订经营战略，将产品和服务定位于特定的消费群体。

（1）目标市场　连锁美容机构通过对目标市场的顾客需求、偏好和消费习惯深入调查，制定有针对性的营销策略和推广方案，为该市场提供独特的产品和服务从而更好地满足顾客需求并获得竞争优势。美容机构可以利用社交媒体和电商平台与美容顾客进行互动，了解他们的需求和反馈，确定目标市场的选择到底是传统美容美发，是备受年轻消费者喜爱的美甲美睫、塑形健身，还是专注于皮肤健康的皮肤管理、美容仪器等其他需求，进而调整自己的市场定位和产品研发方向。通过个性化定制、产品体验分享等方式，提高品牌与顾客的互动，进而吸引更多目标顾客，提高市场份额，并在竞争激烈的市场中脱颖而出。美容行业目标客户群年龄在 25～45 岁之间居多，该部分人群注重健康和生活品质，他们对产品的品质、服务以及品牌的形象都有一定的要求。

（2）品牌形象　美容连锁机构作为专业的美容服务提供商，其品牌形象的首要体现就是专业性。这包括拥有专业的美容团队，提供专业的美容知识和技能，以及使用专业的高品质美容产品。通过在专业性上的不断追求和提升，美容连锁机构能够赢得消费者的信任和忠诚度。美容连锁品牌形象要求是积极、健康、有活力，代表着一种优质的生活态度。无论是店面装修、服务流程还是员工着装等方面，都应该保持统一的品牌风格，强化品牌识别度。通过统一品牌形象的塑造，能够提升品牌价值和知名度，增强消费者的忠诚度和认可度。如果选择加盟或使用特定品牌的产品，需要了解该品牌的口碑和市场地位。选择有良好口碑和信誉的品牌，才能让机构立于不败之地。

（3）经营项目　美容企业经营项目的确定，要根据美容连锁机构自身实力、目标顾客需求、竞争对手等方面来确定。大多美容机构都是多项目经营，但是在日常营销过程中可以确定一个机构的特色项目。当美容院拥有独特的项目时，能够满足客户的特殊需求或提供与众不同的服务体验，从而吸引更多顾客。同时，特色项目也能增加顾客到店频率，与其他美容院相比，拥有特色项目的美容院能够更好地满足客户需求，提供更优质的服务，使顾客更愿意长期选择该美容院进行肌肤及身体养护，从而促进企业口碑和品牌形象提升，更利于企业经营目标达成。

2. 简化流程　在美容院的经营过程中，应致力于经营流程的简单化，以降低经验因素对经营的影响。连锁美容经营系统是庞大且复杂的体系，要求经营者从货源供求、顾客管理、人员管理、财务管理等各个子系统进行简明化处理，去除不必要的环节和内容，制定出简明扼要的操作手册，以指导员工进行标准化操作。员工按照手册的要求履行各自职责，从而提高整体运营效率。

3. 专业分工　在美容连锁经营中，需要将各项工作尽可能细分至专业层面，以突出差异化优势。品牌总部与各美容加盟店之间的专业分工，贯穿于各个环节和岗位上。从采购、销售、送货、仓储、产品陈列、橱窗装潢到财务管理、促销活动、公共关系处理以及经营决策等各个领域，都需要有专业人员负责。这种专业化的分工模式有助于提升各个环节的工作效率，增强整个连锁体系的竞争力。同时，各岗位的专人负责也有助于提高服务质量，满足客户需求，从而实现企业经营目标。

知识链接

美容顾客的心理需求

在现代社会，顾客的消费心理复杂多变，对美容服务的要求也越来越高。为了更好地满足顾客的需求，美容机构需要深入了解和分析顾客的消费心理，从需求层次、消费动机、决策过程、价值观与生活方式、心理预期、品牌认同、消费环境反应和消费情绪等方面来探讨顾客的消费心理。

在美容消费中，顾客的需求层次也会体现出来。顾客对于美容服务的需求通常始于基本的生理需求，比如肌肤健康只是最基本需求，然后逐渐上升到更高层次的需求，如肌肤年轻态、化妆技巧的运用，旨在自我形象的提升、满足个人获得尊重需求的实现。美容服务要深入理解顾客的心理需求和期望，提供专业、个性化的服务，才能满足他们的需求并赢得他们的信任和忠诚。

任务三　美容院店务管理

一、美容院经营流程 e 微课

（一）引流顾客

1. 门面吸引顾客进店

（1）位置　要求美容院负责人在选址前对门店前车流量和人流量进行观察。建议优先考虑位于交通便利主干道附近的横向门面。

（2）门头　门头设计一般选择发光灯箱，简洁字体，色彩和机构主色调保持一致，内容主要有机构名称，品牌标志图案或商标设计，确保展示内容清晰可见、易于识别。

（3）LED　是门头的有效补充，可增加店面促销活动、店面电话、特色项目等。对过往行人能起提示作用。要求内容简明扼要、及时更新，并保持循环播放，确保来往行人可以看到完整信息。

（4）橱窗　选择门面时，应关注店面橱窗展示作用。橱窗是展示品牌形象的窗口也是传递店面经营项目的重要渠道，店面以大橱窗、展示面广为宜。橱窗内容可以为店面经营特色项目、肌肤养护效果、服务场景等，并要求保持橱窗画面的整洁干净、内容更新及时。

（5）条幅　店面可以在节假日或者公司促销活动时用悬挂条幅的方式对行人进行宣传，吸引路人的注意。注意条幅使用时效，节假日或者店面促销活动结束时必须及时取下，防止错误引导顾客。

2. 店面就近发放宣传物料　店面进行宣传物料发放活动时，要求所有宣传人员穿着工装，淡妆上岗，清新自然，以展示统一、专业的企业形象。宣传人员微笑向行人发放店面宣传资料或小赠品，如护肤品体验装、印有企业标志的小礼物等。在发放过程中，可以向顾客介绍店面正在进行的免费皮肤检测活动，以吸引顾客到店了解。值得注意的是店面户外宣传活动的效果具有一定的延迟性，需持之以恒地开展使周围的顾客更好地了解店面的经营项目，才能扩大品牌影响力。

3. 顾客转介绍　美容企业通过已经满意的顾客为其他潜在顾客推荐该美容企业经营项目或者美容产品的行为称为顾客转介绍。顾客转介绍这种方式往往具备耗时少、成功率高、成本低、质量高的特点。这种推广方式对于美容院来说非常有效，因为它基于顾客的信任和口碑，能够带来更高质量的潜在客户。我们首先确保顾客在美容院得到专业、细致、周到的服务，让他们对美容院产生信任和满意。同时建立良好的个人关系，让他们感受到美容院家人般的关怀，让顾客愿意主动为美容院转介绍顾客。由于转介绍的客户是由已满意的顾客推荐而来，双方的信任度通常较高，这使得转介绍的客户签单成功率也相对较高。日常经营中转介绍牢记在心，不要轻视顾客人脉的力量，相信每个顾客身后都有大量的潜在顾客。

4. 异业联盟　异业联盟对于美容行业来说是一种重要形式。美容院与其他不同行业的企业如健身房、瑜伽馆、婚纱摄影店、服装店、美发店、咖啡馆等进行合作，通过共享资源、互相推广和互利共赢的方式，达到共同发展的目的。对于美容院来说，加入异业联盟可以拓展客源，增加销售额。同时，与其他企业共同合作还可以降低营销成本，提高营销效果。通过与其他企业的合作，美容院可以更好地满足客户需求，提供更全面的服务体验，增强客户忠诚度和口碑传播。需要注意的是，在选择异业联盟的合作伙伴时，美容院需要考虑对方的信誉、业务范围、市场定位以及是否能够与自身形成互补关系等因素。同时，建立明确的合作协议和沟通机制，确保双方利益得到保障，是异业联盟成功的关键。

5. 广告吸引顾客进店

（1）广告渠道　根据美容院的定位和目标客户群体，选择合适的广告渠道进行投放。社交媒体平台如微信、微博、小红书的选择主要针对年轻女性，电视或杂志上投放广告针对中老年女性偏多。美容消费者还通过美团、大众点评等电子商务平台，以更低的价格购买到商家提供的商品或服务。同时商家的品牌也可以得到更多曝光和宣传，提高品牌知名度，将商家品牌在市场上凸显出来，进而吸引更多顾客。美容院也可以在户外场所如广场、商业街等地方投放广告，吸引行人，打造美容院的专业形象和品牌价值，提高潜在客户对美容院的信任度和好感度。在地铁车厢、站台等地方投放广告，覆盖大量出行人群，也是美容院一种有效的品牌宣传方式。同样在公交车的车身、车内等地方投放广告，覆盖城市各个区域的人群，宣传美容院效果较好。电梯广告也是美容院常常采用的广告渠道之一，美容广告通常出现在中高端楼盘和写字楼电梯内，这种定位精准的广告形式有利于美容院进行精准投放。封闭的环境中电梯广告能有效刺激消费群的购买兴趣，并且其费用相对较低，成本核算时其与其他媒体相比，具有竞争力。这种广告形式是户外广告的一种细分，旨在树立品牌形象和促进销售。

（2）广告创意　美容院制作富有创意和吸引力的广告，突出其经营的特色和优势，吸引潜在客户的目光。可以运用幽默、温馨、浪漫等不同风格，以引起目标客户的共鸣和兴趣。有的美容机构邀请知名偶像或明星代言，利用粉丝效应吸引顾客。同时，可以在广告中展示偶像与美容院的互动，提高广告的趣味性和互动性。美容院也可以在各种广告形式中突出宣传美容院的优惠活动或促销信息，如新客优惠、节日促销、限时折扣等，吸引顾客前来消费。需要注意的是，广告创意需要与美容院的定位、目标客户群体和品牌形象相符合，才能达到最佳的宣传效果。

（二）顾客进店

1. 塑造顾客进店的初步印象　顾客进店后第一印象非常重要这将直接决定他的认可度。一旦店面环境卫生差，店员服务态度恶劣，店内气味异常，现场无美容顾客，店面冷冷清清等都会让顾客产生不信任感。顾客信赖的美容院外观整洁、干净，标识清晰可见，装修风格要与美容院的定位和品牌形象相符合，给人一种专业、高端的感觉。美容院内部装修要色调柔和，装饰清新，如前台背景墙、床单色调、宣传海报色调等要做到统一，不过分花哨，应干净整洁。产品展示及牌匾展示要放在明显的位置，让顾客可以一眼看到。美容设备要齐全、先进，符合安全、卫生和质量标准，让顾客能够安心使用。同时，也要定期对设备进行检查、清洁和维护，确保设备的正常运转和安全使用。价格透明是顾客选择美容院的重要因素之一。美容院要在价目表上明确标明各项服务的价格，避免出现模糊收费或隐藏消费的情况，让顾客明明白白地消费。

美容企业服务人员应具备良好的职业素养、沟通能力等，能够提供优质、贴心的服务，为顾客营造愉悦、放松的体验。店面接待人员要求专业、热情，服务态度好，给顾客留下良好的第一印象。前台工作人员应按照标准流程接待进店顾客，其他工作人员应衣着干净，忙而不乱，不出现员工三五成群扎堆聊天的现象。美容师是美容院的重要形象代表，他们的形象必须整洁、专业，符合美容院的定位和品牌形象。同时，美容师的服务态度和专业水平也符合美容院经营要求，能够让顾客感受到专业、贴心的服务。

美容院顾客进店初步印象塑造的内容包括店面外观、接待区、美容师的形象、环境卫生、服务质量、价格透明和设备齐全等方面。美容院要注重细节和服务质量，营造舒适、专业、高端的氛围，让顾客感受到愉悦、放松的体验，从而提高顾客满意度和忠诚度。

2. 提升店面氛围

（1）舒缓的音乐可以营造舒适、轻松的氛围，帮助顾客缓解压力。根据美容院的特点和顾客需求，可以选择轻柔的古典音乐、轻松的流行音乐等不同音乐类型，避免快节奏和伤感的音乐。总之，具有特定主题或风格的音乐能为美容院增添独特的氛围和特色。

（2）柔和照明是营造氛围的重要因素。选择柔和的灯光，可以营造温馨、舒适的氛围，同时也要注意光线的均匀度和亮度，确保顾客的舒适感。

（3）通过艺术装饰来营造出独特的氛围。可以在墙上挂上艺术画作、装饰品等，增加美容院的艺术气息。此外，布置绿植、花卉等也可以为美容院增添生机和清新感。

（4）选用柔和的香氛，营造出舒适、放松的氛围。同时也要注意气味的浓度，避免过浓或过淡影响顾客的体验。

（5）确保美容院的温度适宜，不同季节里要适当地调节温度，让顾客感受到温馨和舒适。冬天顾客进行身体养护的时候，一定要提前将房间预热，防止顾客感冒。舒适的环境是顾客想要的体验，这些细节都非常重要。

（6）通过服务细节提升美容院的品质和氛围。例如，提供养颜玫瑰茶、可口小蛋糕、免费妆容设计等，增加顾客的归属感和体验感。同时，注意卫生清洁，保持环境整洁，也是营造良好氛围的重要环节。

3. 建立顾客第一信任度

（1）美容师应具备专业的技能和知识，能够提供高质量的服务。他们应该不断学习和进修，了解最新的技术和趋势，以满足客户的需求。

（2）美容院应关注顾客的体验，包括服务、环境、卫生等方面。顾客的满意度和忠诚度是建立信任度的关键。因此，美容院应始终努力提供最好的体验。

（3）良好的沟通是建立信任度的重要因素。美容师应与顾客建立良好的关系，了解他们的需求和期望，给予积极地回应。同时，顾客也应被告知他们的权利和责任，以便他们更好地了解和接受服务。

（4）美容院应提供透明的消费政策，明确告知顾客服务价格、产品价格等。避免模糊收费或隐藏消费的情况，让顾客明明白白地消费。

（5）美容院应遵循安全和卫生标准，确保顾客和服务人员的安全。这包括使用安全的设备和产品、保持环境卫生、执行消毒和清洁程序等。

（6）美容院可以建立客户忠诚计划，为常客提供优惠和特权，如积分、折扣、免费赠品等。这可以鼓励顾客再次光顾，并推荐给朋友和家人。

（7）当顾客有投诉或纠纷时，美容院应采取积极的态度处理问题。他们应该倾听顾客的意见，提供解决方案，并确保顾客满意。这可以增强顾客对美容院的信任度。

（8）美容院可以在店面或网站上展示其资质和荣誉，证明其服务质量和专业水平。这可以让顾客更加信任美容院，并选择其作为服务的提供者。

综上所述，建立顾客信任度需要美容院在多个方面做出努力，包括提供专业服务、关注顾客体验、建立良好的沟通、透明消费、安全保障、建立客户忠诚计划、处理投诉和纠纷以及展示资质和荣誉等。通过这些措施，美容院可以赢得顾客的信任，提高顾客满意度和忠诚度，从而在竞争激烈的市场中获得成功。

（三）前台接待

1. 接待人员着装及礼仪要求

（1）接待人员着装　前台接待人员的着装要求是整洁大方，衣服的款式和颜色应该与美容院的定位和品牌形象相符合。前台接待人员的发型也应该整齐、简洁，不要过于张扬或过于随意。一些简单的发型，例如盘发或短发，可以展现出清新、干练的形象。前台接待人员的鞋子必须保持清洁、干净。选择黑色或深色的鞋子可以展现出稳重、专业的形象。通过这些细节的塑造，前台接待人员可以展现出专业、正式、有魅力的形象，为美容院赢得顾客的信任和好感。

（2）前台接待礼仪　顾客进入美容院时，前台接待人员应该始终保持微笑，并展现出热情和友好的态度，传递出积极、亲切的信息，让顾客倍感舒适。及时问候顾客，并询问他们需要什么帮助。前台接待人员要使用礼貌用语，例如"您好""欢迎光临"等。如果顾客需要咨询或建议，前台接待人员应该认真倾听顾客的需求和问题，并给予回应。在顾客表达不清楚或出现误解时，接待人员应该耐心倾听并适当提问，以便更好地理解顾客的需求。顾客提出投诉或纠纷时，前台接待人员应该采取积极的态度处理问题。接待人员应该认真倾听顾客的意见，并给予合理的解决方案。如果无法立即解决问题，接待人员应该将问题转交给相关人员处理，并向顾客表示歉意和承诺尽快解决。前台接待人员应该使用礼貌的语言与顾客交流，避免使用带有攻击性、冒犯性或不适当的措辞。使用恰当的称谓和敬语可以提升顾客的满意度和忠诚度。保护顾客的隐私也是前台接待工作中非常重要的一个方面。接待人员应该注意保护顾客的个人信息和隐私权，避免泄漏给无关人员或用于不当用途。总的来说，前台接待礼仪这些要求可以帮助前台接待人员更好地为顾客提供服务，增强顾客对美容院的信任度和忠诚度。

2. 接待标准流程及要求

（1）新顾客接待流程

①顾客进店　前台接待人员主动起身问候并微笑地向顾客问好。了解顾客的需求，询问是否需要皮肤诊疗或其他美容需求。完善顾客信息来源，了解具体进店方式，如线上报名、团购预约、户外广告、转介绍等方式的确定并及时记录。如果顾客已经提前预约，接待人员核对顾客的相关信息，并了解顾客预约项目，为顾客填写新顾客咨询登记表，以展现专业和方便咨询师和顾客沟通。

②顾客等候　顾客在登记完成后，接待人员带领顾客到等候区休息等待，为顾客送上美容企业宣传手册或者是项目介绍、项目效果展示图册等，告知顾客先稍等。当前台接待人员发现美容咨询师正在接待其他顾客时，应礼貌地告知新到顾客："非常抱歉，您的美容咨询师目前正在为另一位顾客提供专业咨询服务，预计需要大约（具体等待时长）的时间。请您稍等片刻，一旦咨询师结束咨询，我们会立刻为您安排。"在等待期间，接待人员可以提供一些附加服务，如茶水、糕点、杂志等，以缓解顾客的等待焦虑。当美容咨询师空闲时，前台接待人员应迅速整理好新顾客咨询登记表，将顾客的基本情况和肌肤养护需求等关键信息传达给美容咨询师。随后，礼貌地将顾客引导至咨询室，并确保咨询室的门轻轻关上，以维护咨询过程的私密性。前台接待人员在整个过程中应保持专业、高效的态度，确保顾客得到满意的接待和服务。特别提醒，应在顾客等待中尽量让顾客先了解美容机构的企业文化，参观店面布局设施等，可让顾客的第一印象良好。

③顾客咨询　在咨询的过程中，店面工作人员尽量不要打断咨询师和顾客。如果遇到有其他问题的顾客可让店长或其他工作人员先负责处理。若其他顾客要求立即咨询美容咨询师，接待人员应先安抚顾客情绪："感谢您的耐心等待，我们会立即通知美容咨询师，稍后将为您提供服务。"如遇到咨询时间较长的情况，接待人员可向店长简要介绍正在咨询顾客的基本情况，以便店长能够适时进入咨询室提供协助。在顾客咨询等候区如有多位顾客等待咨询时，店长亦可参与咨询或进入咨询室分担咨询任务。在整个过程中，务必确保咨询流程的连贯性，避免频繁打断顾客的咨询体验。

④顾客成交　咨询结束，顾客成交。顾客美容项目以及金额前台需要同美容咨询师确认，确认以后询问清楚顾客付款方式。现金要当顾客面点清并经过验钞机检验。如果顾客是刷卡要确保金额正确，并让顾客签字。如果是微信、支付宝付款，一定要确保付款成功。

⑤建立顾客档案　待顾客所有手续办齐后前台接待人员方可带领顾客到护理区，美容师为顾客做好美疗项目准备，比如产品准备、仪器消毒等。店面专人为顾客拍摄首次治疗图片，并建立顾客书面档案及电子档案。如果顾客不愿拍摄照片一定要让顾客在档案中签字确认。注意美容顾客照片拍摄要清晰，位置要准确，并将拍摄后照片经顾客确认后保存。

（2）老顾客接待流程　老顾客进店，应热情接待，并且能准确称呼顾客姓名，美容院员工可以适度赞美顾客的皮肤质地、肤色和光泽度等方面。例如，可以说"您的皮肤看起来非常细腻，肤色均匀，光泽度很好，您平时一定很注重保养吧！"这种赞美可以让顾客感到自己的皮肤得到了认可和肯定，从而增强他们的自信心。

通知美容师，如遇责任美容师正在进行其他顾客的服务，可以告知顾客："您的美容师稍后就到，请在等待区休息片刻。"同时送上茶水及报刊，最好能告知顾客具体等待的时间。

（四）顾客等候

当顾客处于等待状态时，他们无法进行其他有意义的活动。尤其当面临长时间的等待时，顾客会感到焦虑和不耐烦，因为这段时间无法得到有效利用。因此，为了缓解等待带来的不良情绪，可以采取一些应对措施，合理安排顾客等待期间的流程，也可以做顾客的提前引导。比如告知顾客："某女士，您的美容师正在为您进行房间消毒和产品准备，在这10分钟之内，请在此稍作休息，这是为您准备的茶点，请慢用！"这样的等待就不会那么漫长。

1. 让顾客感觉到自己的存在　顾客到店以后，要热情地接待顾客，如顾客需要等待，美容院应该提供一个舒适、安静的等待区域，让顾客在等待的过程中可以放松身心。等待区域可以配备舒适的座椅、杂志、电视、音乐等设施，以便顾客在等待时可以享受放松的环境。为了缓解顾客的等待情绪，美容院还可以提供一些额外的服务，如免费化妆、眉形设计、手工DIY等。这些额外的服务可以让顾客感到受到重视和关心，从而减少急躁情绪。

2. 给予顾客适当的安慰　当美容顾客感觉自己被遗忘或者不知道还要等待多久，焦虑是顾客最可能出现的情绪。目前很多餐饮业为等位的客人提供饮料和水果，以服务著称的某火锅店甚至还为顾客提供免费美甲等服务，这些都是在告诉顾客：您没有被遗忘，非常感谢您的光顾。当顾客表现出急躁情绪时，工作人员可以主动询问顾客的需求，并提供必要的关心和帮助。顾客到咨询室美容咨询师应该及时道歉并解释原因。这可以表达出对顾客的尊重和关心，缓解顾客不良情绪。

3. 让顾客知晓等待的具体时间　当美容顾客不知道要等待多久时，焦虑就会更严重。为等候的顾客提供明确的等待时间和相关的信息，能有效地降低顾客的焦虑。当顾客能够理解等待原因时，他们经常有更大的耐心和更少的焦虑，尤其当这种等待是合情合理时。反之不知道等待原因的美容顾客会感到无力而被激怒。

4. 优先安排预约顾客　对于预约的顾客，美容院应该优先安排他们的服务。这样可以保证预约顾客的时间得到合理安排，避免因等待而产生急躁情绪并且能保证顾客的满意度。

总之，美容院可以通过提供等待区域、及时告知等待时间、优先安排预约顾客、提供额外的服务、保持与顾客的沟通、优化流程以及道歉和解释等方法来缓解顾客因等待而产生的急躁情绪。这些措施可以帮助顾客更好地感受美容院的专业性和人性化服务，从而提高顾客的满意度和忠诚度。

（五）咨询环节

美容咨询是美容院服务中至关重要的一环。通过咨询，美容咨询师可以了解到顾客的具体需求和期望，从而提供更加贴合顾客需求的服务。美容咨询师可以根据自己的专业知识和经验，为顾客提供个性化的护肤方案、美容项目以及日常护肤程序和化妆品选择等建议，帮助顾客改善皮肤状况，达到更好的美容效果，实现科学护肤的目的。

1. 咨询流程

（1）**接待**　美容咨询师穿着应该整洁、得体、专业，并符合医美行业的规定。男士应着西装或专业衬衫，女士则可选择套装或职业连衣裙。在顾客进入咨询室时咨询师应保持微笑，热情友好地迎接顾客，并主动起身问候，帮助顾客坐下。咨询师在接待顾客时，应保持良好的仪态。站立时应挺直身体，不得倚靠在工作台上。坐着时应保持端正的坐姿，不得随意抖动或跷二郎腿。

（2）**咨询**　美容咨询师应遵循一套逻辑清晰的服务流程，以确保顾客需求得到满足并实现销售目标。首先，美容咨询师应仔细倾听并记录客户的需求，为后续服务提供基础资料。接下来，美容咨询师应利用专业知识进行皮肤检测分析，深入了解顾客的肌肤状况。基于检测结果，美容咨询师制定个性化的养护方案，旨在解决顾客的具体问题。这一过程中，咨询师应始终保持科学护肤的原则并尊重顾客隐私，严禁泄露任何个人信息。

在制定方案的同时，美容咨询师应确保咨询室的私密性，避免打扰其他顾客。一旦方案得到顾客认可，美容咨询师引导顾客进入付款环节，准备相应的单据和档案供顾客阅览及确认。付款完成后，顾客将正式进入护理流程，享受专业的美容服务。整个过程中，美容咨询师应展现出高度的专业素养和服务意识，确保顾客获得满意的体验。

（3）**交接**　在顾客接受美容服务前，美容咨询师需介绍责任美容师："××是我们资深皮肤护理师，具备丰富的经验和专业背景，擅长个性化护理方案。请您放心将皮肤交给她。"同时，美容咨询师向皮肤护理师传达顾客的基本信息、特殊要求和预期效果。为确保服务质量和安全，咨询师还会详细说明护理方案、产品使用、按摩力度和时长，并提醒过敏史等注意事项。最后，美容咨询师将提供顾客的档案，包括皮肤状况、护理和预约记录，以便美容护理师全面了解并为顾客提供最佳服务。美容咨询师在咨询工作结束时应检查单据是否填写齐全、顾客档案填写是否完善。对所收的现金及票据进行审核，有无错漏收款等。这样可以确保美容师对顾客的情况有全面了解，更好地为顾客服务。

2. 解决顾客的各种疑虑　美容咨询师在与顾客沟通的过程中应及时了解并掌握顾客的疑虑，有针对性地打消顾客的疑虑以促使顾客成交。作为美容咨询师，以下咨询过程中常见的顾客疑虑值得关注。

（1）**美容项目或者产品是否有效**　为减少顾客疑虑美容咨询师可以支持顾客体验，店面配备顾客修复案例图册，咨询室配备可存放大量的修复效果对比图例的电子设备，如台式电脑或者平板电脑。美容咨询师还可以根据情况安排顾客到护理区询问其他正在做护理顾客的修复现状。同时要求店面美容师体验流程细节做到位，美容咨询师及时更新优秀效果案例，让顾客能看到、听到、感受到效果。

（2）**美容产品或者项目是否有副作用**　美容咨询师运用熟练的专业知识，从产品角度出发，从生态无创角度以及皮肤基本知识方面做讲解，给顾客适当的承诺，并通过权威机构的认证资料的展示，具体数据的说明，给顾客足够的安全感。店面专业知识及医学常识需要加强培训，要求所有店面工作人员对产品知识及医学皮肤常识熟悉掌握，美容咨询师及店内工作人员都能自信展现。

（3）**顾客咨询结束后表示回家考虑**　美容咨询师可以深入了解顾客疑虑，是担心效果、价格还是其他方面，针对性处理和回答。对于有些顾客不愿说实情，可以让其先体验再决定，找好侧重点，不得强迫顾客消费，让顾客产生反感。也可留下联系方式，定期询问顾客是否需要进一步帮助，或者提醒顾客关于产品的优惠信息。不同形式的持续地关注可以让顾客感受到服务的价值，增加成交的可能性。

（4）项目价格贵　美容咨询师应该始终保持专业和热情的态度，深入了解客户的疑虑和需求，提供个性化的解决方案，以实现良好的服务和商业效益。美容咨询师详细解释该项目服务的内容、效果以及为什么这个价格是合理的。让客户明白这是一个优质的服务，而不是简单的交易。针对客户的预算，提供一些优惠方案，例如打折、套餐优惠等如果客户还有疑虑，可以提供一次免费体验或试用的机会，让客户亲自感受服务的价值。

（5）美容体验和正式治疗不一样　正视问题，美容体验和正式治疗在服务项目、时间、价格等方面存在差异。通常体验会提供一些基础的服务项目，例如基础护肤、简单按摩等，以便客户初步了解美容院的服务质量和环境。这些服务通常时间较短，以便客户在短时间内快速了解美容院的服务。正式治疗则涵盖了美容院的全部服务项目，包括高级护肤、专业按摩、仪器使用等，服务范围更广泛，以满足客户的多种需求。正价项目的价格相对较高，但服务质量和效果更有保障。正价项目的服务时间通常较长，以便客户充分享受美容院的服务，获得更好的效果。

总之，当客户产生疑虑时，作为美容咨询师应该给予充分的关注和理解，并通过专业性和诚信来建立信任关系。通过深入了解客户的疑虑和需求，提供个性化的解决方案，帮助客户实现满意的美容效果。

二、美容院员工工作规范

（一）仪容仪表规范

1. 着装　工作期间应穿着整洁、得体的制服，保持服装干净、整洁，不得佩戴过多饰品。

2. 发型　头发应保持整洁、干净，颜色和造型不得过于夸张。

3. 妆容　女性员工淡妆上岗，不得浓妆艳抹，保持妆容自然、得体。

（二）回访规范

1. 前台回访到店咨询未体验未成交的顾客和电话预约未到店的顾客，以及一个月前所有未成交的顾客，前三次电话回访，以后可以转入短信回访或微信回访。

2. 前台回访的标准数量可根据店面情况设定为每人每日具体数量的有效回访（正常通话），进店的标准值根据以往回访进店顾客量制定具体可达到的目标。以每月进店能达到300人以上的店面为例，每日需要设定20人左右的有效回访。

3. 美容咨询师回访当日和近期体验不成交的顾客，以及意向强烈未成交的顾客。

4. 回访注意礼貌用语，选择合适的时间段避免打扰顾客。

5. 常到店顾客每周电话、短信或者微信回访一次，督促顾客在家使用产品，了解顾客修复过程中的疑问，增进感情沟通，防止顾客到店频次减少。

6. 不常到店顾客或者外地顾客3天回访一次，内容主要是指导顾客在家使用产品，关注皮肤养护效果，解决疑难问题；督促顾客定期到店复查，鼓励顾客坚持养护；增进感情沟通，防止顾客流失。

7. 回访方式可以包括QQ、微信等其他网络社交平台，通过网络保持照片传输，时刻关注顾客修复进展，并给予相应指导。因顾客不够专业，照片传输有时更能帮助责任美容师准确判断，并能给出科学的养护方案。

店长和美容咨询师应监督美容师定期回访，注意礼貌用语、语气、语调等细节并做好回访专项培训。

（三）顾客档案规范

1. 每位顾客无论消费金额多少都要按照顾客档案管理标准建立手写档案和电子档案。

2. 顾客档案内容完备，记录养护的位置和症状，手写档案整体保持清洁整齐。

3. 单份顾客档案不得多个美容师书写，不得随意更换美容师。

4. 每次详细记录顾客肌肤现状，近期变化，本次操作重点，回家自用嘱咐。

5. 每隔一个月顾客阶段性美容效果和服务自评，顾客签字认可。

6. 定期有效回访记录，不得出现未接、占线等记录。

7. 电子档案记录完整，定期拍照留档记录。

8. 对不按照规定建立和书写档案的，每发现一处遗漏，店长可以给予责任美容师适当惩处。

（四）顾客预约标准

1. 所有到店护理的顾客必须提前预约，美容师应在顾客首次接受护理时明确告知顾客，对于不能确定时间的顾客，美容师可提前主动和顾客预约。

2. 不要任由顾客把时间都预约到下午时间段，过度集中会造成工作忙乱出现应付顾客的情况。

3. 为保证每个顾客获得优质服务，达到养护效果，建议可根据店面经营项目设定每个员工正常的日护理量。

4. 店长应定期抽查核对护理签字本与预约记录一一对应的关系或安排前台进行监督，保证服务质量。

（五）护理流程规范

1. 美容过程中严格按照标准流程执行，不得随意更换美容产品或养护流程，更不得超范围使用违规产品。

2. 每个美容师一次只能护理一个顾客，全程跟踪直至送顾客出门，中途不得随意离开。

3. 护理过程中不得从事任何与护理不相关的事务，特殊事项应征得顾客同意方可进行。

4. 一般情况下产品未开封保质期为 2 ~ 3 年，开封的产品受空气氧化和空气中细菌感染保质期会缩短，为避免浪费请及时提醒顾客有效期内使用完毕。尤其含生物活性成分的产品应在开封后尽快使用完毕。

5. 首次接受护理的顾客，美容师叮嘱顾客产品使用方法或者美容项目的注意事项。请注意：居家配合加上店面专业护理才能事半功倍，真正达到科学护肤的目的。

（六）员工入职规范

1. **入职体检**　员工在接到录用通知书后，需自行前往指定医院进行体检，并将体检报告提交给企业人力资源部门留存档案。

2. **办理入职手续**　员工在入职前需准备好身份证、学历证明、职业资格证书等相关证件的原件及复印件。员工在入职时需签订劳动合同，明确双方的权利和义务以及薪资待遇、工作时间、工作内容等具体事项。

3. **入职培训**　员工入职后，将参加由企业组织的岗前培训，了解企业文化、规章制度、安全卫生等方面的知识。根据岗位特点和业务要求，企业将安排专业培训课程，旨在提高员工的专业技能和综合素质。

4. **转正评估**　在试用期内完成既定的工作目标，展现出良好的工作表现。在完成工作任务的同时，积极提高工作效率和品质。熟练掌握各项美容技能，具备良好的操作能力的员工按照公司转正要求及时办理转正手续。

（七）员工交接工作规范

1. 一般情况美容院试用期美容师离职需提前 3 天向人力资源部提交申请，正式美容师离职需提前 30 天向人力资源部申请。

2. 离职美容师顾客交接需店长、离职者本人及接收护理师三人在场方可进行工作交接。

3. 离职者将顾客档案、顾客联系方式等涉及顾客的资料以及顾客产品交于店长，审查无误后交于接收美容师。

4. 正式员工离职需提交书面离职申请并经过人力资源部沟通办理相关离职手续。

5. 前台离职前需将店内相关报表、U 盘等交于店长，辅导新任前台顺利上岗后方可办理离职手续。前台需提前一个月提出离职申请，工作交接完成方可离职。

三、美容院顾客服务流程

当提到"顾客服务"，很多人先想到的是微笑、赞美、感情沟通或舒适的环境等表面现象。然而，这仅仅是顾客服务体系中的一小部分。真正的顾客服务体系远不止于此，它涉及公司理念的传播、系统化的顾客管理方法以及与顾客之间的深度互动和沟通。

顾客服务体系的核心目的是在公司理念的指导下，通过一系列的顾客管理方法，实现顾客与公司之间的有效交流和互动。这不仅有助于培养顾客的忠诚度，而且可以促进长期的合作关系，实现双方的互惠互利。然而，即使在高度强调服务的美容行业中，问题依然层出不穷。顾客的牢骚、抱怨、退单和投诉等问题困扰着美容企业经营者。

因此，构建一个完善、系统化的顾客服务体系至关重要。这个体系不仅可以提前预防问题，降低风险，而且可以提高顾客满意度，培养顾客忠诚度，进而提升企业的整体竞争力。真正的顾客服务不仅仅是表面的微笑和赞美，更是一种全方位、系统化的管理和互动过程。只有这样，才能真正满足顾客的需求，赢得他们的信任和忠诚。

（一）预约顾客

1. 预约方式 预约一般有现场预约、电话预约、短信预约及美容院顾客管理系统的在线预约四种方式。其中在线预约更方便、高效，是对于有预约习惯顾客的常用预约方式。

（1）**现场预约** 现场预约是在当次护理结束时进行，美容咨询师和美容师引导顾客要按时做护理，最后在签字确认治疗项目时由前台以文字方式确认下次护理的时间。

（2）**电话预约** 当美容师接通电话时，首先礼貌问候，随后询问顾客是否已经预约，并核实顾客的预约时间。在确认无误后，美容师会详细询问顾客预约的美容项目，以确保为顾客提供准确的服务。美容师将顾客的预约信息进行登记，包括预约时间、项目和顾客的基本信息。在登记完成后，美容师会再次确认顾客的预约详情，并向顾客道别，以确保顾客对预约情况有明确的了解。最后，美容师结束通话，准备迎接顾客的到来，为顾客提供高质量的美容服务。整个预约流程应清晰、有序，为顾客提供便利和舒适的体验。电话预约的通话内容应简明扼要，语言清晰、热情亲切，语速适中。最后一定要重复预约的时间，并提醒顾客要准时到店。如预约时间冲突，给出其他可安排的时间让顾客选择，并用婉转的口吻咨询对方能否另择时间，确定后再详细记录。

（3）**短信预约** 短信内容简洁，语气要温馨，短信预约的要点为提示预约时间。短信内容示范如下，"温馨提示：××女士，您好！感谢您预约本周×（××月××日）下午 3～5 点面部护理服务。请您准时到店，如有变动请提前告知。期待为您带来舒适的护肤体验。"

（4）顾客管理系统预约　顾客打开顾客管理系统进行如下操作。①顾客需要登录自己的账号，如果还没有账号，需要先进行注册；②在 APP 顾客管理系统首页中找到并点击"预约"选项；③根据顾客需求选择服务类型，如预约美容服务、预约美发服务等；④选择适合的时间段进行预约，并填写预约的具体信息，如姓名、电话等；⑤确认信息无误后，点击提交完成预约；⑥顾客管理系统向顾客发送预约成功或失败的通知，告知预约状态。

2. 预约常见问题

（1）顾客不预约　对于没有预约习惯的老顾客，美容师在与顾客交流时应自然引导其认识到预约的重要性，同时美容咨询师会强调预约带来的便利与效率，并鼓励顾客尝试预约服务。店长会定期在店内强调预约制度，前台也会主动提供预约表格，以便顾客填写并习惯预约流程。通过这种方式，逐渐培养老顾客主动预约的习惯。

对于新顾客，应主动提供电话预约服务，并在首次服务过程中介绍预约的好处。随后，应采用与老顾客相同的方法，逐步引导新顾客养成主动预约的习惯。

对于突然到访的顾客，应首先灵活调整员工的工作安排，如安排员工加班或正在休息的员工轮班，以满足顾客的需求。随后，应向这些顾客介绍预约制度，并解释预约的好处，以便在未来他们能更好地利用预约服务。通过这种方式，旨在逐步培养所有顾客主动预约的习惯，提高服务效率并提升顾客体验。

（2）顾客迟到或取消预约　面对顾客迟到或临时取消的情况，美容师可以婉言提示此行为给店里带来的不利影响。如顾客经常不遵守预约，可以巧妙拒绝单次预约，或安排其他美容师护理，突出差异化服务，并在护理过程中引导预约，但要视顾客的情况确定。

（3）顾客预约过度集中　当顾客预约出现过度集中的情况时，可以采取一些策略来引导顾客更合理地分布预约时间。首先，可以通过提供优惠计价的方式，鼓励顾客在非高峰时段预约服务。例如，可以为非高峰时段预约的顾客提供折扣或小礼品等，以增加他们的预约动力。

然而，如果即使通过优惠计价等方式，预约仍然过度集中，且翻床率已经达到合理水平，那么这可能意味着需要增加人手或床位来满足顾客的需求。在这种情况下，应该及时考虑扩大美容院经营规模，包括增加员工数量或增加床位数量等方式，以确保能够为所有顾客提供及时和高质量的服务。通过合理调整经营策略和资源分配，可以更好地应对顾客预约过度集中的情况，提升顾客满意度和经营效率。

3. 如何提高预约效率

（1）想要预约好顾客，先要约束好自己　①认真对待顾客预约时间，原则性强；②出现特殊情况如培训、临时休息，及时告知顾客，表达歉意并合理安排；③充分了解顾客情况，合理安排顾客到店时间及频次；④利用好顾客预约表，分配不同顾客到店时间；⑤固定预约逐步落实，提醒顾客，有规律的护理对肌肤修复更有好处！⑥切记：从新顾客开始做好预约要求。

（2）顾客预约关键点　预约时间，专职服务，保障效果。

（3）预约到店频率　示例"了解到您平时工作繁忙，根据您的肌肤养护方案，建议您每周到店 × 天，我们会根据您的到店频率安排护理方案，咱们共同配合实现肌肤健康年轻态。"

（4）预约到店时间　提供可选的时间段，根据美容院的日程安排，提供几个可用的时间段供顾客选择。确保这些时间段是美容师或员工的空闲时间，并考虑到其他顾客的预约情况。

（5）预约提醒　在顾客预约的时间到来之前，发送提醒消息给顾客，以确保他们不会忘记预约。可以通过短信、电子邮件或微信完成。提醒消息应包含预约的日期、时间和地点，并鼓励顾客准时到达。

（二）顾客到店服务

1. 安排顾客

（1）从前台接待人员处接待顾客，问候客户"××先生/女士，您好，我是美容师××，今天由我为您进行美容护理，请跟我到护理区。"

（2）询问顾客是否可以开始进行美容护理，帮顾客存放雨伞、外套等非贵重物品。"您是想先休息一会儿还是我们现在开始呢？""您可以把暂时不用的东西存放在这里，我们有专人负责保管，贵重物品请您自行妥善保管。"

（3）根据顾客需要进行美容护理，询问其舒适情况，如"您觉得室内温度合适吗？需要加个毯子吗？""您觉得床头的高矮合适吗？"等。

（4）安排好顾客后再去做护理准备工作。如"您请先休息一下，我去准备产品。"

2. 准备工作

（1）美容用品　顾客养护的美容产品、美容用具、消毒用品等按照使用先后顺序依次摆放于美容推车各层。

（2）仪器准备　检查美容仪器设备的配件、附属用品等，保证其配齐、就位。接通仪器电源，保证美容仪器性能良好，做好调试工作。

（3）档案查询　调阅顾客档案，熟悉顾客基本信息、肌肤信息、治疗方案、有无特别的处理流程及注意事项等。

（4）核对工作　将所需产品和工具妥善安置在美容推车上后，根据顾客养护档案等资料核对有无差错后，向顾客报告进展"您所需要的护理用品，我都已经准备好了，接下来我们进入今日的肌肤养护操作"。

3. 清洁消毒

（1）美容师严格按照7步洗手法仔细清洁双手，注意指缝、指甲内部的清洁工作。清洁后双手用75%乙醇喷洒消毒。

（2）美容用具及美容器械尤其与皮肤直接接触的部分，如各种探头、调膜棒等使用75%乙醇擦拭或者喷洒进行严格消毒。

4. 护理操作

（1）严格按照不同项目护理操作流程进行操作，保证操作的时间和质量。

（2）操作过程中，告诉顾客每个步骤进展。例如告知顾客"我现在给您进行的是面部深层清洁，主要是深度清洁毛孔栓塞物，能帮助您疏通毛孔，杜绝闭合性粉刺的产生"。

（3）按摩过程中询问顾客的感觉，适当调整操作方式及力度。

（4）根据顾客的肤质和需求进行美容仪器操作调整，适当调整仪器频率和操作时间。

（5）顾客出现异常反应时，如皮肤过敏、肿痛、伤口破裂、无法受力等情况时，立即终止护理并及时处理相关症状。

5. 顾问式营销　护理操作过程中，美容师应主动与顾客进行沟通，耐心细致讲解，增加顾客的信任度和忠诚度。一般情况下沟通的内容可以从以下几个方面进行。

（1）企业文化　美容师通过讲述企业的背景、文化、发展历程增强顾客的信任感，增加长期养护信心。

（2）皮肤知识　关于皮肤再生和修复的原理、不同皮肤类型的保养与修复以及修复所需要的步骤、时间等。

（3）产品知识　顾客使用产品的科技含量、与竞争产品差异、产品的安全性和有效性等。

（4）专业护理知识　按摩技术的重要性、每种操作技术的作用和效果。

（5）成功案例　成功的治疗案例介绍，修复效果对比图例展示等。

（6）日常护理、饮食习惯等小常识的介绍　一般情况下顾客进行了祛斑项目，美容师会建议顾客注意防晒，少食用光感类蔬菜、水果如芹菜、柠檬等，多喝水加强代谢。

护理过程中，护理师与顾客的沟通内容可以涉及很多方面，注意不探究顾客私事，重在增强彼此的信任，增强顾客的治疗信心。

6. 收尾送客

（1）告知顾客今天的护理已经结束了，顾客回去后需要注意的相关方面，比如居家产品的配合使用等。

（2）协助顾客整理衣物、头发、补妆，提醒顾客携带好饰物，或帮助其戴好饰物。

（3）提醒顾客携带好所有物品，督促其按时进行护理：提醒顾客，"您的东西都带好了吗？"最后确定下次护理时间。

（4）送客人到门口或电梯口，按下电梯按钮，告别顾客。"××女士/先生请慢走，再见！"

7. 复位操作

（1）顾客档案登记　按要求及时填写顾客护理记录表。

（2）美容推车清洁　所有产品密封复位，清洁消毒所有容器和美容用具，美容推车内的污渍和水迹处理干净，清理所有的一次性废品和垃圾。

（3）床位清洁　检查、清洁床上用品，检查枕头、被单、床罩是否有污渍，更换一次性床品，整理复位。

（4）仪器复位　治疗仪器断电、清洁、消毒、复位。

（5）操作区域清洁　留意床位周围的地面是否有水迹、污渍、废物等并进行简单清洁，保持地面干燥，防止顾客摔倒。

（三）顾客回访

1. 顾客回访关键点　回访要及时、持续、有效。

2. 顾客回访对象及频次

（1）新顾客回访　首次治疗后当天回访，特殊操作后当天回访。

（2）常到店顾客回访　每周电话、短信或者微信等其他社交媒体回访一次。

（3）不常到店顾客或者外地顾客　3天回访一次。

（4）转接的顾客回访　接手顾客当天回访。

（5）问题顾客回访　时常关怀，不逃避。

3. 回访内容

（1）坚持进店回访内容　关心顾客近况；找出不到店养护原因，询问是否坚持在家配合护理；预约到店。

（2）特殊操作后回访内容　特殊症状的告知，叮嘱注意事项；叮嘱在家配合使用；预约到店。

（3）顾客关怀回访　关心顾客近况；天气变化、生日、生病等的关心问候。

（4）转接顾客回访　自我介绍，告知回访目的；关心顾客近况，建立基本的信任（提前在档案上了解顾客情况）；邀约到店。

（5）优惠活动回访　关心顾客近况；告知优惠活动；结合顾客情况沟通；邀约到店。

四、美容院顾客管理

（一）顾客管理的意义

1. 清除美容师和顾客间的交流障碍　由于生活环境的不同，美容师和顾客之间的话题往往相差很多。当美容师通过收集顾客信息的方式，自然能够与顾客找到共同的话题，而且随着顾客信息收集的完善，美容师更容易找到顾客喜欢的话题。这样能有效拉近美容师和顾客的距离，有助于增强沟通效果。

2. 增强顾客忠诚度　通过关注顾客的需求和感受，为顾客提供个性化的服务和建议，使顾客感到被重视和关心，能够增强顾客对美容院的忠诚度。

3. 提升顾客满意度　注重顾客的体验和满意度，关注每个顾客在美容过程中的感受和需求。通过提供优质的护理和个性化的关怀，美容院能够提高顾客的满意度，使他们在美容过程中得到更好的体验。

4. 个性化推荐和升级购买　了解顾客的需求和目标，为其提供个性化的推荐和建议。根据顾客的肤质、问题和喜好，推荐适合的美容项目，引导顾客进行升级购买。

5. 促进口碑传播　建立美容院与顾客之间的互动和信任关系。顾客在得到良好的服务和关怀后，往往会愿意与他人分享自己的美容经历。通过积极引导顾客进行口碑传播，美容院可以扩大影响力，吸引更多潜在客户。

6. 建立长期合作关系　通过持续的沟通和关怀，美容师能够建立信任和亲密感，与顾客形成紧密的联系。顾客在不同阶段的美容需求都能够得到满足，并逐渐形成固定的消费习惯。

7. 提升美容项目的口碑和品牌形象　通过持续提供优质的服务和个性化的关怀，美容院能够树立良好的口碑和品牌形象。顾客的满意度和推荐度会在社交媒体和口碑平台上得到传播，进一步吸引更多潜在客户。

（二）顾客管理原则

1. 动态管理顾客档案资料　建立顾客档案后，顾客的情况可能会由于美容护理的进行而发生变化的。因此，需要随时整理和更新顾客的资料，进行跟踪服务，确保顾客信息保持动态。这样，才能实现对顾客更科学的管理。为了更好地跟踪和管理，需要定期对顾客资料进行整理和更新，以确保信息的实时性和准确性。

2. 突出重点顾客　根据顾客的分类和具体情况，需要确定回访和联络的内容与频率。应重点关注那些对业务有重大贡献的顾客，实行差异化管理。例如，对重要客户，可以定期进行深度沟通，了解他们的需求和反馈，提供定制化的服务。

3. 专人负责管理　为了确保顾客资料的完整性和保密性，店长应专门负责这一工作。此外，只允许内部工作人员访问这些资料，避免资料的外泄或误用。可以设立严格的管理制度，明确资料的使用和访问权限，确保资料的完整性和安全性。

4. 灵活运用顾客资料　虽然要重视资料的保密性，但收集这些资料的目的在于服务过程中加以运用。因此，需要采用灵活的管理方式，及时将顾客资料提供给美容师。例如，在为顾客提供服务之前，美容师可以快速查看顾客的过往记录、喜好和特殊需求，从而提供更个性化的服务。

（三）顾客管理要点

1. 顾客关系建立　确定目标顾客群体，了解他们的需求和喜好。提供优质的服务和产品，建立良好的第一印象。与顾客保持持续的互动，建立长期的关系。关注顾客的个性化需求，提供定制化的服务。建立多种沟通渠道，如电话、邮件、社交媒体等。

2. 顾客需求满足　深入了解顾客的需求，包括显性和隐性需求。积极回应顾客的反馈，及时调整服务或产品。持续改进服务流程，提高顾客的满意度。主动收集顾客的意见和建议，不断优化服务体验。

3. 顾客满意度提升　关注顾客的体验，确保服务或产品质量达到预期。提供超越顾客期望的服务，创造惊喜。及时解决顾客的问题和投诉，避免造成不满。定期评估顾客满意度，针对不足之处进行改进。

4. 顾客忠诚度培养 鼓励顾客长期使用本店的服务或产品。提供会员制度、积分奖励等激励措施。关注顾客的个性化需求，提供定制化的服务或产品。与顾客建立良好的情感联系，提高忠诚度。

（四）顾客档案的建立

1. 主要内容 包括顾客的基本信息，如年龄、肤质、生活习惯等，有助于为顾客提供更精准、个性化的服务和产品建议，实现科学护肤的目的。通过对顾客的皮肤状况、美容需求和项目记录的跟踪，可以为其定制更符合其需求的个性化护理方案。提升顾客满意度，从而维护和增强顾客关系。通过对顾客数据的分析，可以深入了解顾客需求，从而开发新的服务和产品。精准的个性化服务和营销策略可以提高顾客的满意度和忠诚度，从而吸引更多潜在客户。

2. 填写要求

（1）**顾客基本信息** 美容顾客档案要求填写顾客的真实姓名，确保信息准确无误。明确填写顾客的性别，便于提供个性化的服务。顾客的出生日期需记录清楚，以便了解顾客的年龄层次。

（2）**顾客联系方式** 目前顾客联系的方式多样。美容顾客档案要求填写顾客的联系电话，确保信息真实有效。填写顾客的电子邮箱，以便发送服务信息或优惠活动。其他如微信、QQ等社交媒体联系方式也需要及时添加便于建立更紧密的联系。

（3）**顾客购物史** 可以详细记录顾客的购物时间，便于了解顾客的购买习惯。顾客购买的商品名称、规格等信息，便于分析顾客的需求和偏好。顾客购买的商品数量，便于了解顾客的购买量。顾客的消费总金额，便于分析顾客的消费能力和消费习惯。

（4）**顾客喜好与需求** 顾客档案填写顾客的兴趣爱好、喜欢的品牌等信息，以便提供更符合其需求的个性化服务和产品推荐。还需要记录顾客对产品或服务的需求和期望，便于更好地满足顾客需求。

（5）**顾客消费能力与消费习惯** 通过顾客的以往购物记录等信息，评估其消费能力和水平，以便于推荐更合适的产品或服务。还要根据顾客的购物时间、购买商品类型等信息，了解其消费习惯，便于制定更有针对性的销售策略。

（6）**顾客反馈与评价** 根据顾客的满意度调查，记录其对服务、产品等方面的评价，以便于改进服务质量。收集顾客对服务、产品等方面的意见和建议，便于不断改进和提高服务质量。记录顾客的投诉内容、处理过程和结果等信息，以便于提高售后服务水平。

（7）**顾客参与活动情况** 记录顾客参与的活动名称、时间等信息，以便了解其参与度。根据顾客的活动参与情况、满意度评价等信息，评估活动的质量和效果，以便于优化和改进活动内容和形式。

（8）**顾客售后服务需求** 记录定期对顾客进行回访内容，了解其使用产品和服务的情况，提供必要的关怀和帮助，提高客户满意度和忠诚度。美容企业向顾客发送公司最新活动通知和优惠信息，提高其参与度和购买意愿。

（五）顾客分类管理

1. 新顾客开发

（1）**开展促销，就近派发传单或优惠券** ①准备阶段：制定一份详尽的促销计划，包括活动的时间、目标人群、提供的优惠或特价产品、预算等。②执行阶段：由美容师或专门的宣传团队在美容院附近的人流密集区域进行派发。为了确保传单或优惠券的有效性，可以在上面印有二维码，顾客可以直接扫描进行预约或了解详情。③跟踪反馈：活动结束后，统计新顾客的数量以及他们的消费情况，以评估活动的成效。

（2）**老顾客转介绍** ①奖励机制：为了鼓励老顾客转介绍新顾客，可以设立一定的奖励制度，如新顾客首次消费后，老顾客可以得到相应的积分或折扣。②分享体验：可以定期邀请老顾客分享他们的美容体验，通过真实的口碑吸引更多潜在顾客。

（3）电话营销　①数据筛选：确保电话营销的目标客户是有美容需求的精准顾客，例如电话回访线上咨询相关美容护理项目的顾客。②个性化服务：根据客户的需求和喜好，提供个性化的服务和产品推荐。③专业沟通：确保电话营销的团队成员具备专业的沟通技巧，能够有效地传达信息并吸引客户。

（4）开发团体客户　①市场调研：深入了解目标团体客户的需求和喜好以及他们的消费习惯。②定制服务：根据团体的需求提供定制化的服务和产品组合，例如团体套餐、年度美容服务等。③建立合作关系：与异业联盟如健身房等建立长期稳定的合作关系，定期举办一些交流活动，加深彼此的联系。开发顾客的方法多种多样，关键是根据美容院的实际情况和目标客户的特点来选择最合适的方法，并且持续不断地优化和改进。

（5）网络营销　在这个日新月异的信息化时代，网络营销已被越来越多的企业所重视。专业美容网站也越来越多，如中国美容产业网、中国美容、亚洲美容商务网、中国美容人才网等，还有很多地方性网站。这些都为美容院的拓展提供了一个良好的平台。自媒体的兴起，美妆博主通过图文、视频等形式，分享一些实用的美容技巧，比如如何清洁皮肤、如何按摩促进血液循环、如何选择适合自己的化妆品等。这些技巧不仅可以帮助用户更好地保养自己的皮肤，也可以增强大众的美容意识。分享美容技巧是自媒体平台上非常受欢迎的内容。

（6）电视报纸广告宣传　这也是美容院经常采用的一种方法，它不仅为美容院带来可观的客源，还能有效地扩大美容院的知名度。通过使用前后对比照片、动画或实景拍摄等方式，展示美容服务带来的显著效果，使潜在客户能够直观地了解服务的价值。清晰明了地介绍美容服务的内容和特色，强调专业技术与丰富经验，同时表达出对顾客的关怀和体贴，以吸引目标客户的注意力。

2. 老顾客留存

（1）提供优质的产品和服务　这是防止老顾客流失最基本的条件，只有满足顾客的需求，才能让他们满意并持续光顾。要了解顾客的需求和期望，不断提升美容产品质量和服务水平，提高顾客的满意度和忠诚度。

（2）建立良好的客户关系　与顾客建立良好的关系是防止老顾客流失的重要手段。要积极与顾客互动，了解他们的需求和反馈，及时解决问题和改进不足之处。同时，要关注顾客的体验和感受，提供个性化的服务和关怀，比如店面顾客集中生日会，让顾客感受到美容院的关心和重视。

（3）定期回访和跟进　定期回访和跟进是防止老顾客流失的有效方法。通过电话、短信、邮件等方式与顾客保持联系，了解他们的使用情况和满意度，及时解决他们的问题和反馈。同时，可以向顾客介绍新产品、新服务和促销活动，引导他们再次光顾美容院。

（4）建立会员制度和积分制度　通过建立会员制度，为顾客提供更加个性化的服务和优惠，增加顾客的忠诚度和黏性。同时，建立积分制度，鼓励顾客消费和积累积分，增加他们的购买动力和忠诚度。

（5）不断创新和改进　美容院要不断进行产品和服务创新，提高自身的竞争力和吸引力。要关注行业动态和市场需求，了解顾客的最新需求和趋势，及时调整和改进产品和服务。同时，要关注顾客的反馈和意见，积极改进不足之处，提高顾客的满意度和忠诚度。

（6）加强员工培训和管理　员工是美容院的重要组成部分，也是与顾客接触最频繁的人员之一。美容院要加强员工的培训和管理，提升员工的服务意识和技能水平，让他们更好地为顾客提供优质的服务。同时，要关注员工的工作状态和情绪，及时解决问题和进行心理疏导，保持员工的积极性和工作热情。

总之，防止美容院老顾客流失需要多方面的策略和努力。通过提供优质的产品和服务、建立良好的客户关系、定期回访和跟进、建立会员制度和积分制度、不断创新和改进以及加强员工培训和管理等措施，可以有效地提高顾客的满意度和忠诚度，防止老顾客流失。

（六）顾客异议及投诉处理

1. 顾客投诉分类

（1）效果投诉　指由于顾客对治疗效果不满意（如无效，效果慢，效果距顾客期望或美容咨询师首次咨询过程中承诺差距较大）产生的客户投诉事件。

（2）服务投诉　指顾客对服务细节不满意或员工与顾客沟通不佳而产生的投诉事件。

（3）过敏及不良反应投诉　因顾客自身体质原因或治疗师不当操作引起的过敏及不良反应而产生的投诉事件。

（4）顾客恶意投诉　指由于顾客性格缺陷或出于不良动机（如寻衅滋事，期望获取不当利益）而产生的顾客投诉。

2. 投诉事件解决流程

（1）店长为解决投诉事件的第一责任人　店长根据投诉类型及责任认定在请示主管经理后可给予顾客最高不超过其消费总金额100%的退款补偿。注意：①顾客申请退款时需提供产品购买证明；②顾客收到退款补偿时需提供身份证复印件，并签订服务关系解除声明书（声明书中由顾客签字确认此退款补偿为该消费异议的一次性最终解决方案，今后公司不再承担任何补偿责任）。

（2）美容咨询师为解决投诉事件的第二责任人　顾客投诉时如店长不在现场，由美容咨询师行使店长职权，与顾客进行沟通。具体处理办法需请示店长及主管经理后执行。

（3）市场运营经理为顾客投诉事件的最终责任人　当顾客补偿要求超过其消费总额时，店长应及时将该顾客投诉转交市场运营经理处理。此类事件发生后店长应在第一时间向主管经理报告。主管经理直接处理并对此类投诉负责。

3. 应对原则

（1）及时处理　首先，顾客投诉发生时，处理投诉的责任人应在第一时间根据顾客诉求给出相应的解决方案，不推诿、逃避。其次，充分认识顾客投诉事件带来的负面损失，要力争在较短的时间内处理妥当，避免事态扩大。

（2）自信坦诚　代表公司处理顾客投诉的各级责任人，应始终以自信坦诚的态度与顾客进行沟通。首先要对顾客投诉事件在服务行业中的普遍性有清晰而正确的认识，降低自身的心理负担，在与顾客沟通中要做到不卑不亢；其次，要坚信没有解决不掉的顾客纠纷，再棘手的顾客投诉都要学会坦然面对；最后，以坦诚的态度，获得顾客的谅解，从而寻找出成本较低的解决方案。

（3）注意维护自身合法权益　对每起顾客投诉，应认真调查了解其产生的原因，如果是由于工作失误或不足给顾客带来了损失或困扰的要敢于面对，勇于承担相关责任；非我方责任，应向顾客阐明问题产生的真正原因，努力消除顾客的不满。在处理顾客投诉的过程中，要坚持有利的原则。认真倾听，说话用词严谨，不因言语表达方式不当或用语含混不准确使我方处于不利地位；提出的解决方案整体上对我方要利大于弊、彻底、不留隐患。在处理顾客纠纷时要坚持从大局出发，负面影响可控，不逞一时之勇，不与顾客纠缠于细枝末节，不究真正的是非，力争以最小的代价、最短的时间、最彻底的方案解决顾客投诉事件。

在处理顾客投诉过程中应避免与顾客发生肢体冲突，保证店内员工的人身安全。当顾客有过激言行时，可适当回避，避免冲突的扩大化；当顾客有违法行为时，要及时向当地公安机关报案，并保护好现场，做好相关证据的留存。

4. 减少顾客投诉的几个途径

（1）美容咨询师在新顾客咨询过程中要坚持客观原则，不能为了成交而向顾客做夸大或虚假承诺。

（2）店面规范美容师日常治疗操作行为，杜绝人为的恶性治疗事故。

（3）店面管理层完善服务体系，提高顾客的满意度，防患于未然。

（4）日常做好员工关于顾客投诉处理方法的培训，提高投诉事件处理技巧。

知识链接

如何管理美容顾客的电子档案

为了提高美容服务的质量和效率，建立顾客的电子档案是非常重要的。通过电子档案，可以轻松地存储、管理和查询顾客的信息。美容顾客电子档案包括美容顾客照片、顾客基本信息、美容服务历史、皮肤状况、顾客需求、健康状况、顾客反馈等。为了准确了解顾客的皮肤状况，可以拍摄面部各个角度的照片，包括正面、侧面、抬头和低头等。在拍摄时，应使用柔和的光线，避免过度曝光或阴影。同时，注意拍摄角度和构图，确保照片清晰、准确。在顾客需求部分，应记录顾客的美容目标、期望效果以及注意事项等信息。可以拍摄顾客填写的表格或问卷的照片，以方便查看和整理。同时，也可以拍摄顾客提供的参考照片或效果图。为了确保电子档案的实时性和准确性，应及时更新顾客的信息。在更新时，应重新拍摄或更新相关的照片和资料。在拍摄和存储顾客电子档案的过程中，必须严格遵守相关的隐私保护法规和政策。对于敏感信息，如联系方式、健康状况等，必须进行加密处理或采取其他安全措施。同时，也要定期对电子档案进行安全检查和备份，以防止数据丢失或泄露。只有这样，才能为顾客提供更好的美容服务体验。

目标检测

答案解析

1. 美容院开业企划书包括哪些具体内容？

2. 连锁美容院的特点具体包括哪些？

3. 美容院顾客到店服务流程有哪些？

4. 美容院如何开发新顾客？

5. 美容院如何提升顾客忠诚度？

6. 请简述美容院服务项目按照服务性质划分可以分为几类，并列举具体项目。

7. 请简述连锁经营的定义。

8. 美容院如何建立顾客的第一信任度？

9. 美容师在顾客美容护理操作过程中，应主动与其沟通，耐心细致讲解，进行顾问式营销，其中主要内容可以包括哪些方面？

10. 请简述顾客管理过程中减少顾客投诉的几个途径。

（谭　丽　周　博）

书网融合……

重点小结　　　　微课　　　　习题

项目五 医疗美容机构经营与管理

学习目标

知识目标：通过本项目的学习，应能掌握医疗美容机构的诊疗范围；熟悉医疗美容机构的申办流程及质量管理；了解医疗美容机构的营销策略。

能力目标：具备医疗美容机构申办及日常经营管理能力。

素质目标：通过本项目的学习，认识医疗美容业的现状，树立医疗美容机构经营与管理的坚定信心。

任务一 医疗美容机构申办 微课

情境导入

情境：张先生和他的朋友是一家美容院的经营者，经过多年的用心经营，已有一定的顾客累积。随着近年来医疗美容业的迅速发展，他们也想发挥自己已有的生活美容基础，合伙投资开办一家医疗美容机构，但是医疗美容与生活美容到底有什么区别？医疗美容机构应该开设哪些科室？申办需要哪些资质和材料？一时让他们不知该如何进行。

思考：1. 医疗美容与生活美容的区别？

2. 医疗美容机构的具体申办流程有哪些？

一、医疗美容与医疗美容机构

（一）医疗美容概述

1. 医疗美容的定义 国家卫生健康委员会及国家医疗保障局 2016 年修正的《医疗美容服务管理办法》对"医疗美容"作出了如下定义："医疗美容是指运用手术、药物、医疗器械以及其他具有创伤性或者侵入性的医学技术方法对人的容貌和人体各部位形态进行的修复与再塑。"

2. 生活美容的定义 商务部 2004 年颁布的《美容美发业管理暂行办法》给"生活美容"作出如下定义："生活美容是指运用手法技术、器械设备并借助化妆、美容护肤等产品，为消费者提供人体表面无创伤性、非侵入性的皮肤清洁、皮肤保养、化妆修饰等服务的经营性行为。"

3. 医疗美容与生活美容的区别 医疗美容的操作手段具有创伤性或侵入性，从法律法规定义、方法及手段、经营项目、从业人员资格、经营场所、许可资质等方面与生活美容均存在明显的区别。

（1）从定义上讲，医疗美容是指运用手术、药物、医疗器械以及其他具有创伤性或者侵入性的医学技术方法对人的容貌和人体各部位形态进行的修复与再塑。生活美容是指运用手法技术、器械设备并借助化妆、美容护肤等产品，为消费者提供人体表面无创伤性、非侵入性的皮肤清洁、皮肤保养、化妆修饰等服务的经营性行为。

（2）从方法及手段上讲，医疗美容是指运用符合国家标准的各类药物、各类手术（包括外科手术和激光等治疗）以及符合国家标准的各类医疗器械，如激光、光子治疗等。生活美容是指运用符合国家标准的各类化妆品、保健品和非医疗用的器材，如运动器材、按摩器材等。

（3）从经营项目上讲，医疗美容作为一级学科，主要包括美容外科、美容牙科、美容皮肤科和美容中医科4个学科。而生活美容一般包括形象设计、化妆技巧、发型设计及皮肤护理、美体塑形、SPA等。

（4）从从业人员资格上讲，医疗美容的从业人员必须经卫生行政部门核定并办理执业注册手续，一般都是经过正规高等教育并取得执业资格的医护人员。而生活美容对美容师的要求不高，没有行业规定的准入标准，只要经过短期的培训，掌握基本的美容知识即可上岗。

（5）从经营场所及许可资质上讲，开展医疗美容的机构必须取得卫生行政部门所颁布的《医疗机构执业许可证》。而开展生活美容的场所只需要取得工商行政部门颁布的《工商营业执照》即可，各类美容美发店、美容院、养生馆等都可开展生活美容。

长期以来，许多美容院将生活美容与医疗美容混为一谈，违规开展医疗美容项目，这些生活美容机构消毒灭菌条件未达到标准，从业人员也非正规的医务人员，造成了很多医疗美容的纠纷事故。殊不知，医疗美容项目的开展具有一定的风险性，尤其是有些具有创伤性或侵入性的诊疗项目，操作不当或不规范可能会造成严重的后果。因此，规范生活美容与医疗美容，是行业发展的需求，也是市场规则的需要。

（二）医疗美容机构

1. 什么是医疗美容机构　首先，在《医疗美容服务管理办法》中所述医疗美容机构是指以开展医疗美容诊疗业务为主的医疗机构；其次，办法中明确将医疗美容机构作为医疗机构管理，要求"申请举办美容医疗机构的单位或者个人，应按照本办法以及《医疗机构管理条例》和《医疗机构管理条例实施细则》的有关规定设置审批和登记注册手续"。

综上所述，医疗美容机构是指以开展医疗美容诊疗业务为主的医疗机构，其本质上是医疗机构。

2. 医疗美容机构应具备的基本标准

（1）医疗美容机构应具备符合法律规定的资质，取得相关的资格认证。即医疗美容机构的申办，必须经过当地卫生行政部门审批并取得《医疗机构执业许可证》。

（2）医疗美容机构应拥有经卫生行政部门核定并取得执业注册资格的专业医护人员。拥有具备相关医学知识和技能的医护人员，能够为患者提供安全、有效的医学美容服务，是医疗美容机构开展的基础。

（3）医疗美容机构应拥有符合国家标准的治疗设备。国家对于医疗设备，尤其是侵入性的医疗设备都有严格的准入规定，医疗美容机构所使用的治疗设备包括激光、手术等，都应该是符合国家标准的，并且设备操作人员也应该经过专业的培训，以保证治疗的安全性和有效性。

（4）医疗美容机构应拥有完善的操作流程和规范。具体而言，医疗美容机构在诊疗过程中应遵守规范、标准的卫生技术操作要求。这不仅包括对工作人员的要求，还包括机构内的所有仪器设备、手术室、环境等的消毒灭菌原则。

（5）医疗美容机构应有完善的突发事件应急预案。任何医疗技术的实施都伴有一定的风险，针对实施医疗美容过程中可能发生的相关并发症或风险，医疗美容机构应有完善的应急处理预案，具备快速处理危急事件的能力和医疗条件，以保障患者安全。

医疗美容机构本质上是属于医疗机构，因此其规范和管理都应该按照医疗机构的标准严格要求，才能保证诊疗的有效性，才能最大限度保证患者安全。

二、医疗美容机构诊疗范围

医疗美容机构是开展医疗美容业务为主的医疗机构。因此，作为医疗机构管理的医疗美容机构，其开展项目和诊疗范围都有着明确规定。

根据国务院及卫生部的相关规定，医疗美容机构须严格遵守《医疗机构管理条例》和《医疗美容项目分级管理目录》，开展的所有诊疗项目需符合本机构的资质等级，在卫生行政部门核定的诊疗科目范围内开展医疗服务，未经批准不得擅自扩大诊疗范围，不得开展未向登记机关备案的医疗美容项目。

根据条例规定，美容外科项目依据手术难度和复杂程度以及可能出现的医疗意外和风险大小，将全部诊疗项目分为四级，美容牙科、美容皮肤科、美容中医科开展项目暂不分级。

（一）美容外科主诊项目及其分级

1. 一级项目 操作过程不复杂，技术难度和风险不大的美容外科项目。如重唇修复术、招风耳矫正术、重睑成形术、眉修整术、隆鼻术、脂肪抽吸术（吸脂量＜1000ml）、体表小肿瘤切除术等。

2. 二级项目 操作过程复杂程度一般，有一定技术难度，有一定风险，需使用硬膜外腔阻滞麻醉、静脉全身麻醉等完成的美容外科项目。如隐耳矫正术、驼峰鼻矫正术、内窥镜下除皱术、隆乳术、脂肪抽吸术（1000ml≤吸脂量＜2000ml）等。

3. 三级项目 操作过程较复杂，技术难度和风险较大，因创伤大需术前备血，并需要气管插管全麻的美容外科项目。如全颜面皮肤磨削术、全颜面及颌颈部除皱术、不良文饰修复术、脂肪抽吸术（2000ml≤吸脂量＜5000ml）等。

4. 四级项目 操作过程复杂，难度高、风险大的美容外科项目。如颧骨降低术、下颌角肥大矫正术、上下颌骨其他成形术、巨乳缩小术、腹壁成形术等。

（二）美容外科项目的分级管理

1. 可开展一级项目的机构

（1）设有医疗美容科或整形外科的一级综合医院和门诊部。

（2）设有医疗美容科的诊所。

2. 可开展一级、二级项目的机构

（1）设有医疗美容科或整形外科的二级综合医院。

（2）设有麻醉科及医疗美容科或整形外科的门诊部。

3. 可开展一级、二级、三级项目的机构 美容医院。

4. 可开展一级、二级、三级、四级项目的机构

（1）三级整形外科医院。

（2）设有医疗美容科或整形外科的三级综合医院。

（三）美容皮肤科主诊项目

1. 无创治疗项目 如内服、外用药物美容治疗，光疗（红光、蓝光、紫外线等）治疗痤疮、色素性疾患及调节肤质，红外线治疗，倒膜及面部护理治疗痤疮、色斑及调节肤质，冷喷治疗敏感性皮肤，药物导入调节肤质，药浴（含熏蒸）治疗敏感性皮肤及调节肤质，其他针对皮损或缺陷的无创治疗。

2. 有创治疗项目 分为微创治疗项目及手术项目。

（1）微创治疗项目 ①物理治疗，包括冷冻、电外科治疗（高频电治疗，电解、电灼治疗等）、微波治疗、粉刺挤压、微针治疗、其他针对皮肤病损或缺陷的物理治疗；②抽吸、注射及填充，包括局封（相关药物）、硬化剂注射、肉毒素注射、填充物注射、吸脂与脂肪移植、其他针对皮损或缺陷的注射治疗；③化学剥脱术；④激光和其他光（电磁波）治疗，包括激光治疗、强脉冲光（IPL）治疗、射频治疗、超声治疗、光动力疗法以及其他针对皮损或缺陷的光疗或激光治疗。

（2）手术项目　皮肤肿物切除（美容目的）、拔甲术、刮除术、腋臭手术、足病修治术、酒渣鼻切割术、自体表皮移植术、毛发移植术、酒窝成形术、多汗症治疗、皮肤磨削、白癜风治疗术（吸疱移植、相关细胞移植）。

（四）美容牙科主诊项目

1. 牙齿美容修复技术　如牙齿形态修整、牙齿漂白、复合树脂粘结修复、瓷贴面修复、全瓷冠修复、临时冠修复、种植义齿美容修复、隐形义齿美容修复、覆盖义齿美容修复等。

2. 牙周美容技术操作　如洁治术、牙龈切除术、牙冠延长术、根尖复位瓣术、侧向转位瓣术、双乳头瓣移位瓣术、冠向复位瓣术、牙周引导组织再生术、牙槽骨修整术等。

3. 牙𬌗畸形美容矫治　如错𬌗畸形的诊断、分类和矫治设计，常见错𬌗畸形的矫治、正颌外科病例的正畸矫治、活动性矫治器矫治、功能性矫治器矫治、固定矫治器矫治等。

（五）美容中医科主诊项目

1. 中药内服美容法　如中草药内服美容法治疗、中成药内服美容法治疗、中药膳食美容法治疗。

2. 中药外治美容技术　如中药溶液外用美容技术湿敷、浸浴、足浴美容治疗，中药浸膏外用美容治疗，中药紫外负离子喷雾美容治疗，中药超声波透入美容治疗，中药直流电离子导入美容治疗，中药与其他现代仪器配合美容治疗等。

3. 针灸美容技术　如针刺技术、灸术、穴位磁疗术、耳针术、拔罐术等。

4. 中医推拿美容技术　如头面部美容经穴按摩技术、躯体和四肢其他部位美容推拿技术、足部美容按摩技术等。

5. 其他中医美容技术　如穴位埋线疗法术、刮痧疗法术、结扎法术等。

三、医疗美容机构部门设置

医疗美容机构的部门设置应充分考虑医疗美容技术开展的需要，设置满足与本机构开展项目相符的手术和治疗活动的各临床医技科室。

其次，医疗美容机构的所有科室设置需要与医疗机构执业许可证上的科室设置相符，如需增设科室，需及时在执照上申请增项，否则列为超范围经营。超范围经营者经查处可由县级以上人民政府卫生行政部门予以警告、责令其改正，没收违法所得，并可以根据情节处以1万元以上10万元以下的罚款；情节严重的，吊销其《医疗机构执业许可证》或者责令其停止执业活动。

此外，医疗美容机构不同于以单纯疾病医疗为主的医疗机构，其部门设置不仅应考虑其医疗属性，满足医疗活动的需要，还应考虑其美容相关的商业属性，设置满足客户管理以及宣传营销的部门。

（一）临床科室

医疗美容机构的经营范围必须含有医疗美容科，医疗美容科为一级诊疗科目，其下含有四个二级科目，即美容外科、美容皮肤科、美容牙科、美容中医科。因此，医疗美容机构的临床科室主要应设置美容外科、美容皮肤科、美容牙科、美容中医科四个科室。

1. 美容外科　美容外科主要以开展整形美容手术及注射美容为主，至少应设有手术室、麻醉科、病房、治疗室、观察室。此外，还应配备满足手术开展的基本设备，如：呼吸机、心电监护仪、麻醉机、无影灯及相应的手术器械等。

2. 美容皮肤科 美容皮肤科主要开展皮肤美容、光电美容、微创美容，至少应设有美容咨询室、美容治疗室，配备美容项目开展所需的皮肤检测仪器及激光治疗仪等。每张美容治疗床的净使用面积不少于 $6m^2$。

3. 美容牙科 美容牙科至少应设有牙科诊室，配备牙科治疗椅、消毒设备、X 光牙片机等基本牙科诊疗设备。牙科诊室每张牙科治疗椅的使用面积不少于 $6m^2$。

4. 美容中医科 美容中医科至少应设有中医诊室、中医美容治疗室，配备开展中医理疗的基本器械，如：针灸、艾灸、拔罐等。

（二）医技科室

医技科室与临床科室的区别在于，医技科室不设病房，不收患者，主要工作是运用专门的诊疗技术和设备，辅助临床诊断和治疗的科室。医技科室是为医院提供技术支持的科室，其专业性强，借助仪器设备或专门技术开展业务工作，为临床各科室提供医疗服务。医疗美容机构的医技科室至少应设有药剂科、检验科、放射科、手术室、消毒供应室、病案资料室。

1. 药剂科 药剂科的主要职责是根据医疗活动的需要，根据药品管理的相关法律法规，做好药品的采购、保管和供应工作，为临床提供安全有效的各类药品。

2. 检验科 检验科是承担医院内各类标本的检测工作，包括各种生化检查及免疫检查，为临床诊断提供依据。

3. 放射科 放射科是医院重要的辅助检查科室，通过各种仪器设备对疾病进行检测，以达到明确诊断和辅助诊断的作用。

4. 手术室 手术室是为患者提供手术、注射及抢救的场所，对于开展美容外科的医疗美容机构来说，手术室是重要的医技部门，手术室的管理是否严格合理，无菌技术要求是否规范直接影响美容手术的质量及患者的安危。

5. 消毒供应室 消毒供应室是供应医疗机构内所有无菌器械、敷料及用品的重要科室，消毒工作的工作质量直接影响医疗安全及医疗护理质量。

6. 病案资料室 医疗机构病历的建立、保管及封存等都应按照《医疗机构病历管理规定》严格执行。病案资料室负责本机构病历的管理，为临床提供支持，维护医患双方的合法权益。

（三）行政后勤科室

医疗美容机构的行政后勤管理，是统筹整个机构人力、财力、物力，为临床一线工作提供后勤保障和综合服务的部门。各行政后勤部门是医院正常运转、开展各项诊疗活动的前提保障，也是医院提供优质高效服务和可持续发展的基础。一般来说，行政后勤科室主要包括人事处、医务处、总务处、设备处、信息科等。

1. 人事处 人力资源的工作关系到机构的良好运转秩序，人事处负责本机构所有员工的招聘、培训、绩效考核、劳动合同管理等工作。人事处的每一个工作环节都应该有明确的规章制度，每一个步骤都需要有清晰的流程。

2. 医务处 医务处是医疗机构内负责医疗管理工作和医疗安全的部门，根据医院的医疗工作要求，制定本机构的医疗工作管理制度，督促各临床科室按照标准开展医疗活动，以保证医疗安全。

3. 总务处 总务处是每个医疗机构都必不可少的，医疗机构的运转所需要的各种物资的采购、运输、申领、管理、盘存和对账等工作都应该由专门的总务处来负责。物料的分类、入库出库、仓库安全及存储管理都是总务处的职责范围。

4. 设备处 设备处负责机构内所有医疗设备的采购和维护等工作。医疗器械的安全性直接关系到医疗安全，因此，医疗器械的采购和维养都应该根据《医疗器械监督管理条例》的规定，并结合机构的情况，建立符合本机构的采购、维护、保养、检查等制度，并完善台账记录。此外，机构固定资产的清点、标识、盘点、报废、处理等工作也应由设备处负责开展。

5. 信息科 信息科负责机构内使用的电子设备、软件的开发及维护，尤其是网络信息如此发达的情况下，如何保证机构内信息系统的正常运转，如何保证顾客信息的隐私不被泄露，如何开发更简洁、更方便使用的预约、记录、随访等分析系统都是信息科需要负责的。

（四）运营科室

运营相关科室是医疗美容机构区别于医疗机构的部门设置，是为了满足医疗美容业的商业属性，提高医疗美容机构的品牌知名度和市场竞争力的部门。运营相关科室主要包括负责广告推广的营销部和负责锁客留客的运营部。

1. 营销部 营销部负责机构的网络营销、新媒体营销、第三方平台营销等，包括方案设计、内容管理、视频制作、网络推广等，也包括在营销中所出现的危机公关的处理。如果医疗机构没有足够的规模来构建营销部，这部分工作也可以选择交给专业的第三方公司来做，但医疗美容机构内必须有专门的管理者来和公司对接，负责该部分工作的决策和管理。

2. 运营部 运营部存在的价值是考虑如何最大限度地提高顾客的体验感和满意度，以提高机构的盈利。运营部的职责范围，从顾客踏入机构就开始了，包括前台接待、服务品质督导、会员管理、客户回访以及投诉的处理都应该由运营部负责。此外，运营部还应定期完成运营数据的分析，以提供机构改进和持续发展的方向。

四、医疗美容机构环境管理

人类的一切生产活动和生活都离不开环境，良好的环境可以有助于人体的健康和康复，恶劣的环境也会对人体造成直接或间接的消极影响。因此，环境与人类之间是相互依存、相互作用的关系。医疗美容机构的环境管理，应充分发挥环境对美容顾客身体和心理的积极影响，从而提高机构的竞争力。

（一）基本概念

1. 医疗环境 医疗环境的安排、布置、工作程序都需要以服务的对象——患者为中心，考虑患者的舒适与方便，尽量减轻其痛苦。因此创造及维护一个最佳的物理和社会环境对患者的康复是很重要的。

2. 医疗环境管理 医疗环境管理是以医疗机构的物理环境和社会环境为工作对象，以创造和维护为工作内容，以为患者创造优良的过程体验为工作目标，在医疗机构内部进行的一系列工作的总称。

3. 医疗美容机构环境管理 医疗美容机构的环境管理在医疗环境管理的基础上，有其特殊性，其工作范围不仅包括单纯的医疗机构环境管理，如环境布置、感染管理、设备维养等；还应包括对非医疗环境的体验和对心理影响，比如温度管理、色彩管理、气味管理、工作人员服装管理等。

（二）医疗美容机构环境管理的重要性

医疗美容机构环境的安排、布置和工作流程应该在满足治疗作用的同时，兼顾患者的心理需要。让患者获得安全感和舒适感是环境管理的目标。医疗美容机构做好环境管理的重要性主要体现在以下几个方面。

1. 诊疗方面　医院环境的优劣是影响医疗护理质量和患者满意度的重要因素。一个良好的就诊环境，合理的病区设置，人性化的环境布置，可以优化就诊流程，改善患者的就医体验，提高满意度。在越来越重视服务体验感的今天，医疗美容机构作为特殊的医疗机构，对于服务有着更高的要求，因此，对环境管理也提出了更高的要求。

2. 管理方面　医疗美容机构的环境管理包括物理环境和社会环境的管理，其中涵盖病区环境，如固定资产、仪器设备等，而且医疗美容机构往往配备许多昂贵的医疗设备与基础设施，具有典型的重资产的特征。如何将这些资产进行管理及维护，做到精细化管理，保证机构日常运作和设备的高效运行，是环境管理中很重要的一部分。

3. 心理方面　一个好的医疗环境可以让患者收获到强大的心理安全感。不管是来做美容治疗还是美容手术的患者在术前都会有不同程度的紧张情绪，术后恢复期时，则会由紧张变成焦虑。一个舒适、方便的医疗环境可以有效地减轻患者的不良情绪，提高治疗效果，加速患者的康复进程。

4. 运营方面　近年来，美容业机构如雨后春笋般涌现，许多民营的日化专营店、美容院以及医疗美容机构都存在竞争关系，随着美容市场越来越透明化，消费者的选择越来越多，对环境管理也提出了更高的要求。美容不同于医疗，美容顾客往往需要按疗程长期治疗，如果机构的环境能够成为增加顾客来院的重要因素，那么对于提升机构的品牌效应，增加营利、降低运营成本都有很大的帮助。

（三）医院感染与环境管理

1. 医院感染与医院环境

（1）医院感染的概念　医院感染又称医院获得性感染、医疗相关性感染，是指患者、探视者和医院工作人员在医院内受到感染并出现症状者。由于感染有一定的潜伏期，所以医院感染也包括在医院内感染在出院后才发病者。

《医院感染管理办法》（中华人民共和国卫生部令第 48 号，2006 年 9 月 1 日施行）中关于医院感染的定义是：住院患者在医院内获得的感染，包括住院期间发生的感染和医院内获得出院后发生的感染，但不包括入院前已存在或入院时已处于潜伏期的感染。医院工作人员在医院内获得的感染属于医院感染。在医疗机构或其他科室的患者中，短时间内发生 3 例或以上同种同源感染病例称为医院感染暴发。

（2）医院感染管理的重要性　医院感染管理是医疗安全的重中之重，医院感染的发生不仅威胁着患者的安全，也与医护人员的健康息息相关。因此，在医疗环境的设置中如何做好医院感染的预防与控制，是需要重点考虑的一环，这是保证医疗护理质量和安全的重要内容，尤其是对于开设有手术室的医疗美容机构。

（3）医院环境的易感性　医院是各类患者集中聚集的场所，因此医院环境容易受各种病原微生物的污染。如若建筑布局不合理，则会增加医院空气中病原微生物的浓度，而且病原微生物在医院内居留越久，越容易出现耐药、变异，毒力和侵袭力增强等，成为医院感染的共同来源或成为持续存在的流行菌株。因此，医院从最初的建筑布局到之后的软装设计等方面都应充分考虑医院感染的预防与控制。

2. 医院感染管理体系　医疗美容机构内部应有独立完整的医院感染管理体系来完成医院感染的监测管理。一般来说，住院床位总数在 100 张以上的医院设置三级管理组织，即医院感染管理委员会、医院感染管理科、各科室医院感染管理小组；住院床位总数在 100 张以下的应当有指定的医院感染管理工作的部门。

其中，医院感染管理委员会是医疗机构中院感管理的最高组织机构和决策机构，负责指定本机构的管理计划以及防控的总体方案；医院感染管理科是负责管理和专业技术指导的职能科室，在医院感染管理委员会的领导下行使管理和监督职能；而各科室的医院感染管理小组则是院感预防与控制的具体实践者，负责各个科室的防控工作。

3. 医院感染管理措施　医疗美容机构在环境设置时，应该充分考虑医院感染管理的需要以及医疗垃圾、医疗废物的处理流程和通道等。应根据预防与控制医院感染的相关法规及规范，结合本机构的实际情况，落实本机构的医院感染管理措施。比如：医院环境布局合理，考虑通风及日光照射，以尽可能降低外在因素导致的医院感染；加强手术室、消毒供应室、门诊、特殊病房等重点部门的消毒隔离；加强各种医疗器械、医院污水、医疗废物等重点环节的监测；做好清洁、消毒、灭菌及其效果监测等。

（四）医疗美容机构环境设置

医疗美容机构的环境设置主要考虑两个方面的问题：一是如何让医疗活动更加有效率的开展；二是如何让前来消费的美容顾客有更好的体验感。

1. 软装　软装决定了一家医疗美容机构环境的整体风格，它既要能体现该机构的个性，又能经得起时间的推移而不过时，同时也要给来美容的顾客以舒适的体验感。所有在空间内可移动的元素都称之为软装，包括办公家具及用品、装饰画、布艺窗帘、灯饰、摆件、花艺绿植等。对于医疗美容机构来讲，在注重医疗技术的同时，也要特别强调服务属性，不同的家具风格以及装饰风格会带来完全不同的整体氛围，因此在软装方面，不能为了节省开支而将机构的档次和品味拉低。

2. 空间　医院空间环境的设置，不仅要考虑患者有适当的空间，还要方便治疗和护理操作的进行。一般情况下，一个病区建议设置 30～40 张病床为宜，每个病室设置 2～4 张病床或设置单间病室，尽量配有卫生间，每张病床之间的距离不得少于 1m。

3. 温湿度　医疗机构的温度必须是受控的，不同的区域对温湿度有不同的要求。室温过高时，不利于散热，患者易烦躁，呼吸及消化功能均受干扰；室温过低时，冷刺激可使患者肌肉紧张，且易受凉。一般诊室及病区的温度维持在 18～22℃，手术室的温度一般建议在 22～24℃。湿度建议保持在 50%～60%。湿度过高利于细菌的繁殖，增加医院感染的风险，同时蒸发减少，出汗受抑制，患者感觉闷热；湿度过低时，空气干燥，水分大量增发，患者会感觉口干舌燥、咽痛、烦渴等。医疗美容机构应有自己独立的供热供冷系统，且在手术室或麻醉室等地方应有温湿度表，并应每日监测温湿度是否达标。

4. 通风与气味　以往，在大众的印象中，医疗机构都是充斥着一股消毒水的味道，这种味道往往让人感到不安，但医疗美容机构是属于医疗美容业，不应让顾客的第一印象是心理不安和排斥，因此，医疗美容机构需要时刻保持空气的清新、无异味。通风可以增加室内空气流动，降低空气中微生物的密度，是减轻室内空气污染的有效措施，一般通风 30 分钟即可达到置换室内空气的目的。此外，空气的质量管理，避免交叉感染也是院感防控的基本要求之一，尤其是对于手术室，不同层级的手术室对于空气中细菌等净化程度有不同的要求，以及所对应开展的手术类别也有相应的规范。

5. 色彩　医疗美容机构的室内空间色彩的布置，能够对美容顾客的紧张心理起到调节和保护的作用。合适的色彩还可以减轻工作人员的视觉疲劳，提高工作效率。比如白色易使人产生冷漠、单调和恐惧感；红色易使人兴奋和烦躁；蓝色能让人情绪稳定、心胸开阔。一般来说医疗机构内手术室通常使用绿色或蓝色，给人以安静舒适的感觉，也可以有效地缓解医生做手术时的视觉疲劳，增加患者的安全感；而在公共区域，浅色的墙体可以让求美者快速地稳定、安静下来，缓解焦虑的情绪。因此，在医院的环境布置中，应该充分考虑到色彩对人的影响，不仅要考虑到医疗空间色彩的搭配与和谐，更要注意的是，色彩对医务人员和患者的心理影响。利用色彩暗示调节人的心理环境、从而促进人与人之间的情感交流，是非常有效的方式之一，也是体现医疗美容机构人文关怀的一部分。

6. **光线** 不同的光线会影响人的情绪，进而影响患者的就医体验感。医疗环境中的光线分为自然光线和人工光线。自然光线即日光，是维持人类健康的重要元素之一。人工光线主要是用于照明和检查及治疗护理的需要。在医疗美容机构中，不同的区域对于光线的要求不同。患者经常停留的区域，比如等候区、休息区更适合暖光，营造安静、舒适的氛围，以便患者放松焦虑情绪。治疗室的灯光不仅要考虑操作者治疗时需要足够的光线，也要考虑患者平躺时不能太过刺眼，建议墙上的灯光不需要太亮，房间额外配置一个可移动的照明灯，以适用于不同角度的照明，满足操作者的治疗需求。手术室的灯光可选择白光，有足够的亮度，并配备合适的无影灯。

五、医疗美容机构申办流程

单位或个人申请设置医疗美容机构或医疗美容科应按照《医疗美容服务管理办法》《医疗机构管理条例》以及《医疗机构管理条例实施细则》的有关规定办理设置审批和登记注册手续。

（一）申请前准备

1. **申请人准备** 申请举办医疗美容机构的法定代表人最好是有医生资质的自然人，自然人申请举办医疗美容机构或医疗机构设置医疗美容科室必须同时具备下列条件。

（1）具有承担民事责任的能力；

（2）有明确的医疗美容诊疗服务范围；

（3）符合《医疗机构基本标准（试行）》；

（4）省级以上人民政府卫生行政部门规定的其他条件。

2. **申请《设置医疗机构批准书》准备** 单位或者个人设置医疗机构，必须经县级以上地方人民政府卫生行政部门审查批准，并取得设置医疗机构批准书。申请设置医疗机构，应当提交下列文件。

（1）设置申请书；

（2）设置可行性研究报告；

（3）选址报告和建筑设计平面图。

3. **申请《医疗机构执业许可证》准备** 医疗机构执业，必须进行登记，领取《医疗机构执业许可证》。申请医疗机构执业登记，应当具备下列条件。

（1）有设置医疗机构批准书；

（2）符合医疗机构的基本标准；

（3）有适合的名称、组织机构和场所；

（4）有与其开展的业务相适应的经费、设施、设备和专业卫生技术人员；

（5）有相应的规章制度；

（6）能够独立承担民事责任。

4. **申请医疗机构执业登记的准备** 医疗机构的执业登记，由批准其设置的人民政府卫生行政部门办理，其主要事项包括以下几项。

（1）名称、地址、主要负责人；

（2）所有制形式；

（3）诊疗科目、床位；

（4）注册资金。

（二）申请程序

1. **提交卫生行政部门审批** 向拟设医美机构所在地县级或县级以上卫生行政部门提交申请材料，批准设置的，取得《设置医疗机构批准书》。

（1）不设床位或者床位不满 100 张的医疗机构，向所在地的县级人民政府卫生行政部门申请；

（2）床位在 100 张以上的医疗机构和专科医院按照省级人民政府卫生行政部门的规定申请。

卫生行政部门自收到合格申办材料之日起 30 日内作出批准或不予批准的决定，并作出书面答复，批准设置的，发放医疗机构批准书。

2. 提交卫生行政部门登记　医疗机构的执业登记，由批准其设置的人民政府卫生行政部门办理，审核合格的，予以登记，发给《医疗机构执业许可证》。

县级以上地方人民政府卫生行政部门自受理执业登记申请之日起 45 日内，根据条例和医疗机构基本标准进行审核。审核合格的，予以登记，发给《医疗机构执业许可证》；审核不合格的，将审核结果以书面形式通知申请人。

3. 市场监管部门审批　民营医疗机构需向所在地的县级市场监管部门，以及其上一级工商行政管理分局申请办理工商执照。

4. 向登记机关备案　美容医疗机构和医疗美容科室开展医疗美容项目应当由登记机关指定的专业学会核准，并向登记机关备案。机构需根据自身条件和能力在卫生行政部门核定的诊疗科目范围内开展医疗服务，未经批准不得擅自扩大诊疗范围，不得开展未向登记机关备案的医疗美容项目。

5. 申请变更登记　医疗美容机构在执业过程中，如有以下情况需向登记机关申请办理变更登记。

（1）医疗机构在执业过程中如需增设医疗美容科目的，必须按照《医疗机构管理条例》及其实施细则规定的程序，向登记注册机关申请变更登记。

（2）医疗机构改变名称、场所、主要负责人、诊疗科目、床位，必须向原登记机关办理变更登记。

（三）执业人员资格

医疗美容机构的申办必须组建一个有资质和经验的医护团队，拥有数量充足、能力达标的医护人力资源是开办医疗机构的前提。他们不仅需要证书资质齐全，还需要注册到该医疗美容机构，作为第一执业地点，机构才能获批。《医疗美容服务管理办法》中对医疗美容机构从业人员做了如下规定。

1. 负责实施医疗美容项目的主诊医师必须同时具备下列条件

（1）具有执业医师资格，经执业医师注册机关注册。

（2）具有从事相关临床学科工作经历。其中，负责实施美容外科项目的应具有 6 年以上从事美容外科或整形外科等相关专业临床工作经历；负责实施美容牙科项目的应具有 5 年以上从事美容牙科或口腔科专业临床工作经历；负责实施美容中医科和美容皮肤科项目的应分别具有 3 年以上从事中医专业和皮肤病专业临床工作经历。

（3）经过医疗美容专业培训或进修并合格，或已从事医疗美容临床工作 1 年以上。

（4）省级人民政府卫生行政部门规定的其他条件。

未取得主诊医师资格的执业医师，可在主诊医师的指导下从事医疗美容临床技术服务工作。

2. 从事医疗美容护理工作的人员应同时具备下列条件

（1）具有护士资格，并经护士注册机关注册；

（2）具有两年以上护理工作经历；

（3）经过医疗美容护理专业培训或进修并合格，或已从事医疗美容临床护理工作 6 个月以上。

（四）执业规则

根据相关办法及条例规定，有以下几项需严格执行。

1. 医疗美容机构必须经卫生行政部门登记注册并获得《医疗机构执业许可证》后方可开展执业活动。

2. 美容医疗机构和医疗美容科室应根据自身条件和能力在卫生行政部门核定的诊疗科目范围内开展医疗服务，未经批准不得擅自扩大诊疗范围。

3. 美容医疗机构及开设医疗美容科室的医疗机构不得开展未向登记机关备案的医疗美容项目。

> **知识链接**

罗森塔尔效应

美国心理学家罗森塔尔在 1968 年做过一个实验，他在一所小学中随机抽选了一批学生，并告诉校方和老师，他们通过一项测试发现，该校这几名学生是天才，只不过尚未在学习中表现出来。8 个月后，罗森塔尔再次回到学校，在学年末的测试中，这些学生的学习成绩的确比其他学生高出很多，而老师也给了这些学生良好的评语。

从此以后，人们把这种通过教师对学生心理潜移默化的影响导致的行为结果不同，称之为罗森塔尔效应。由此可见，心理暗示对于行为结果有着非常巨大的影响。

医疗美容机构的环境同样也是呈现在美容顾客面前的第一印象，会给予不同的心理暗示。若美容顾客来到一个舒适、专业的医疗环境中，就会给自己一个积极的心理暗示，这种积极的心理暗示可以帮助美容顾客作出治疗前的选择和治疗后的效果评价。因此，医疗美容机构的环境是构建美容顾客心理满意度的基础之一。

任务二　医疗美容机构经营模式

> **情境导入**

情境：据媒体报道，上海一女子于 2022 年 6 月 29 日 12 时在上海某医疗美容门诊部微创科注射了一只肉毒素和两只玻尿酸，随后于 15 时与朋友吃完饭后自感身体不适。在急救送院后，最终抢救无效身亡。司法鉴定意见书显示，符合因过敏反应引起喉头高度水肿、高度肺水肿，导致呼吸、循环功能障碍死亡。家属将该医美机构告上法庭，质疑是否为注射产品质量不合规、用量不符合标准或注射手法及注射部位不合规。

思考：结合案例分析，医疗美容机构应如何做好风险管理，才能在让机构在保证安全的前提下实现可持续发展？

一、医疗美容机构经营模式分析

（一）医疗美容行业经营现状

1. 机构以民营专科医院为主　目前我国的医疗美容机构以专科医院为主，专科医院深耕专业领域，在特定的领域中比综合医院更能满足美容顾客的需求。而公立医院的发展更多注重疾病医疗方面，对于美容等消费医疗板块起步较晚，且公立医院产品耗材受限制较多，因此，医疗美容行业专科医院中以民营机构为主。

2. 需求以消费为主　医疗美容的需求具有强消费的性质，而非疾病治疗的必要生理需求，比如植发的需求，源于提升生活品质的可选择性需求，而非必要需要。因此，医疗美容的消费属性，决定了其经营需兼顾服务和营销。

3. 轻医美占比较高　轻医美因其快速便捷、风险小、恢复期短的优势赢得了越来越多美容顾客的青睐。随着声光电等医疗美容设备的技术迭代和发展，使用无创或微创的方式就能解决很多皮肤问题，传统整形外科手术的占比将不断减少，无需手术的轻医美占比逐渐增高。

（二）当下医疗美容机构的经营模式

近年来，在医疗美容业快速发展，国家政策和各项法规还相对不够完善的情况下，各生活美容场所以及美容院等相关行业都进入医美的市场，在政策和行业的缝隙里野蛮生长，展现出齐头并进、百花齐放的势头，中国的医疗美容行业在市场经济体制下逐渐演化成三种经营模式并存的现象。

1. 经理人型经营模式　职业经理人是指在企业中由经理人全面负责企业的经营管理。在这种模式下，医生的主动权受限，医疗活动被经理人干涉，而经理人本质上是以盈利为目的的商人，因此该模式的商业性极强，主要在广告推广和市场营销上下功夫，机构的人员流动性大。

2. 美容院型经营模式　美容院型的经营模式就是由一批原本从事生活美容的机构演变而来的医疗美容机构。生活美容机构开办医疗美容有一个天然的优势，就是其本身就拥有大量的客户资源，拥有成熟的客户管理方案，可以降低广告营销的成本。但在美容院模式的医美机构内一般不会有高水平的医生，大部分医生都是临时聘请的，对于产品质量的把控也不严格，医疗质量安全有待提高。

3. 专家型经营模式　专家型的经营模式大多数来源于医生的自主创业，这种模式下医生的主导权和决策权受保护，因此医疗质量和医疗安全有一定的保障。但大部分医生普遍缺少营销和管理能力，因此机构在市场运营方面往往欠佳，市场竞争力较低。

当下医疗美容机构的三种经营模式各有其优缺点，医疗美容机构本质上是医疗机构，最重要的还是要回归医疗，以医疗安全和医疗质量为中心，以医疗主导的营销为辅助，才能实现机构的健康持续发展。

（三）医疗美容机构经营趋势

1. 连锁化　由于医疗美容行业经营和营销成本较高，使得医疗美容机构倾向于以连锁化的模式进行扩张，尤其是在民营医院。

中国的医疗美容业经历了野蛮生长的 20 年，但随着法律法规以及市场监管的更加严厉，医疗美容机构会逐步向规范化转型。

连锁化发展的模式相较于私人企业有产品更加安全可靠、服务品质更高的优势，也更容易形成规模效应和品牌效应；其次，医疗美容消费群体有人群分布广泛、地域差异等特点，连锁化的模式更符合就近消费的需求；通过连锁分摊营销成本，可以保证机构的盈利能力，提高市场竞争力。

2. "互联网＋医美"　随着互联网的高速发展，各类互联网平台在人们生活中的渗透越来越广泛，数字化时代已经来到了我们面前。如今，更多的人选择通过互联网平台了解医美项目和产品，这就衍生出许多医美相关机构通过线上线下业务融合，实现线上推广销售，线下就诊治疗，推动了"互联网＋医美"的经营模式的发展。

"互联网＋医美"的经营模式拥有强大的营销能力，线上流量的增长会带来线下机构市场竞争力的增加。

3. 共享医疗模式　共享医疗模式就是指将医生、美容顾客、设备供应商、共享医院等放在互联网同一平台，简而言之就是将线下诊所搬到线上，实现线上诊疗、线上咨询，共享手术中心完成线下治疗和手术。

共享医疗模式的出现让医生和资源实现了重组，将更多的选择权和使用权交给了美容顾客；医疗美容机构的重要性被降低，医生可以在共享平台上实现接诊、治疗、手术以及客户管理等，机构只是线下实施治疗的场所而已。

共享医疗模式可以去掉医疗美容服务繁杂的中间环节，比如机构的运营、广告中介、渠道中介等，将更多的选择权交还给医生和美容顾客，美容顾客可以自由选择医疗美容质量，同时以更合理的价格享受服务；医生也可以实现顾客的双向选择，得到更相称的治疗收益。

（四）6S 经营管理模式

1.6S 管理的概念 5S 管理起源于日本，是日本企业针对生产现场员工的日常行为提出的要求，倡导从环境开始整顿，从小事做起，养成良好的习惯，从而达到提高整体工作质量的目的，是日本企业的一种独有的管理模式。而我国企业在 5S 现场管理的基础上，结合安全生产活动，增加了安全（safety）要素，从而形成了 6S，它是全面优化环境、提高管理效率和服务品质的一种管理手段。

6S 管理就是指整理（seiri）、整顿（seiton）、清扫（seiso）、清洁（seiketsu）、素养（shitsuke）、安全（safety）六个项目。

（1）**整理** 是指将工作现场的所有物品分为有用品和无用品，有用品留下来，其他的都清理掉；这样可以最大限度地利用空间，保持清爽的工作环境。

（2）**整顿** 是指把留下的有用品按规定位置摆放整齐并加以标识，营造一目了然的工作环境，这样可以减少寻找物品的时间。

（3）**清扫** 是指将工作场所清扫干净，创造良好的工作环境；这样可以保证产品质量。

（4）**清洁** 是指将整理、整顿、清扫的内容制度化，经常保持环境处在整洁美观的状态；只有形成制度，培养规范，才能维持上述 3S 的推行成果。

（5）**素养** 是指工作人员养成良好的习惯，并遵守规则做事，培养全员积极主动的精神；这样不仅可以促进员工良好行为习惯的形成，还可以培养员工的规则意识，培养团队精神和凝聚力。

（6）**安全** 是指重视安全教育，培养安全意识，防范于未然；所有工作的开展都应建立在安全的前提下，建立及维护安全生产的环境。

"6S" 之间并不是完全独立的，它们彼此关联，相互影响。整理、整顿、清扫是具体的实施内容；清洁是将前三步实施内容制度化、规范化，利于执行和维持；在执行的过程中培养每位员工养成良好的习惯，严格规范行为，这就是素养；而安全是基础，所有医疗活动的前提都是保障医疗安全和患者安全。

2. 医疗美容机构内实施 6S 管理的意义 6S 管理作为一种创新高效的管理模式现已被各个行业所认同和接受，包括在医疗行业，随着现代医疗技术的不断发展和患者对就医体验的提高，越来越多的医院意识到 6S 管理的重要性，并开始推广。医疗美容机构实施 6S 管理的意义主要有以下四个方面。

（1）**保证医疗安全** 医疗美容机构是开展各项医疗美容技术、为公众健康提供服务的场所，干净、整洁、有序的就医环境是基本要求，标准、规范的就诊流程也是确保医疗安全的基本保障。实施 6S 管理可以强化质量、做到医疗安全可靠，可以约束员工的行为，做到行为严谨规范，从而降低医疗事故的发生率。

（2）**提高员工的工作效率** 实施 6S 管理可以让员工在更加整洁、有序的环境中工作，可以优化流程、做到流程科学合理，从而减少工作时间的浪费，提高员工的工作效率。

（3）**改善医院服务品质** 实施 6S 管理可以美化环境、做到环境整洁有序，可以改善服务品质、做到服务便捷高效，可以推动医院整体管理工作的规范化、标准化和专业化，从而有效提高医院的服务品质和管理水平。

（4）**提升患者的满意度** 优美的就医环境，良好的服务品质，高质量的医疗水平都能大大提升患者的就医体验感和满意度。

3. 医疗美容机构如何实施 6S 管理

（1）医院环境方面 6S 管理中提出的整理、整顿、清扫覆盖了医院环境的方方面面，包括对整个医院内、外环境进行整理、整顿和清洁。比如：诊疗区域的划分，工作区医疗用品的放置，办公室物品和文件资料整理，设备工具的摆放，库房和储物室物品的标识，公共设施的完善等。通过 6S 管理可以让医院整体环境更加整洁，清洁度得到提升，患者的就医体验感提高，此外，在良好的工作环境中也可以提升工作人员的职业幸福感，工作质量得以提高。

（2）医疗质量方面 在 6S 管理中提出的清洁主要是指将整理、整顿、清扫的实施做法进行到底，并将其规范化、标准化。包含管理规范、制度规范、流程规范、培训规范、医疗质量与安全工作规范等日常 6S 管理活动与创新。坚持 6S 管理制度和流程，医护人员可以养成按制度、按流程办事的规范意识，从而降低医疗风险，提高医疗质量。

（3）员工培训方面 在 6S 管理中提出的素养主要包括了员工的着装、仪表、语言、行为等规范，加强员工的职业道德、医德医风建设和团队精神的培养等。通过 6S 管理可以提升员工的服务水平和素养，提升机构整体的精神面貌和对外形象。

（4）安全生产方面 在 6S 管理中提出的安全囊括了消防安全，诊疗区各设备、设施安全管理，医疗质量安全，办公区域及公共设施安全，工作环境与职业卫生，节能减排等。安全始终是一切医疗活动的前提，

6S 管理是一个持续改进的过程，需要发挥领导的作用，发动全体员工的主观能动性，将 6S 管理应用到临床工作实践当中。此外，机构建立 6S 管理以后，更重要的是日常的维护和持续改进，以不断提高经营管理质量。6S 管理的实施可以改善就医环境，提升员工素质，保证医疗质量，提高患者的就医体验感和满意度，提升机构的品牌形象和市场竞争力。

二、医疗美容机构质量管理

（一）质量管理体系的建立

质量管理体系是指在质量方面指挥和控制组织的管理体系，质量管理是医疗机构生存和发展的基础，建立质量管理体系能够约束工作人员的行为，保证机构高质量的运转，提升患者的满意度。此外，质量管理体系还能为组织提供持续改进的框架，促使组织对产品和过程等质量环节进行持续改进，以不断增加顾客和其他相关方的满意度。

质量管理体系的建立应当基于领导的高度重视，医疗美容机构的最高管理者需要负责或任命一位管理者负责建立、实施和改进本机构的质量管理体系。实施前，对本机构各部门领导及全体员工进行分层次教育培训，使全体员工充分理解建立质量管理体系的意义，以及如何实施，各自应负的职责，以保证质量管理体系能够持续有效地在本机构开展，并最大限度地发挥其作用。

（二）质量管理体系的七项原则

根据国际标准化组织的质量管理和质量保证技术委员会制定的 2015 版 ISO9001 族系列标准，质量管理原则包含以下 7 个方面。

1. 以顾客为关注焦点 服务质量是医疗美容机构生存和发展的基础，因此，机构应该充分了解顾客当前和未来的需求，满足顾客的需求，增强顾客满意度，并将顾客的需求传达到整个组织中，加强与顾客的联系，持续改进本机构的产品和服务流程，以顾客为关注焦点，使顾客满意。

2. 领导作用 医疗美容机构质量管理的最高决策者需确立本机构质量管理统一的宗旨和方向，并创造一个本机构所有员工积极参与质量管理的内部环境，但前提是，领导者需要考虑各方的利益，对本机构的质量管理有一个统一的明确的目标，并负责培训和传达给所有员工。

3. **全员积极参与** 对企业或机构而言，各级人员都是组织之本，只有充分调动全体员工的积极性，才能最大限度地发挥他们的才能，为机构带来收益。机构中的每位员工都承担着自己的角色和责任，同样，也只有全员参与的质量管理才能真正发挥质量管理对机构的积极作用。

4. **过程方法** 将质量管理的具体实施过程和相关资料作为过程方法进行管理，可以更高效地得到预期的结果。质量管理者应当在早期识别并确定为达到预期目标所需要的过程，并明确其职责和权限，评估其风险。

5. **改进** 持续改进是质量管理体系中进行自我改进、自我完善的重要手段。健康的质量管理体系应该具备很强的持续改进和自我完善的功能。机构应当使全体员工都将持续改进作为工作中的目标，培训有关持续改进的方法和手段，形成机构内人人参与持续改进的内部环境，促使机构更好发展。

6. **循证决策** 循证决策是基于证据实施决策的理论，其决策的实施是建立在对数据和信息分析基础上的。机构需要收集所需的数据和信息，确保所收集的数据和信息的充分、准确、可靠，并加以分析，从而为管理者提供所需的数据和信息，从而作出决策并采取措施。

7. **关系管理** 在质量管理体系中，机构不仅应该管理好与顾客的关系，还应该管理好与机构有关的其他方的关系，在权衡短期和长期利益的基础上确立与其他方的关系，实现共赢。

（三）质量管理体系的改进

在质量管理体系的七项原则中，持续改进是非常重要的一环，质量管理体系绝不是静止的、固化的、一成不变的死体系，只有在实践中不断改进、不断完善的体系才是一个健康的质量管理体系，才能适应内部和外部环境的变化，才能确保机构的有效运行。质量管理体系的持续改进也同样是遵循"PDCA"全面质量管理所运行的。在质量管理活动中，把各项工作按照作出计划、计划实施、检查实施效果，然后将成功的予以采纳，不成功的继续留待下一循环去解决。这一工作方法是质量管理的基本方法，也是质量管理体系的一般规律。医疗美容机构可以从以下几个方面做好质量管理体系的改进。

1. **建立完善可持续的质量管理体系** 一个好的质量管理体系是实施的基础，也是持续改进的依据。因此，在初期建立质量管理体系时就应该从多方面进行考量，把握机构内部各要素之间的联系，形成一套完善的、可行性强的质量管理体系。此外，在质量管理体系建立好之后，还必须对体系进行全面的分析，找到不足之处，不断进行完善。

2. **以服务对象为焦点，加强员工培训** 医疗美容机构做好质量管理的根本目的是提高服务对象的满意度，来院进行医学美容的顾客就是医疗美容机构生存和发展的保证，只有让顾客满意才能提高机构的生存力和竞争力。其次，加强员工培训，提高员工素质，也是医疗美容机构发展的基础之一。只有加强培训，让员工对体系有深刻的认识、全面的理解，才能充分调动积极性，更好地让全员参与。也只有机构中的每一位员工都尽职尽责，以服务对象为焦点，才能提升顾客的满意度。

3. **强化机构内部对质量管理的审核** 机构内部对质量管理的审核包括自我审核和管理者评审。自我审核就是各部门各员工按照质量管理体系制定的时间间隔进行自我审核，确定质量管理体系活动是否符合计划的安排，是否达到预期目标，以保证质量体系运行的有效性。而领导作用作为质量管理的原则之一，在质量管理体系运行过程中的评审也是非常重要的。最高管理者要充分发挥组织协调作用，保证各部门能够各司其职，要时刻关注质量管理体系实施过程中的各项动态，及时发现不足之处，查漏补缺，时刻改进和完善系统。

（四）医疗美容机构如何做好质量管理

1. **目标明确** 确定服务对象和相关方的需求和期望，质量管理的目的是满足服务对象及相关方的需求和期望，因此，要充分了解其需求，根据需求制定本机构的质量管理方针和目标。

2. 专人管理 建立专门的质量管理部门或小组，有领导的参与和决策，根据需求建立适合本机构的质量管理体系。

3. 全员参与 根据指定的质量管理方针，分层次培训本机构的所有员工，教育员工、培训员工、鼓舞员工、调动员工的积极性，为机构赋能。

4. 责权分明 识别为实现质量管理目标所需的全部过程及其之间的联系，确定机构内各部门、各负责人员的职责和权限，并保持有效的沟通，质量管理的最高领导者应在实施过程中保持有效的沟通过程，以保证质量管理体系的有效运行。

5. 资源配备 机构需提供能够实现质量目标所必备的资源，在目标开展过程中必须涉及的人力资源、基础设施以及相应的工作环境，必要时根据情况进行适当的调配和充实。

6. 反馈机制 质量管理体系的持续发展，离不开问题的反馈，一个循环中出现的问题，通过反馈机制，进入下一个循环中再次改善，从而保证质量体系的不断改进。

三、医疗美容机构风险管理

（一）风险管理概述

1. 风险管理 风险管理是指对经济损失的风险给予发现、评价，并寻求其对策的管理科学。

2. 医疗风险管理 医疗风险管理是指医院通过对现有和潜在医疗风险的识别、评价和处理，有组织地、有系统地减少医疗风险事件的发生，以及评估风险事件对患者和医院的危害及经济损失，不断提高医疗质量，提高医疗工作的社会效益和经济效益的管理活动。

（二）医疗美容机构风险管理的重要性

医疗美容机构属于消费医疗，它与疾病医疗的区别之一在于它同时具有医疗风险和经营风险。对于医疗风险而言，来进行医疗美容的顾客都是希望能够让自己的不足之处得到改善，对医疗效果抱有很高的期待，对医疗差错的容忍度比疾病医疗更低，对于诊疗最终的效果可能是衡量其就医满意度的最重要的因素。对于经营风险而言，医疗美容机构的经营与发展不仅受到医疗技术、法律法规的管理，还要受到市场环境、市场竞争等多方面因素的影响，经营风险比其他机构大很多。

随着经济、社会和技术的迅猛发展，人们面临的风险越来越多、也越来越严重。风险管理作为一种管理活动，已经逐渐发展成为机构管理中一个不可或缺的独立职能管理部门。尤其是在医疗美容业，风险管理是最重要的管理内容之一，和机构的经营管理一样具有十分重要的意义。医疗美容机构风险管理的意义主要体现在以下三点。

1. 风险管理有利于预防风险的发生 有效的风险管理，可以让机构充分了解自己可能面临的风险及其严重程度，及时采取预防措施，以避免或减少风险的发生。预防风险的发生是进行风险管理最根本的目的。

2. 风险管理有利于机构的运营和发展 有效的风险管理，可以让机构在面对风险发生时得到及时的处理和保障，以维持机构稳定的运营。此外，通过风险管理，可以增加机构的抗风险能力，有利于机构的稳定运营和持续发展。

3. 风险管理有利于树立良好的企业形象 有效的风险管理有助于营造一个安全稳定的经营环境，增强工作人员的安全感，激发员工的积极性，有助于机构树立良好的社会形象。

如果医疗美容机构没有做好风险管理，或是遭遇风险事故后没有恰当的处理，不仅有损机构的声誉和经营状况，还可能面临严重的行政或刑事处罚。

（三）医疗风险管理过程

医疗风险管理的过程包括：医疗风险识别、医疗风险评估、医疗风险分析和医疗风险处置。

1. 医疗风险识别　医疗风险识别是发现机构潜在风险的过程，是医疗风险管理的基础。目的是发现可能影响个人或机构目标得以实现的事件或情况。一旦识别到医疗风险，机构应立即采取措施，对可能造成医疗风险的人员、过程和系统等采取控制措施，以尽可能避免风险事故的发生。

医疗风险识别包括识别那些可能对机构产生重大影响的医疗风险源及组织因素、其事件发生的原因和潜在的后果也应被纳入医疗风险识别的过程中。

2. 医疗风险评估　医疗风险评估就是在风险识别的基础上，测定识别出的医疗风险发生的概率及其可能造成的损失程度。通过医疗风险识别，可以发现医疗中可能存在的危险因素，确认风险性质，并获得有关数据。

风险评估通过对所收集到的资料和数据进行处理，得到关于损失程度和发生概率的信息，为选择处理方法，进行正确的风险管理决策提供依据，风险评估一般用概率理论和数理统计方法来完成。

3. 医疗风险分析　医疗风险分析是确定医疗风险是否需要处理，以及分析出最适当的处理策略和方法的过程。

医疗风险分析要考虑导致风险发生的原因、风险的后果及其发生的可能性，识别可能的影响因素，结合现有的医疗风险控制措施，来确定医疗风险等级。

4. 医疗风险处置　医疗风险处置是指针对已经过医疗风险识别和评估之后的风险问题所采取的处理措施。

医疗风险处理措施可以分为控制法和财务法。控制法的目的是降低损伤的频率和程度，重点在于改变引起或扩大风险事故的各种条件。财务法的目的是做好处置风险的财务成本安排。

医疗美容机构进行风险管理的原则就是期望用最小的成本获得最大的安全保障。

（四）医疗相关风险管理

医疗美容机构虽有别于疾病医疗，但本质上从事的也是医疗服务，其安全与质量问题也关系到健康与生命安全，若发生了安全事故，也可能造成难以承担的后果。因此，医疗美容机构应该建立健全的风险管理机制，确保医疗安全。

与医疗相关的风险管理主要包括：医疗制度管理，医务人员管理，设施设备、药品耗材管理等方面。

1. 医疗制度管理方面　医疗机构应按照《医疗美容管理办法》的相关规定，在本机构的执业范围内开展医疗活动。再结合机构内部各科室人力、技术、设备配置等不同，规范各科室诊疗服务的范围及开展项目的转入规范，严格按照规范进行诊疗活动，不得超范围执业。

医疗美容机构应完善各项管理制度，比如手术分级管理制度、毒麻药品管理制度、医院感染管理制度、不良事件管理制度等。并督促各级人员严格按照相关制度开展诊疗活动。

医疗美容机构应统一各项医疗、护理流程，制定各项诊疗规范，强化环节控制，以最大限度地降低医疗风险。

2. 医务人员管理方面　首先，在医疗机构内执业的医务人员都应该是取得卫生部执业资格的专业技术人员，未取得相关资格的人员不得在机构内开展医疗美容服务。

其次，医务人员是机构内进行医疗活动的主体，是降低医疗风险的基本要素。医疗美容机构要不断提高医务人员的专业技能和职业道德，规范医疗行为，强化全员的风险意识，有利于降低医疗风险和提高医疗质量。医疗美容机构应定期组织医务人员执业培训和医德医风教育，以不断提升医务人员的能力和道德水平。

3. 设施设备、药品耗材管理方面　医疗美容机构开展的各项美容服务，离不开各种药品的使用，离不开各种注射耗材；离不开各种仪器设备，包括激光操作设备、生命支持设备、抢救设备等。医疗美容机构在开展医疗美容服务过程中所使用的各种仪器设备、药品、医疗耗材等都必须有严格的采购制度，使用符合国家标准的医疗器械和药品。

此外，药品和耗材必须有专门的部门和人员来进行管理；仪器必须定期检查和维护，使其处于备用正常状态。激光设备的故障可能导致患者烫伤等风险，若抢救设备等故障，则可能导致更加严重的后果。因此，设施设备、药品耗材的管理，也是防范医疗风险的重要措施之一。

（五）经营相关风险管理

医疗美容机构的商业属性，决定了其必须要面临经营相关的风险，这是医疗美容机构作为市场主体之一，在日常运营和推广中可能出现的风险。

与经营相关的风险，主要包括医疗广告管理、医疗收费管理、信息及隐私管理等方面。

1. 医疗广告管理方面　医疗广告的发布有严格的法律规定，医疗机构发布医疗广告必须取得《医疗广告审查证明》，并按照申请备案的内容正规发布医疗广告。以盈利为目的，推销药品或夸大治疗效果等形式都将列为虚假广告，得到相应的处罚。

2. 医疗收费管理方面　根据《价格法》等相关法律规定，医疗机构收费项目实行"一物一码"，收费编码不得套用。对于部分医疗美容服务项目暂无收费编码的情况，医疗机构应该到当地价格管理部门进行备案。医疗美容机构应在机构内对诊疗价目进行公示，未进行公示或存在价格欺诈等行为，将面临相应的处罚。

3. 信息及隐私管理方面　许多美容院或美容机构为了扩大广告效应，喜欢采用患者术前术后的对比照或相关数据作为宣传材料。未取得患者同意，擅自使用患者的信息和照片侵犯了患者的隐私权。医疗美容机构应时刻将保护患者个人信息及隐私放在机构运营的首位，侵犯患者隐私等行为，将让机构陷入法律纠纷之中。医疗美容机构必须要把合规运作作为机构的持续性的长效机制，不断加强风险防范意识，有效规避风险，才能在市场竞争中处于不败之地，才能持续健康的发展，才能树立机构良好的品牌形象。

知识链接

蓝海战略

法国英士国际商学院蓝海战略研究院主任 W·钱·金和勒妮·莫博涅在《蓝海战略》一书中写到：红海代表现今存在的所有产业，这是我们已知的市场空间，在红海中，每个产业的界限已被划定并为人们所接受，竞争规则也已为人们所知，在这里，企业试图击败对手，以汲取更大的市场份额，随着市场空间越来越拥挤，利润和增长的前途也就越来越黯淡；蓝海则代表当今还不存在的产业，代表着亟待开发的市场空间，这就是未知的市场空间，代表着创造新需求，代表着高利润增长的机会，在蓝海中，竞争无从谈起，因为游戏的规则还未制定。

任务三　医疗美容机构运营流程

情境导入

情境：王医生是一名有丰富美容外科经验的医生，他和几位朋友合伙开设了一家医疗美容机构，在成立初期，凭借自己多年工作积累的人脉和良好的医疗技术，吸引了很多美容的顾客。但随着近几年市场竞争越来越大，王医生的美容机构没有专业的运营团队，又缺乏客户管理的相关经验，不仅新顾客来院量逐渐减少，就连老顾客来院治疗的频率也在降低。

思考：结合案例分析，医疗美容机构应如何做好客户管理？

一、医疗美容机构营销管理

（一）医疗美容机构营销现状

1. 营销环境分析

（1）宏观环境分析　宏观环境包括政治环境、经济环境、人口环境、社会文化等，从宏观上看，随着经济的快速增长发展和人民生活水平的不断提升，人们的追求不再局限于以往的衣食住行，而是有了更高层次的追求。并且随着东西方文化的交流，人们对于美容的需求和认识也发生了重大的改变，大众对于医学美容的接纳度和包容度也在不断提高，追求美、接纳美也成为更加普遍的观念，这无形中形成了一股潜在的消费力量和消费群体。

尽管如此，有机遇也有挑战，美容业投资门槛不高，诸多美容机构如雨后春笋般涌现，还有许多美容院和日化专柜等生活美容经营场所也在涉足医学美容，医疗美容行业竞争压力增大。此外，互联网环境下人们获取信息更加便利，信息也越来越公开透明，在大数据的影响下，任何正面的或负面的消息都无所遁形，因此，在互联网上留下好的口碑显得非常重要。

（2）技术环境分析　从古至今，不论是哪个行业，能够始终坚持在市场上屹立不倒、不被淘汰的，都是拥有高品质的商家，只有好的产品、好的技术才能经得起时代的考验。在当前环境下，医疗美容行业竞争激烈，各种美容院、美容企业都想在市场上占领一席之地，对一家医疗美容机构而言，医疗技术是评判其优劣的最基本的标准，只有不断提升医疗技术水平，精益求精，才能树立品牌形象，建立自己的市场。

2. 消费人群分析

（1）消费人群行为分析　以往，消费者大多通过门店咨询或亲朋好友之间口口相传来获取信息，如今的消费者更倾向于使用手机进行信息检索，搜集信息，形成一定的主观意愿之后再有针对性、有选择地进行消费。此外，很多消费者喜爱在社交媒体上分享观点，并自由组成社交群体，分享已经成为人们互动和社交的新手段，社交媒体传播信息具有无处不在的特点，无论是正面的还是负面的，一旦在群里或者网上形成舆论，都具有不可忽视的传播力和影响力。

（2）消费人群心理分析　了解美容顾客的消费心理，对于理解其消费行为，引导顾客消费有着重要意义。从心理学上讲，男性和女性在消费动机和消费行为上有着一定的差异。男性顾客相对比较理性，消费行为更加注重产品本身。而女性顾客因生理构造和心理情感比较复杂，在消费行为和动机上具有更多的不可控性，更容易受环境、直观感觉等影响，其消费行为具有非理性和易冲动的特点。

女性顾客因其独特的生理构造和情感需求，其消费行为也具有独特的个性，有时对于某些产品获得的心理满足甚至超过其本身的价值。例如女性认为做皮肤美容的价值就是保护皮肤的价值，但从情感上来讲，它能够满足女性追求美和延缓衰老的心理要求。因此，医疗美容机构应更加注重针对女性的情感心理进行营销，比如别具匠心的装修、独特的香氛气味、人性化的服务体验等，在充分了解女性顾客的价值观，满足其情感心理的基础上，进行个性化的服务和营销。

（3）消费人群需求分析　医疗美容机构营销的核心任务就是了解和满足美容顾客的需求，根据马斯洛的需要层次论，美容作为人们的一种特殊的需求，具有多样性和发展性的特点。

美容顾客需求的多样性表现在，需求不仅包括生理需求和安全需求，比如手术效果、是否有副作用、是否能达到抗衰的目的，还包括社会需求和精神需求，比如在做美容的过程中能否感受到爱与尊重，以及与周围人的情感交流。

美容顾客需求的发展性表现在，需求不是一层不变的，而是在不断发展、动态变化中的，就好比马斯洛的需求层次论，当低层次的需求得到满足时，就会有更高层次的需求体现出来。因此，医疗美容机构应该不断完善更新设施设备，不断改进服务品质，以满足美容顾客不同层次的需求。

3. 营销市场需求分析　营销管理的实质其实就是需求的管理，正确认识市场需求，准确判断客户需求，是营销管理中必不可少的一项任务。对于医疗美容机构而言，充分了解需求是进行项目设计、产品开发的前提。根据需求的时间、性质和程度不同，可以将市场需求分为八种类型。

（1）负面需求　负面需求是指消费者对某种产品感到厌恶，甚至愿意花钱回避它的一种需求状况。当医疗美容机构的营销信息在传播的时候遇到拥有负面需求的人时，他们会对这类信息感到反感，不惜花钱屏蔽，甚至花时间作出负面评价。

（2）无需求　无需求是指消费者对产品毫无兴趣或漠不关心的一种需求状况。这部分人群对医学美容完全不了解，也不感兴趣，但并不代表他们没有改变的可能性，只是因为性别或年龄等原因，还没有进入医疗美容的消费领域，随着时间和需求的变化，他们极有可能成为潜在的消费群体。

（3）潜伏需求　潜伏需求是指消费者对某种产品有强烈的需求，而现有的产品或服务又不能满足的一种需求状况。这类人群是对医学美容感兴趣的，只是还尚未了解，或出于某些原因还尚未接触，但他们都是有潜在需求的，这部分人群是营销管理中应该要重点争取的对象。

（4）下降需求　下降需求是指市场对产品的需求呈现下降趋势的一种需求状况。随着医疗美容业的蓬勃发展，各类产品技术推陈出新，某些旧项目渐渐退出历史舞台，在呈现下降需求状况时，营销管理的主要工作就是分析下降的原因，拓展新的目标市场，通过改进产品、革新技术或更有效的沟通来重振市场营销。

（5）不规则需求　不规则需求是指市场对于产品的需求在不同时间、不同空间有着波动变化的一种需求状况。对于医疗美容而言，不同时间、不同地区，甚至是同一个人的不同的时间的需求都有可能发生变化。

（6）充分需求　充分需求是指产品和市场的需求水平充分满足的一种需求状况，这是最理想的一种需求状况。拥有充分需求的医疗美容消费者他们对医疗美容充分了解并恰当的消费，是已经完成了自我学习阶段，是成熟且理性的消费者，也是医疗美容机构营销的重点人群之一，但营销管理也不能将目光只局限在这部分人身上。

（7）过量需求　过量需求是指市场需求超过了供给水平的一种需求状况，是一种不健康的、缺乏理性的过度需求。医疗美容的消费者很容易形成这种现象，大部分人在第一次尝试医疗美容时都是很小心谨慎的，一旦开始，尤其是看到效果之后，一部分人就会成瘾性的过度需求。

（8）有害需求　有害需求是指市场对某些有害产品或服务的一种需求状况。有些医疗美容消费者对于某些不健康的或违法的医疗美容项目感兴趣，他们可能对医疗美容完全无知，对于这类顾客，应该做好反市场营销工作，劝说其放弃，否则很容易让医疗机构陷入法律纠纷的境地。

4. 营销方式分析

（1）线上咨询　随着互联网在人们生活中的比重越来越大，线上咨询越来越普及，很多有意向进行医疗美容的顾客，不再像传统的那样到门店咨询，他们可以足不出户，就能实现与多家医疗美容机构的交流互动，再比较各家的优劣、价格之后，选定自己有意向的机构，再到门店咨询，这种咨询方式往往最后成功率比较高，因为来院的顾客都是已经完成了比较，做足了功课，有意向性的，因此成功率比较高。非面对面的沟通方式，虽然可以满足不同人群不同地区的局限性，但同时也具有挑战。线上咨询要想更好地发挥营销作用，最重要的两点，其一是大众普遍意识的提高，他们要认可这样的问诊方式并主动寻找问诊平台，并将其视为咨询工具；其二是线上咨询值班人员的专业性，既要有咨询沟通的技巧，又要掌握医疗美容的专业知识，才能更好地完成与顾客的有效沟通。

（2）社交媒体传播　在各种社交平台中，人们使用手机进行信息检索的同时，也喜欢在上面分享自己的观点，这样就使得很多有同样观点、志同道合的人喜欢"抱团"，并自由组成社交群体。社交媒体的一大好处是信息传播面广、无处不在；但值得注意的是，社交媒体传播也是一把双刃剑，社群分享的各类信息，无论是正面的还是负面，都容易在群里引起共识，一旦在群里发酵，达到的营销效果能击败几百成千上万的广告预算。所以在利用社交媒体做营销时，要特别注意其可能产生的负面影响，而这也对医疗机构提出了更大的考验，删除负面信息的做法已经显得越来越没有用，只有医护人员谨言慎行，真正做好每一次治疗、每一台手术，才能使社交媒体的传播效应更好地为机构营销做贡献。

（二）医疗美容机构营销管理

医疗美容机构营销是指选择目标市场，以客户为中心，通过创意、制作、传播医疗美容，以此获得更多客户，为医疗美容机构创造利润的艺术和科学。医疗美容机构营销管理就是建设专业化的营销团队，以满足客户的需求和期望，让营销价值创造的过程更加高效的管理。

1. 医疗美容机构营销管理的价值

（1）助力品牌建设　医疗美容机构与单纯的医疗机构有着本质上的区别，就是医疗美容机构不是单纯的疾病医疗，其有着消费医疗的特质，这也决定了它必须以营利为目的。短时间的市场竞争可能价格优势会占较大的比重，但长时间的市场优势，能始终维持机构在市场中屹立不倒的还是品牌和口碑。因此，医疗美容机构需要注重品牌建设，做好营销管理，才能树立良好的企业形象，才能提高品牌知名度和美誉度，才能增强机构的市场竞争力，品牌形象是机构最重要的无形资产。

（2）帮助机构盈利　在市场的竞争环境下，诸多医疗美容机构为了生存，不得不想方设法压低成本，一边大量投入资金在广告营销，一边靠打折低价来吸引消费者，最终导致过低的利润，甚至倒闭。然而，医疗美容服务的主项目其实大同小异，大的品类也就只有十几种，随着进入医美市场的医生越来越多，各式各类的美容企业越来越多，医疗资源丰富，项目雷同化，竞争越来越激烈，这个时候，医疗美容机构能否盈利更多地取决于营销能力与营销管理的水平。

（3）确定市场定位　医疗美容机构的生存与发展需要根据市场的需求和竞争情况，通过营销管理，制定合理的营销策略，完成市场调研，机构可以了解市场需求、竞争情况以及客户需求等信息，来确定自己的市场定位，包括目标客户群体、市场定位、诊疗范围等，以便更好满足市场的需求。

（4）促进机构的发展　做好医疗美容机构的营销管理，可以推动机构的与时俱进。医疗技术的进步是缓慢的，而营销手段、营销方式和营销渠道却是日新月异、层出不穷的。医疗美容机构要想紧跟时代的步伐，不被时代所淘汰，就必须实现营销手段的不断进步。因此，更多的时候营销能力的进步决定了医疗美容机构的进步。

2. 医疗美容机构营销管理的核心任务

（1）了解市场需求　医疗美容机构营销管理面对的市场需求是多样化的、多层次的。有对医疗美容表示厌恶的负面需求，也有充分了解表示感兴趣并且愿意消费的充分需求。营销管理的目标不是只针对潜在需求或充分需求的顾客，也要面向那些负面需求或是无需求的顾客。因为信息在传播的过程中，总会遇到负面需求或无需求的人，这也是一个庞大的市场。此外，市场需求也不是一成不变的，营销管理的任务是要在面对市场环境的变化下，动态监控机构的营销策略和执行方案，根据市场随时作出相应的调整。

（2）建立强势品牌　品牌是医疗美容机构的形象，品牌建设的重要性是毋庸置疑的，营销管理的核心任务之一就是围绕着机构的品牌建设所展开的。建立强势的品牌就是要让品牌产生价值，并且能够为消费者带来价值，让人们在消费的过程中感受到自己不是消费的具体产品或服务，而是消费了该品牌。品牌的可塑性在于它是每个人接收到信息之后再结合自身感受形成的，所以，它在每个人心目中可能是有差别的。并且随着医疗美容服务的不断变化，品牌的评价也是在始终处于动态变化之中的。而营销管理的目标就是要将品牌和业务互相浸润，紧密联系在一起，保持动态平衡，以维护好品牌留在大众心中的形象。

（3）项目设计　医疗美容机构营销管理的核心之一就是希望通过营销管理来提高机构的市场竞争力，需要及时了解市场的动态，在保证医疗安全及符合相关法规的前提下，根据市场需求和客户需求，设计符合市场需求的项目、服务和价格，以提高机构的竞争力。

（4）渠道管理　医疗美容机构要想把项目最大限度地传递给目标客户，需要借助各种渠道的力量，因此，做好营销管理势必要做好各类渠道管理。营销渠道主要包括传播渠道、代理渠道和服务渠道。

传播渠道主要包括传统的媒体和互联网。如今信息传播的方式已经发生了翻天覆地的变化，传统的媒体所占的比重已经越来越小，互联网特别是移动终端已经成为现在的主流媒体。营销管理需要用发展的眼光审视传播渠道，随着市场的细分，相应的传播渠道也在细分，因此营销管理也显得更加重要。

代理渠道主要包括代理商、中间商和第三方平台。医疗美容机构与客户的接触面十分有限，医患双方信息不对称，第三方平台可以利用自己的流量优势帮助机构匹配到目标客户。随着时代的发展，许多平台已经成为医美营销的重要途径之一，包括线上问诊平台的传播量和影响力也不容小视，代理渠道日益成为医美行业非常重要的渠道之一。

服务渠道指为异业联盟提供的服务，异业联盟是指不同行业但是具有相同客户群体的商家联合起来的联盟，大家互通客户资源，实现资源共享。服务渠道也可能成为未来各类机构获取资源的主要方式，而在该渠道的管理中，机构不仅要注意进行自我保护，同时也要保护好合作伙伴的利益。

（5）提高满意度　医疗美容机构进行营销管理的核心任务之一就是提高患者的满意度。满意度是衡量患者就医体验感的指标之一，也是衡量机构医疗服务质量的重要标准。获得感是顾客在真实就医过程之后获得的感知，在获得之前只是一种期待，而如果顾客在机构得到的服务是超出期待值的，这会大大提升其就医获得感。营销管理的任务，一方面要让已经就医的顾客的价值获得感得到确认，另一方面更重要的是，要为潜在顾客创造价值期待，吸引其前来就医。

二、医疗美容机构服务流程

医疗美容机构提供的是医疗美容服务，其服务对象有别于寻求疾病治疗的患者，这就决定了前来的顾客不仅希望得到满意的容貌改善，而且对于服务的要求比较高，不能单纯把医疗机构挂号就诊的流程用在医疗美容的服务流程上。医疗美容机构必须更加注重顾客的服务体验，制定符合本机构的规范化服务流程。

服务流程贯穿了机构整个经营活动的全过程，这个过程不仅是顾客在机构内产生的服务，而是应该从顾客来店前咨询就已经开始了，一直到顾客结束治疗之后的一段时间内都需要开展。一般来说可以包含以下几个方面。

1. 线上咨询与预约　随着互联网时代的到来，线上咨询、线上问诊的开展，顾客可以实现在来之前通过电话、在线咨询等方式对医疗美容机构有了初步的了解再决定是否预约就诊。因此，线上咨询阶段显得尤为重要，若在线上阶段不能提供满意的服务，顾客便不会有预约线下面诊的阶段。

2. 面诊咨询及方案制定 顾客通过预约或直接来店等方式，进行面对面咨询。在咨询过程中，顾客可以向专业的医生提出自己的美容需求，了解各种美容项目的具体内容以及效果和可能发生的风险和注意事项。医生也可以根据顾客的自身特征，结合其期望，制定个性化的美容方案，以供顾客选择。

3. 实施手术或治疗 在顾客与医生进行充分沟通后，顾客认同了治疗方案并签署相关知情同意书，医疗美容机构就可以为其安排手术或治疗了。实施手术或治疗过程中，医护人员应按照规范的流程和标准进行，以确保其安全有效，在医疗技术可满足的范围内，尽可能达到顾客期望的效果。

4. 术后护理及复诊 手术或治疗结束后，医疗美容机构应提供全面的术后护理指导，比如伤口护理、护肤护理、饮食控制等，并确保顾客已理解并能正确操作相关护理措施，以保证治疗的效果。交代术后可能出现的正常反应和并发症，以及相关的注意事项；并告知顾客复诊的时间及频率，帮助其渡过术后这段恢复期。

5. 随访与效果评估 机构应与每位顾客保持联系，积极回应顾客的需求，了解顾客的满意度，听取意见或建议，以便机构持续性的改进。此外，医疗美容机构还应根据本机构具体开展项目的情况，建立每个治疗或手术项目的随访频次和周期，定期对治疗效果进行随访评估，以供质量改进。

医疗美容机构的服务流程一定是贯穿整个治疗前中后的整体的服务。顾客对服务的体验具有整体性和连续性，每个服务环节都至关重要，不可忽视。良好的服务流程可以提升机构的市场竞争力，为机构创造价值。

三、医疗美容广告管理

（一）医疗广告概述

1. 医疗广告的概念

（1）医疗广告 《医疗广告管理办法》第二条明确了医疗广告的概念，是指"利用各种媒介或者形式直接或间接介绍医疗机构或医疗服务的广告"。

（2）医疗美容广告 《医疗美容广告执法指南》中定义医疗美容广告，是指通过一定媒介或者形式直接或间接介绍美容医疗机构或者医疗美容服务的商业广告

医疗美容广告属于医疗广告，医疗广告的发布有着严格的规定，在《医疗广告管理办法》中规定非医疗机构不得发布医疗广告，医疗机构不得以内部科室名义发布医疗广告。

2. 影响医疗美容广告的相关法规

（1）《中华人民共和国广告法》 简称《广告法》，于1994年审议通过，2015年4月24日修订通过，自2015年9月1日起施行，2018年10月26日修正，是现行法律法规中处罚最严厉、规定最严格的广告相关法律。

（2）《医疗广告管理办法》 由原国家工商行政管理总局和原卫生部共同发布，2007年1月1日起施行，是目前对医疗美容行业广告行为影响最大的法规之一。

（3）《互联网广告管理暂行办法》 由原国家工商行政管理总局发布，2016年9月1日起施行，这是在互联网高速发展的背景下应运而生的法规，具有互联网的专业特性，随着互联网对人们生活的影响日益增大，互联网广告的份额也将继续增大。

（4）《医疗美容广告执法指南》 由市场监管总局发布，2021年11月1日起施行，是依据《中华人民共和国广告法》《医疗广告管理办法》等法律、法规和规章制度所制定的，专门规范医疗美容

广告行为的指南。

医疗美容业作为一种特殊的医疗方式，有着消费医疗的属性，对于广告的需求比其他疾病医疗大得多，但医疗广告的发布也有严格的法律法规的约束，应考虑如何合法合规地发布医疗广告，才能最大限度实现在防控风险的同时，达到广告营销的目的。

3.《医疗广告审查证明》

（1）《医疗广告审查证明》的申请　医疗机构发布医疗广告，应当在发布前向其所在地省级卫生行政部门提出申请，并提交相关材料，包括：《医疗广告审查申请表》；《医疗机构执业许可证》副本原件和复印件，复印件应当加盖核发其《医疗机构执业许可证》的卫生行政部门公章；医疗广告成品样件。对审查合格的医疗广告，省级卫生行政部门、中医药管理部门发给《医疗广告审查证明》。未取得《医疗广告审查证明》的机构，不得发布医疗广告。

（2）《医疗广告审查证明》的效期　《医疗广告审查证明》的有效期为一年。到期后仍需继续发布医疗广告的，应重新提出审查申请。

（3）《医疗广告审查证明》需重新申请的情况　医疗机构应当按照《医疗广告审查证明》核准的广告成品样件内容与媒体类别发布医疗广告，医疗广告内容需要改动或者医疗机构的执业情况发生变化，与经审查的医疗广告成品样件内容不符的，医疗机构应当重新提出审查申请。

4. 医疗广告可以发布的内容　《医疗广告管理办法》第六条明确医疗广告内容仅限于以下项目。

（1）医疗机构第一名称；

（2）医疗机构地址；

（3）所有制形式；

（4）医疗机构类别；

（5）诊疗科目；

（6）床位数；

（7）接诊时间；

（8）联系电话。

（1）至（6）项发布的内容必须与卫生行政部门、中医药管理部门核发的《医疗机构执业许可证》或其副本载明的内容一致。

5. 医疗广告禁止发布的内容　《医疗广告管理办法》第七条明确医疗广告的表现形式不得含有以下情形。

（1）涉及医疗技术、诊疗方法、疾病名称、药物的；

（2）保证治愈或者隐含保证治愈的；

（3）宣传治愈率、有效率等诊疗效果的；

（4）淫秽、迷信、荒诞的；

（5）贬低他人的；

（6）利用患者、卫生技术人员、医学教育科研机构及人员以及其他社会社团、组织的名义、形象作证明的；

（7）使用解放军和武警部队名义的；

（8）法律、行政法规规定禁止的其他情形。

6. 医疗美容广告乱象　《医疗美容广告执法指南》中明确，市场监管部门依法整治各类医疗美容广告乱象，着力解决危害性大、群众反映集中的问题，对以下情形予以重点打击。

（1）违背社会良好风尚，制造"容貌焦虑"，将容貌不佳与"低能""懒惰""贫穷"等负面评价因素做不当关联或者将容貌出众与"高素质""勤奋""成功"等积极评价因素做不当关联。

（2）违反药品、医疗器械、广告等法律法规规定，给未经药品管理部门审批或者备案的药品、医疗器械作广告。

（3）宣传未经卫生健康行政部门审批、备案的诊疗科目和服务项目。

（4）宣传诊疗效果或者对诊疗的安全性、功效做保证性承诺。

（5）利用行业协会以及其他社会社团或组织的名义、形象作证明，使用患者名义或者形象进行诊疗前后效果对比或者作证明。

（6）利用广告代言人为医疗美容做推荐、证明。医疗美容广告中出现的所谓"推荐官""体验官"等，以自己名义或者形象为医疗美容做推荐证明的，应当被认定为广告代言人。

（7）以介绍健康、养生知识、人物专访、新闻报道等形式变相发布医疗美容广告。

（8）对食品、保健食品、消毒产品、化妆品宣传与医疗美容相关的疾病治疗功能。

（9）其他违反广告法律法规规定，严重侵害群众权益的行为。

（二）医疗美容广告现状

中国的《广告法》是比较严格的，尤其是对于医疗美容的板块，但医疗美容作为一种消费医疗，其性质与疾病医疗有着很大的区别，对于广告的依赖性也大大增加，这就导致了很多机构即使踩着法律的红线还是要打"违法"广告。一方面医疗美容机构的运营和生存离不开广告营销，另一方面立法执法的严厉让广告的发布受到很大的限制，医疗美容广告面临着巨大的挑战，广告发布现状不容乐观。

随着市场经济的发展以及市场竞争的不断加剧，现在广告发布的渠道也发生了翻天覆地的变化。以前广告投放的方式多为报纸、杂志、电视、广播和户外。随着广告从业者和媒介资源的转型，越来越多广告交易平台的出现，让广告发布的渠道越来越多样化。

基于大数据和人工智能对人们生活的影响越来越大，广告的投放形式也有了很大的转变。以往的广告投放都是非理性、单一的、缺乏明确政策的无目的投放，对于投放后能达到怎样的效果、预期目标都没有规划，这对机构的经营来说是有风险的。而如今，广告产业的发展，科学广告观念的普及，广告的投放逐步向精准化、数字化过渡。通过对消费者行为的分析，基于消费者的行为习惯，有针对性地投放广告，以最大限度提高广告投放的经济效益。

（三）医疗美容机构如何发布广告

1. 制定广告目标　医疗美容机构在发布广告前都应该先确定其市场定位，所谓"谋定而后动"，确定了市场定位，制定出相应的销售目标，才能进一步制定出广告目标。精准化的广告投放，要求在根据市场定位以及广告目标的基础上确定好广告想要面对的目标人群，再制定相应的广告投放计划。由此可见，广告的定位是否准确直接影响销售目标的制定，以及投放的方向和效果。所以，医疗美容机构在制定广告目标时，应该要充分考虑目标人群的习惯和喜好，制定出能够打动他们的方案，才能实现广告投放的效果。

2. 拟定广告性质　根据广告投放的目的，一般可以把广告分为三种类型。

（1）品牌广告　品牌广告是为了打造机构品牌，树立机构形象，提高机构的知名度而采取的广告营销方式。通过品牌广告，可以引起大众对机构的关注和好感，了解机构的文化和价值观，最终让品牌根植于大众内心。一般品牌广告的发布会选择影响范围广、影响人群较大的媒体，面向的目标人群比较广泛，没有那么精准。

（2）形象广告　一般是机构需要推广新技术、新产品、新项目时所采取的广告营销方式。形象广告可以为该新产品的目标人群量身打造一系列的包装推广，有利于大众认识和接纳新产品。形象广告的发布可以选择互联网或第三方平台，面向的目标人群会比较精准。

（3）促销广告　促销广告是指为了在某一时期内宣传机构的促销活动而采取的广告营销方式。促销广告一般是在机构进行打折、促销活动时进行的，其目的就是为了在某一时期内提高销量，具有广而告之的性质。促销广告也需要针对目标人群进行精准投放，才能达到更高的转化率。

3. 选择广告媒介　广告媒介是指进行广告宣传的物质手段和工具，是广告主和广告对象之间借以实现信息传播的物质工具。根据广告媒介的不同，可以将广告分为以下四类。

（1）印刷媒介类　包括报纸、杂志、海报、宣传单等，通过印刷文字将广告信息传递给公众。印刷媒介类文字图片等表现力强，但传播面不广、制作周期相对较长。

（2）电子媒介类　包括广播、电视等发布广告信息影响公众。广播电视的传播面广、传播速度快，是非常重要的广告传播手段。

（3）互联网媒介类　互联网是一种新兴的广告形式，具有传播范围广、互动性强、成本低、针对性强等特点，是目前运用最多的媒介方式。

（4）其他媒介　包括利用新闻发布会、年会、各种文娱活动、商场展销等形式开展的线下的广告媒介形式，通过实物展示等方式广告的效果能更深入人心，但传播面相对较小。

4. 完成效果监测　医疗美容机构进行广告投放的目的就是希望通过广告营销的手段达到增加品牌的影响力、增大客流量、提高机构的营业额等。只有对广告投放前、中、后的效果实施进行监测和评估，把监测的数据进行分析整理，才能对广告的效果进行评价，对以后的广告投放起到参考和借鉴的作用。

广告投放的媒体应该阶段性地提供监测报告，通过监测对投放效果提出改进建议，及时调整方案，精准的网络广告效果监测，可以挖掘出更细致的数据，创造广告市场的最大价值。

5. 广告投放技巧

（1）利用好互联网　伴随着5G时代的到来，传统媒介所占的市场份额逐渐降低，线上问诊、远程医疗、远程手术等线上医疗服务工具越来越普及。医疗美容业因其以体表诊断为主的特点，而使线上问诊模式更易开展，医疗美容业逐步形成了线上医生、线上医药电商、线上服务工具等互联网＋医疗场景的模式，互联网医疗美容时代即将来临。因此，医疗美容机构在选择广告投放时，不应拘泥于传统的印刷和电子媒介，应该加大互联网媒介的投入，利用好互联网工具，全方位、多样化地设计广告方案。

（2）关注热点新闻　新闻热点内容比普通内容更容易吸引大众的眼球，达到新闻传播的效果，但新闻内容特别注重时效性，因此，机构在关注到有热点新闻的时候，应该尽快拿出本机构的广告营销方案和作品，否则等热度退去，关注的人已经不多了就丧失了广告的意义了。各类搜索引擎，比如百度、微博、360等都有相关的热点信息类目，热搜榜排名，机构营销人员可以关注当前大众搜索次数最多、频次最高的榜单，可以参考其内容，制作本机构的广告方案，所谓"蹭热度"可以达到事半功倍的广告效果。

（3）创作优质内容　如今互联网上同一个内容搜索会有很多条目出现，但大多数内容其实都是雷同的，很多人都是直接从其他网站转载和抄录，这样不仅不能在搜索引擎中获得好的排名，甚至有可能不被网站收录。只有原创的、优质的广告内容才能获得更高的流量、更好的传播效果。对于同一个事件或热点，可以尝试从不同的角度去呈现，用新颖的角度和视角呈现出的内容，会获得更多的关注。此外，对于同一个事件或热点，用不同的表现形式去呈现，也可能达到更好的传播效果，比如目前很火的短视频、漫画或手绘等表现形式，不仅更加直观，也更加生动有趣，易于大众理解。无论什么时代，什么样的传播方式，好的内容都能立于不败之地。

四、新形势下的医疗美容机构运营

（一）医疗美容市场调查与分析

1. 市场调查 在市场调查没有正式出现在人们面前时，经营者们更多的是凭借经验来做营销方案，其实当时的经验也是基于数据的累积得出的结论，而在数字化时代的今天，只凭借粗放的经验数据已经不能满足时代的需要了，需要更精确的数据来指导医疗美容机构的营销计划，市场调研必不可少。大数据时代已经到来，只有基于真实数据分析出的市场变化，才能真正指导机构的营销管理。

市场调研的重要性对于每一个行业来说都是毋庸置疑的，但要想得到一个准确的市场调研数据也不是那么容易，必须有一个专业的市场研究团队、有专业的设备和系统的支持，否则也只能是走走过场，得不到真实有意义的数据。

（1）**市场调查团队配备** 完成市场调查需要人力的投入，团队最好由专业的市场研究人员组成或由专业人士带领现有机构其他工作人员完成。一个专业的市场调研团队需要及时识别市场的变化趋势，为管理者提供其想要的数据、真正需要的数据以及对机构有利的数据。

（2）**市场调查的信息系统** 市场调研的信息系统需要能够完成对市场信息的收集、分类、整理、分析和评估，才能得出及时准确的信息。营销数据的收集包括外部信息和内部信息。外部信息包括外部公开的数据，比如政策走向、科技发展、消费趋势、行业认知等。内部信息包括机构的各类经营数据。信息系统需要能够完成外部和内部数据的录入和分析，利用数据分析工作，得出客观真实的结论。未来的营销一定是利用大数据进行的精准营销，因此，一个完善的信息系统是完成市场调查分析的前提。

2. 市场分析 同质化的医疗美容时代，让各企业之间获得情报的途径和内容没有太大差异，但如何对相同的信息进行整合分析就体现了各机构的差异性。市场分析是基于市场调查的数据之上的，因此也分为外部数据分析和内部数据分析。

（1）**外部数据分析** 外部数据包括对宏观环境比如时尚趋势、人口、经济、社会文化、自然环境、政治法律等方面的分析。

国家的政治经济环境以及法律法规等是影响市场的大环境，决定了医疗美容行业的大趋势，这种大环境的形成很慢，但一旦形成便会影响行业多年，因此，对该环境的分析就是希望能走在政策的前面，成为第一个吃到"红利"的机构。

社会文化以及亚文化也在潜移默化地影响着人们的消费观和价值观。不同国家、不同地区的人们对自身和他们的观点不同、审美观也不同。此外，医疗美容消费者很容易出现被他人影响、被营销广告引导的心理特征。因此，进行外部文化数据分析可以得出更符合当下文化环境的营销方式。

（2）**内部数据分析** 内部数据分析包括：营业额、到诊数、复购率、项目分类、来院途径等，通过定期的营业数据分析可以发现市场机会和机构内潜在的问题。对于内部数据而言，数据录入的真实性和准确性是非常重要的，这就要求机构的每一位录入的工作人员都要熟悉信息系统的标准化流程，只有录入真实的数据，才能得出准确的数据分析结论。内部数据的分析可以帮助管理者及时调整运营方向，作出对机构有利的决策。

3. 医疗美容市场未来需求预测 近年来，随着中国人均收入的增加，医疗美容消费者数量增加，医疗美容在中国的受欢迎程度不断提升，中国医疗美容市场得到增长。随着消费者认知的改变和收入的提高，医疗美容的渗透率有提升的趋势，消费者规模也有望上行。

而医疗美容行业的技术革新也是处于蓬勃发展、日新月异的阶段，这也对从业医生和医疗机构作出了更高的要求。医生需要在技术上不断地与时俱进，医疗机构也要跟上时代的步伐，找到自己的品牌定位，寻找自己的目标市场，关注市场的需求，根据市场的调查和分析，及时对本机构的营销方案作出调整，以适应未来市场的变化。

（二）医疗美容机构营销管理

1. 医疗技术是营销的基础　医疗美容机构虽有其美容方面的特殊性，但本质上也是属于医疗机构，是提供特殊医疗服务的场所。医疗美容主要有两个关键词，一个是美容，另一个是年轻化。前来的顾客都是希望通过医疗美容的手段达到改善自身不足或抗衰老等目的。只有拥有强有力的医疗技术水平，才能在市场竞争中占领一席之地。

在医疗行业里，始终是以医疗水平来衡量一个机构的价值，只有拥有一个好的医疗团队，拥有基础理论知识丰富、技术水平过硬的医生，才能提升医疗美容机构的核心竞争力。没有好的医疗技术，再好的营销也没用。

医疗美容技术的革新也是日新月异，各种新技术、新项目、新设备迅猛发展，医疗美容机构只有不断进行自我更新，督促团队不断学习才能不被时代淘汰。

2. 服务品质是营销的保障　服务本身就是一种营销，踏踏实实地做好服务，自然会带来好的服务口碑和营销效果。不仅如此，好的服务可以提升机构的业绩，提升机构的竞争力，而且不容易被其他企业所复制。此外，医疗美容服务的顾客以女性居多，女性的心理特性决定了他们都是感性的，对于服务的体验感有时或许比治疗效果更重要。

（1）**服务的整体性和一致性**　近年来，服务质量已经在社会上引起高度重视，医疗机构都在重视加强患者的就医体验感，提高患者满意度，但医疗机构的满意度始终赶不上很多私营企业或美容院。究其原因，可能是没有认识到服务是一个整体的体验，顾客的服务体验和服务感受不在于某个环节有多完美，而在于哪一个环节让她有不好的体验，服务的整体性和一致性决定了服务的品质。

（2）**提升服务质量**　服务产品与实物产品有很大的区别，顾客对实物产品的需求通常是一条直线，而服务的需求却会因时间、环境等因素的不同有较大的差异，并在一种服务得到满足之后，又会有更高层次的服务需求出现。因此，医疗美容机构需要加强教育培训，提高人员素质，实实在在地提升服务质量，并持续改进服务质量才能维持服务品质。

（3）**重视服务质量管理**　一个机构的服务管理取决于最高层的态度，如果机构从上到下都重视服务，每个人都有服务意识，那么机构的服务一定不会差，而且会体现出企业独特的核心价值观。但如果机构内只是对基层员工严格要求，进行服务培训和整顿，而整顿到一定的层级就停止了，高层没有服务意识，最后也只能是竹篮打水一场空。进行服务质量管理一定是自上而下的，才能达到事半功倍的效果。

（4）**加强服务质量管理**　服务具有全员性和系统性的特征，由于服务无处不在，反而容易被忽略，因此服务需要被管理，服务质量也是需要被检查。首先，服务的细节非常重要，只有不停检查，检查的内容越来越细致，才能保证服务质量；其次，任何机构的一线人员流动性都很大，因此时时刻刻都要监测服务质量，因为服务涉及到机构中的每一个人。

（5）**对服务品质进行宣传**　针对服务产品无形性的特点，机构应当适当地加强宣传工作。比如海底捞就是很成功的一个案例，通过宣传服务品质达到了很好的营销效果。对服务品质的宣传可以从以下几个方面着手：第一，宣传机构的自身形象，强化品牌建设；第二，宣传服务的提供者，可以挑选服务突出的员工，对其的技能和信誉进行宣传；第三，将无形服务有形化，可以将服务项目同具体有形的物体或标志联系起来进行宣传，以增加无形服务在消费者意识中的形态。

3. 第三方平台的营销和管理

（1）**第三方平台在医疗美容业的价值**　随着互联网的发展，大众对互联网的依赖日益增大，人们乐于在平台上进行交流和分享，而这种真实的分享，很容易吸引大批有相同经历或准备经历的人群互动，这种分享和互动就衍生出很多便于交流的平台。

第三方平台是互联网时代的必然产物，尤其是在医疗美容行业，医患双方信息的不对称，作为中间桥梁的第三方平台就显示出了其存在的价值。第三方平台可以利用自己的流量优势，将客户的需求精准地匹配到对应的医疗美容机构，解决了机构与目标客户之间的联系问题，也是目前医疗美容机构进行营销的重要板块之一。

（2）第三方平台的营销　不同的第三方平台因其平台的属性不同、展现形式不同、用户人群也不同。比如新氧和美团、大众点评的平台用户就有很大的区别。新氧的用户以女性居多，而且大多都是有医美倾向的，与其他平台相比在医疗美容板块更加专业，他们知道如何在平台上选择自己感兴趣的项目，选择自己适合的医生和自己想要达到的效果。美团作为一个团购网站，它的用户大多是想追求更低的价格。大众点评相比其他的团购网站则侧重于为用户提供一个分享评论的平台，其用户则是更关注过程体验和感受，且乐于在平台上分享自己消费经验的人群。

此外，不同的平台，其发布的内容也不一样，尤其是优质内容的展现形式，优质的内容可以得到更多的曝光量和浏览量。比如新氧平台的内容主要以案例为主，一篇优质的案例内容可以带来更多的流量；而美团更重要的是消费用户的评价；大众点评的优质内容则是一篇丰富的用户点评。

机构进行营销推广的最终目的就是为了获得投资回报，它是机构对营销推广平台价值判断的最直接依据。对于广告投放而言，衡量的标准最重要的就是投入和产出的比值，也就是广告投放花费的资金与获得利润的比值，简称投产比。

如何以更低的花费获得更大的利润，这就要求机构在选择用第三方平台前，要充分了解平台的属性、用户的属性，再根据其属性的不同，在不同的平台提供不同的营销方案，以满足不同类型客户的需求。优质的产品、优质的内容、合适的第三方平台，才能实现投产比的最大化。

4. 自媒体的营销和管理

（1）自媒体营销的重要性　自媒体是指组织机构或个人通过网络途径向外发布自己的观点与新闻的传播方式。自媒体营销具有典型的特点就是门槛低，任何组织和个人都可以在任何自媒体平台上创建属于自己的账号，发表自己的观点。

通过自媒体营销，医疗美容机构可以让目标受众更好了解本机构的医疗美容技术，提升医生和品牌的整体形象，与潜在客户建立联系，吸引更多的顾客。同时，也可以通过受众的反馈及时调整机构的建设和运营。

自媒体营销具有平民化、个性化、传播快、互动强的特点，是网络时代营销的产物。在医疗美容业，自媒体仍然是营销推广的重要手段之一，也是市场营销体系的重要组成部分。

（2）常用的自媒体营销平台　随着互联网时代的发展以及自媒体平台低门槛的特点，越来越多的自媒体平台如雨后春笋般涌现，如微信、微博、小红书、抖音、快手、知乎、喜马拉雅等。而在医疗美容业影响最大、用户量最大的几个自媒体当数微信、微博、小红书和抖音。

微信：微信是2011年由腾讯公司推出的一款免费的通信服务程序，微信可以实现短信、语音、视频、图文等方式的社交功能。微信在近几年迅猛发展，是现在用户量最大的社交平台，在自媒体营销领域有着巨大的影响力。但因微信朋友圈的封闭性，利用微信自媒体营销也有其局限性，不适合用于建立个人品牌。

微博：微博是新浪网在2009年率先推出的一种广播式的社交媒体与网络平台，可以实现文字、图片、视频等形式的信息分享与互动传播。微博发布的信息具有更强的开放属性，可以被所有的微博用户看见，也可以实现陌生人的互相关注。不过，利用微博营销虽可以实现信息的快速传播且传播范围广，但其针对性不强。

小红书：小红书是2013年在上海成立，最早用于分享海外购物的社交平台，如今发展为以年轻人居多的分享各种消费经验和生活方式的平台。小红书可以文字、图片、视频、笔记进行分享，并通过大数据和人工智能将海量信息和人进行精准、高效匹配。小红书用户通过"线上分享"真实的消费体验，平台通过大数据将这些消费体验精准地匹配到可能会产生相同行为的用户，引发"社区互动"，从而推动其他用户去"线下消费"。小红书是很受当代年轻人喜爱的一个社交平台，小红书营销具有传播范围广、针对性强等特点，在医疗美容营销方面也体现出了很大的价值。

抖音：抖音是2016年上线的一款以拍摄短视频为主的社交软件，是一个专注于年轻人的音乐短视频社交平台。抖音可以实现短视频配以音乐、特性等技术形成自己的作品来进行传播和分享。相较于图文的传播形式，短视频更加生动、幽默，更加能够获得人们的关注，已经成为近年来新的传播载体。此外，抖音的推送形式也不是漫无目的的，通过大数据匹配推送用户兴趣相关的内容，大大增加了用户在平台停留的时间。利用抖音营销可以帮助机构积累流量和粉丝。

（3）自媒体营销平台的选择　就如第三方平台一般，每个自媒体平台都有自己独特的媒体环境和用户群体，不同平台上的用户有不同的群体特征，一般来说，喜欢使用同一平台的群体可能会有类似的喜好。因此，医疗美容机构在选择自媒体营销时，建议选择一个平台作为自己的主战场，投放主要的精力，其他平台在精力充足的时候再进行补充。

机构在进行自媒体主战场的选择时，一方面需要考虑你的目标受众是否与该平台匹配，另一方面要考虑自己的擅长风格是否能在该平台上得到很好的反馈。在最初进行选择时，一个可行的办法就是：将相同的内容在不同的平台进行投放，然后观察平台上用户的反应，哪个平台的用户反应最好，就选择哪个作为自己的主战场。在主要的自媒体平台上，机构需要投入最大的精力专注于此，与平台用户做好充分的互动。

机构应投入最大的精力在主要平台上，但这并不代表其他平台就可以完全忽视。尽可能让营销范围更大化，让优质的内容被更多的受众所知晓，才能让同一个内容创造出更多的价值。根据不同平台，目标群体特性的不同，应该有不同的营销策略，但核心内容都是一致的，可以将内容根据不同平台的用户特性及需要进行调整之后再投放，以适应不同平台受众的喜好。

（4）自媒体营销平台的管理　医疗美容机构使用自媒体营销的目的十分明确，就是希望将粉丝转化为机构的消费者，为机构盈利，因此，只有持续做好自媒体的管理，才能真正实现目的，没有管理的自媒体平台，就像一盘散沙，最终成为摆设。

自媒体平台的管理者要时刻关注账号发布的内容，一定要围绕着一个明确的主题和方向去开展，只有固定的风格、稳定的内容，才能形成固定的粉丝群体。一直以来，自媒体就拥有鲜明的人格特性，不要指望你的作品被所有人喜欢，你能吸引的只是一部分自我概念相近的群体，因此，自媒体的定位越单一越好，如果自媒体账号的内容总是飘忽不定，很容易让用户搞不清方向，也不利于平台匹配精准的目标群体。

不管做什么平台的营销管理，内容始终都是最重要的，也是最具核心竞争力的，只要有了好的内容，无论在哪家平台投放，都能达到很好的推广目的。因此，机构在进行营销管理时应该特别注重加强自己的内容建设。

营销平台的管理，除了发布优质的内容，还要关注粉丝的评论和留言，加强与粉丝的互动，善于倾听粉丝的留言，并进行妥善的回复。对于医疗美容机构而言，倾听客户的声音是一件很重要的事，有利于机构了解市场的反馈，有利于品牌的持续改进和发展，有利于建立一种有温度的医患关系。

此外，在进行自媒体管理的时候，一定要了解各个平台的规则，要知道哪些行为是被平台所鼓励的，哪些行为是默认的，哪些行为是平台严厉禁止的，不做违反平台规则的事，让自己的营销内容有计划的推进。如果在做自媒体的时候只是单纯地盯着阅读量和粉丝量，盲目、无规划的进行，最终也只能导致机构陷入自媒体营销的误区。

5. 做好舆情管理　传统媒体不外乎电视、报纸、杂志，媒体数量有限，且稿件刊登都有严格的审查制度，因此传统媒体时代的舆情比较容易监测，舆情管理也比较简单。随着互联网的兴起，自媒体时代网络发布信息越来越自由，一旦有不利于机构的负面信息，将会很快传播，形成不好的势态。尤其是在医疗美容业，医疗美容诞生时，大众对医疗美容持有很大的争议，近年来，虽然大众的接受度在慢慢增加，但一旦有负面信息产生，便会引发公众较大的兴趣和舆论。因此，机构应该时刻监测网络舆情，提前做好危机处理预案，具备处理紧急情况的能力。

（1）舆情管理的重要性　舆情管理可以维护机构的品牌形象，助力品牌良性发展。舆情管理可以及时发现外界对本机构的负面言论，帮助机构及时发现和解决公众的不满和误解，从而维护机构的品牌形象。通过舆情管理，可以将有利于机构的信息进行宣传推广，遏制不良信息的传播，从而保证机构的品牌价值，促进市场营销的良性发展。

舆情管理可以提升公众的信任感，增加患者满意度。医疗美容机构通过舆情监测管理，积极主动地回应舆情，可以增加公众对医院的信任感，提升机构的社会影响力。通过及时了解患者对本机构的意见和建议，促进机构的医疗服务品质，可以增加患者的满意度，提升就医体验。

舆情管理可以进行内容监管，防范危机事件的发生。舆情管理的内容监管，一方面可以规避和减少广告违法违规行为的发生；另一方面可以及时沟通和化解潜在的医疗纠纷，预防危机事件的发生，减少可能产生的损失和负面影响。

因此，医疗美容机构应该组建专业的舆情管理团队，或将本机构的舆情管理交由专业的第三方机构来负责，制定本机构的舆情管理预案，并定期组织人员培训，提高全员的舆情意识。

（2）舆情管理的内容　舆情其实是大众对于信息的一种社会心理反应。舆情的产生具有不确定性和爆发性，因此，只有积极主动地关注舆情，进行舆情管理，才能在突发事件来临时，能够从容应对；甚至抓住时机加以利用，在形势上取得优势。

舆情管理的主要内容包括舆情监测、舆情分析和舆情应对三个方面。

舆情监测：包括内外部的舆情监测。舆情的发生可能在机构的内部，比如纠纷事件的处理不当造成的舆情，也可能是外部产生的。互联网时代的舆情监测主要是指网络舆情监测，对互联网上的信息和言论进行监测。实时掌握与本机构有关的网络舆情动态，这也是进行舆情管理工作的前提。医疗美容机构应建立健全的舆情监测与分析系统，通过舆情监测系统可以密切地关注网络舆论动态，及时了解公众对机构的关注度和评价，随时随地掌握最新的舆情动向。

舆情分析：是指对所监测到的舆情数据进行多角度、全方位的分析，如传播的范围、网民的评论趋势等，得到客观的结论，再将这些结论分享给相关部门的人员，并加以充分的利用。

舆情应对：主要是指出现舆情危机时的处理，如道歉声明、提出解决方案等。危机处理是否得当，对机构的影响是天壤之别的，处理得当不仅不会对机构形象造成太大的损害，甚至可能化危机为转机，成为一次很好的营销，而处理不当可能产生毁灭性的影响。

（3）舆情危机的处理　中国的医疗美容业长期处于一种社会争议的状态中，存在于负面评价系统之内，在信息速度传播极快的今天，一直是处在舆论的风口浪尖上的。随着网络信息时代的到来，信息传播速度和流动程度不断提高，舆情危机发生的频率越来越高，影响也越来越广。出现舆情危机是很正常的，不用过于担心，机构应该以一个良好的心态去面对。

舆情危机的处理总的来说要基于"高效、恰当、真诚、客观"的原则。一般来说可以分三步进行处理。

第一步：事先做好舆情监测和管理。虽然危机的发生是突然爆发的，但事先的预防和准备工作也是必不可少的。作出可能发生的风险预案，具备早期识别舆论动向的能力，在监测到舆论倾向有问题的时候，积极采取行动，比如运用网络化语言、及时跟帖、撰写网络评论等形式参与到网上舆论，引导舆论转向正面积极的方向，防止事态恶化。

第二步：危机发生后立即查找问题的根源，并及时上报。危机发生后，机构应该尽快作出反应，成立专门的处理小组，并及时上报管理者。收集信息、综合分析、讨论对策、指定消除危机的方案，积极正面的处理，可以是公开道歉，可以正面解释，可以开新闻发布会，但最好不要直接发生冲突，争取在最短的时间内把问题处理好，不给事态发酵的机会，处理舆情最忌讳的就是拖泥带水、欲盖弥彰。

第三步：做好事后总结讨论，维护机构的形象。待危机平息之后，将危机事件的发生和处理过程进行总结讨论，吃一堑长一智，与消费者互动沟通，重建大众对机构的信心，维护品牌形象。机构的发展也是在一次次的经验教训中不断成熟与完善的。

舆情危机的处理检验的是一个机构的应急处理能力，优秀的机构不仅应具备危机处理的能力，还应具备防范危机发生的能力和将危机化为转机的意识。

（4）舆情危机的预防　危机是无法彻底避免的，虽然危机的发生具有较大的随机性和不可控性，但总体而言，危机的发生大多都是事出有因的。如果医疗美容机构能够树立科学的"危机观"，重视机构的危机预防，那么大多数的危机事件其实都是可以预防的。预防舆情危机主要可以从以下三个方面入手。

第一，增强全员的危机意识。任何一个机构，无论其性质、规模如何，都免不了出现舆情危机，危机意识的强弱决定了机构能否良好发展。增强全员的危机意识，首先要从管理者开始，重视危机预防，并对全体员工进行危机教育，加强培训，培养从上到下的危机意识，以便于在危机出现的第一时间，全员都能以最快的速度反应。

第二，防范可能形成的危机。一般来讲，任何危机事件的发生都有其产生的信号，危机事件的形成要经历潜伏期、初显期和爆发期。机构应加强监测，以便在危机的潜伏期和初显期及时发现危机苗头，并果断采取行动，将危机控制在萌芽阶段。此外，导致出现医疗美容机构出现危机的原因大多是机构内部的因素、外部环境因素、相关公众因素等。对于外部因素我们无法干预，但机构内部因素，比如人力资源问题、质量安全问题等都是可以加以控制和干预的，只要机构内部主动调整和沟通，让机构的日常运营处于一个良性的状态，就有可能避免危机形成。

第三，提高危机事件的处理水平，化危机为良机。对于已经出现的危机事件，最好的处理方法就是采取紧急行动，快速处理危机。在多媒体网络背景下，舆情危机的传播方式呈现出一种交互式多渠道的传播格局，医疗美容机构必须不断加强培训和学习，提升机构的危机处理水平，不断培养危机管理意识，并能够识别危机中潜在的机遇，意识到危机的双面性质，化危机为良机。

6. 重视客户管理　客户管理有些机构也称之为会员管理，客户管理是医疗美容机构做好营销管理中重要的一步。好的客户管理可以让老客户持续留在机构，为机构创造价值。好的客户管理可以让老客户源源不断地为机构介绍新客户，获得新的市场价值。好的客户管理还可以让客户和机构建立长期的互信，这种互动的关系，不仅可以让客户得到更好的福利和特权，还可以让机构拥有一批稳定经济来源。

医疗美容机构的客户管理可以从以下几个方面开展。

（1）了解客户需求　不同的客户对于美容有不同的需求和期望，因此，医疗美容机构可以通过咨询和问卷调查等方式，了解客户的期望，通过专业的面诊和咨询，帮助他们明确自己的美容需求，获得客户的信任，提供个性化的服务。

（2）进行分层管理　医疗美容机构对于前来的客户应建立详细的客户档案，并根据基本情况、治疗项目、消费习惯等标准对客户进行分层，从中筛选出哪些是能够给机构带来最大价值的客户群体，将主要精力集中在这部分群体上，从而以最低的成本、更高的效率满足客户需要，提高机构的盈利。

（3）建立持续的互信　在进行医疗美容的医患之间的关系不同于单纯的疾病医疗之间，疾病医疗中医患之间的信任是单向的、暂时的，而美容医疗中医患之间的关系是双向的、持久的。在医疗美容机构中，只有医生和客户双方建立了持久的信任感，才能持久的产生价值。

（4）独有的客户体验　只有当客户在该机构能得到其他地方得不到的客户体验时，他才能忠诚地留在机构持续产生价值。这种独有的客户体验，包括舒适的环境、良好的服务、生日节日的祝福以及额外的福利等。此外，还可以根据客户的喜好提供一些个性化的服务，比如咖啡的口味、喜欢的音乐等，这些东西虽是微不足道的，但从细节上的关心会让他们收获意外的快感和喜悦。

（5）主动沟通与回访　机构应该与客户建立良好的沟通渠道，并保持有效的联系。建立回访机制，主动了解客户的需求，了解治疗效果，根据客户反馈及时调整治疗方案，提高客户的满意度。

（6）保持品牌和特色　保持机构的品牌和特色，可以得到客户的尊重，只有维持机构的品质和价格，维护机构的产品质量和档次，才能让客户持续的对机构产生认同感。如果机构品牌和产品降级，会让客户怀疑自己的选择，对机构失去信心。

做好客户管理是实现医疗美容服务和营销成功的关键，通过了解客户需求、进行分层管理、建立持续的互信、独有的客户体验、主动沟通与回访、保持品牌和特色等方式，可以吸引客户，维持客户的满意度，获得客户的信任和忠诚，建立良好的口碑，并不断地改善机构的服务质量，从而提高医疗美容机构的市场竞争力。

医疗美容机构的运营，是在医美服务的特殊性和风险性的基础上进行的。随着人们对美容的需求不断增加，美容市场迅速发展，在新形势下，通过准确的市场调查与分析，全面的营销管理，做好医疗美容机构的运营可以增加品牌的知名度；可以维护好老客户，并吸引潜在新客户；可以建立良好的口碑；可以提高客户的满意度，提升机构的市场竞争力。

·····目标检测

答案解析

1. 医疗美容机构的诊疗范围应包含哪些科室？
2. 简述医疗美容机构实施 6S 管理的意义。
3. 医疗美容机构如何做好质量管理？
4. 市场需求分为哪几种类型？
5. 简述新形势下医疗美容机构应该如何做好营销管理。
6. 医疗美容机构的客户管理可以从哪些方面开展？
7. 医疗美容机构预防舆情危机可以从哪些方面入手？
8. 简述医疗美容机构营销管理的核心任务。
9. 医疗美容机构的服务流程分为哪几步？
10. 什么是医院感染？

（付红艺　曾佳丽）

书网融合……

重点小结　　　　微课　　　　习题

项目六 化妆品导购与促销

学习目标

知识目标：通过本项目的学习，应能掌握化妆品导购技巧和化妆品的销售策略；熟悉美容企业销售管理的目的、方法和技巧；了解市场营销的核心概念、市场营销环境。

能力目标：能运用所学的基本专业知识，结合美容企业的自身特点，分析顾客的需求，制订相应的导购与促销计划，得到顾客的满意和认可。

素质目标：通过本项目的学习，使美容从业人员能对自己未来发展有清晰的规划和战略部署，能结合现有的产品特性进行合理的分析和研究，从而使得整个产业链良性发展。

任务一 市场营销环境分析

情境导入

情境：科学家将4只猴子关在一个密闭房间里，每天喂食很少的食物，让猴子饿得吱吱叫。几天后，实验者从房子上面的小洞放下一串香蕉，一只饿得头昏眼花的大猴子一个箭步冲上前，可是当它还没拿到香蕉时，就被预设机关所泼出的热水烫得全身是伤，当后面三只猴子依次爬上去拿香蕉时，一样被热水烫伤，于是众猴只好望"蕉"兴叹。

几天后，实验者换一只新猴子进入房内，当新猴子肚子饿得也想尝试爬上去吃香蕉时，立刻被其他的猴子制止，并告知有危险，千万不可尝试。实验者再换一只猴子进入，当这只新猴子想吃香蕉时，有趣的事情发生了，这次不仅剩下的老猴子制止它，连没被烫过的半新猴子也极力阻止它。

实验继续，当所有猴子都已换新之后（没有一只猴子曾经被烫过），上头的热水机关也取消了，香蕉唾手可得，仍没有一只猴子敢前去享用。

思考：为什么后来的猴子不敢享用香蕉？联系企业谈感想。

一、市场营销概述

（一）认识市场

1. 市场的含义 营销学中市场的内涵是某种商品所有实际和潜在购买者的需求总和。在营销学的范畴，"市场"往往等同于需求。例如"微整形的市场很大"，并不是指微整形的交易场所很大，而是指人们对微整形的需求很大。

2. 市场的三要素 顾客、购买欲望和购买力，三者缺一不可，在共同作用下才能形成市场。顾客：直接决定着市场的大小；购买欲望：人对某种商品有了欲望和需求才有可能促成购买和消费；购买力：如果只有欲望，但没有购买能力，也不可能形成交换，无法促成消费和购买。

$$市场 = 顾客 + 购买欲望 + 购买力$$

3. 消费者市场的特征

（1）市场广阔，购买人数多而分散　根据最新数据显示，在2024年世界人口排名中，中国人口数量为14亿，是世界上人口排名第二的国家，消费力庞大。

（2）需求差异性大　不同的消费者因其所处的时代、生活习惯、性格特点、宗教信仰、年龄、性别等的不同，呈现出来的需求差异性也有所不同。例如，目前我国的化妆品消费群体已经逐渐被80后、90后所代替，这个年龄层次的消费者消费意识更加前卫、对时尚的追求更加强烈。在经济条件提高的同时，追求更高品质、安全以及可靠的化妆品成为主流旋律，进口化妆品、富有科技含量的院线产品受到了越来越多消费者的青睐。

（3）需求层次有差别　马斯洛需求层次理论提出，人类需求像阶梯一样从低到高按层次分为五种，分别是：生理需求、安全需求、社交需求、尊重需求和自我实现需求。每一个需求层次上的消费者对产品的要求都不一样，即不同的产品满足不同的需求层次。

（二）市场营销的含义

市场营销是个人或群体通过创造以及交换产品和价值，从而满足欲望和需求的社会管理过程。其主要内涵有：营销活动的参与者是一个复数概念，包括卖方和买方、供给方和需求方；买卖双方的主要行为就是交换，"交换"是市场营销的核心；交换所围绕的主要对象是产品或服务；市场营销的最终目标是满足人们的"需要、需求和欲望"。

1. 市场营销的核心概念　市场营销作为一种复杂、连续、综合的社会管理过程，是基于需要、欲望和需求；价值与满意；产品与品牌；交换、交易和关系；市场与网络的核心概念运用之上的。

（1）需要、需求和欲望　人类的需要、需求和欲望是市场营销活动的出发点。需要是指没有得到某些基本满足的感受状态；需求是指对于有能力购买并且愿意购买某个具体产品的欲望；欲望是指想得到基本需要的具体满足物的愿望。

（2）顾客效用、成本和价值　顾客效用是顾客对能满足其需要与欲望的某种商品消费的有效性综合评价；顾客成本是顾客为获得某种效用而必需的支出，包括顾客为获得某种产品要付出的货币成本、时间成本、体力成本和精神成本；顾客价值是顾客效用与顾客成本的比较，顾客成本越低，顾客效用越高，顾客价值就越大。顾客价值越大，说明顾客的满意程度越高，就越容易做出对这个产品的购买决策。

营销工作就是创造、传递和捕捉客户价值，并使其满意。如果产品能够给顾客带来价值和满意，那么就会成功。

（3）交换、交易与关系　交换主要指从他人处取得所需之物，而以自己的某种东西作为回报的行为，它是一种实际发生的过程；交易是营销的度量单位，即双方价值的交换。在交换过程中，如果双方达成一致协议，则称为发生了交易。例如用500元买了一支口红，这就是典型的货币交易，但并非所有的交易都涉及金钱，比如以物换物；关系是通过交易建立良好的社会关系，并以关系的巩固来获得更多的交易机会，营销正是从每一次交易利润最大化，向顾客和其他方面共同获得最大利益的方向转化。

2. 市场营销的作用　市场营销理论渗透到市场经济每个角落，从经营的一种手段上升到一种理念、一种经营哲学、一种文化。

（1）对企业的作用　市场营销是连接社会需求与企业反应的中间环节，是企业用来把消费者需求和市场机会变成有利可图的公司机会的一种行之有效的方法，也是战胜竞争对手的重要方法。企业通过市场调查、发现和创造需求、引导商品生产、销售商品、售后服务等一系列过程，以求得企业生存与发展，实现顾客价值和企业效益。

（2）对社会的作用 有利于社会（市场）资源的有效配置，使资源利用效益得到提高；客观增强了市场主体及企业间的竞争强度，促进企业优化发展，使市场整体结构得到改善。

（3）对个人的作用 市场营销不仅能创造个人的巨大财富，而且成就一个人的一生。如世界汽车销售冠军乔·吉拉德、日本"推销之神"原一平等都是杰出的代表。市场营销在培养人的创新能力、良好心态、业务素质、个人品德修养和技能水平等方面都起到了很好的作用。

知识链接

市场营销在国外企业中的运用

对美国250家大型企业的调查显示，大多管理人员认为企业的首要任务是制定市场营销策略，其次才是控制生产成本和改善人力资源。在世界500强的大企业中，约2/3企业总裁（CEO）是由营销经理升任的。营销部门在企业中的地位很高，且有一定的发言权，新项目或新产品要先经过营销部门的调研和认可，才能到研发部门。就整个企业的运营过程来说，营销既是起点也是终点，它起于市场调研，终于客户服务与满意度调查。

二、美容市场营销环境

美容市场是美容企业从事美容营销活动的出发点，正确理解美容市场的含义是美容企业正确制定营销策略的前提。特别是近年来中国化妆品市场呈现高速增长态势，对比国内外人均消费及新生代消费预算，未来中国美妆市场存在巨大增长空间。只有更好地了解美容市场，才能为更好地满足美容消费者的需求奠定基础。

（一）美容市场营销环境分类

根据营销环境对市场营销活动产生影响的方式和程度，可分为宏观环境和微观环境。企业可借助科学的营销手段认识和预测环境变化趋势。并通过营销组合策略来满足需求、创造需求、引导需求。

市场营销宏观环境也称间接环境，是指对企业营销活动造成市场机会和环境威胁的主要社会力量。分析宏观环境的目的在于更好地认识环境，通过企业营销努力适应社会环境及变化，达到企业营销目标。宏观环境包括人口环境、经济环境、社会环境、政治法律环境、科学技术环境和自然环境六个重要因素。市场营销宏观环境因素间接影响企业的市场营销活动。

市场营销微观环境也称直接环境，是指那些对市场营销起直接影响与制约作用的环境因素。市场营销直接环境对企业的影响虽然不像间接环境那样全面和广泛，但它的影响却更迅速、更直接。

供应商－企业－营销中介－顾客是企业核心营销环境系统，同时，企业营销是否成功，还要受到政府、大众传媒、竞争者等环境的影响，他们共同构成企业营销微观环境的全部内容。

（二）美容市场营销环境评价

企业甄别出对企业产生影响的各种环境因素后，需要对这些影响因素的影响程度与方式进行评价。常用的评价方法有环境态势分析、环境"稳定程度－复杂程度"分析、环境机会分析、环境威胁分析、企业内外环境对照法等。这里主要介绍态势分析法。

态势分析法又称为SWOT分析法，SWOT代表了环境分析的四个方面，即优势、劣势、机会、威胁。优势和劣势是组织机构的内部因素，机会和威胁是组织结构的外部因素。

优势：包括充足的财政来源、良好的企业形象、技术力量、规模经济、产品质量、市场份额、成本优势、广告攻势等。

劣势：包括设备老化、管理混乱、缺少关键技术、研究开发落后、资金短缺等。

机会：包括新产品、新市场、新需求、外国市场壁垒解除、竞争对手失误等。

威胁：包括新竞争对手、替代产品增多、市场紧缩、行业政策变化、经济衰退、突发事件等。

企业内外情况是相互联系的，把企业外部环境所提供的有利条件（机会）和不利条件（威胁）与企业内部条件形成的优势与劣势结合起来分析，有利于企业制定出正确的经营战略。

知识链接

"蓝海"战略

不同语境中，"蓝海"有不同含义：蓝海是一种没有恶性竞争、充满利润和诱惑的新兴市场；蓝海还是一种避免激烈竞争、追求创新的商业战略。

现存市场由两种海洋组成，即"红海"和"蓝海"。红海代表现存的所有产业，即已知的市场空间；"蓝海"代表现今还不存在的产业，即未知的市场空间。"红海"是竞争极端激烈的市场，"蓝海"是通过差异化手段得到的崭新市场领域，企业凭借创新能力获得更快的增长和更高的利润。

"蓝海"战略是企业突破"红海"的残酷竞争，把主要精力放在全力为买卖与自身创造价值的飞跃上，开创新的"无人竞争"的市场空间，彻底甩脱竞争，开创属于自己的一片"蓝海"。

（三）美容业市场环境特点

社会全面小康不仅是生活物质上的小康，同时也包含全民族健康素质的提高。美容业属于我国的第三产业，是以生活为主的第二层次服务业。现代意义上的美容涵盖广泛，包括正确使用化妆品、适当从事健美活动、合理摄取食物、必要时接受医学美容或整形术。可见，"美容"也属于全面建设小康社会的内容之一，从"全面建设小康社会"至"决胜全面建成小康社会"都为美容业带来了蓬勃发展的大好时机。

近年来医美市场发展迅猛，医美市场的迅速崛起主要有以下原因。

1. 医疗美容消费升级需求　基础护肤产品起到的功效不再能满足现代女性对于美观和抗衰老的需求，从而催生出各类医美产品和技术，从最早的"割双眼皮"等基础手术，到现在的新型非手术类美容项目如"水光针""肉毒素"等，这也从侧面反映出社会公众对于医疗美容的接受程度不断提升。

2. 媒体推动、潮流跟风影响　媒体也成了医疗美容普及的无形推手，许多明星、公众人物被报道出整容和新型视频媒体（直播等）在我国的广泛宣传传播，对年轻一代有很大的影响力，增加了他们改变外貌的冲动。

3. 国际环境的影响　当然我们也要注意到，国际环境变化对我国美容业服务营销产生了巨大冲击。随着我国加入世界贸易组织，国门的开放使国外品牌大公司的美容项目和美容产品，风起潮涌般进入中国市场。欧美的美容业发展已有七八十年的历史，其机构规模、人员素质、管理模式、营销模式已趋于完善，对国内美容业发展具有一定的挑战性。

任务二　美容需求分析

情境导入

情境：有一天，一位老太太拎着篮子去菜市场买水果。她来到第一个小贩的水果摊前问道："这李子怎么样？"

"我的李子又大又甜，特别好吃"小贩回答。

老太太摇了摇头，没有买，她向另外一个小贩走去问道"你的李子好吃吗？"

"我这里是李子专卖，各种各样的李子都有，你要什么样的李子？"

"我要买酸一点的。"

"我这篮李子酸得咬一口就流口水，您要多少？"

"来一斤吧。"老太太买完李子继续在市场中逛，又看到一个小贩的摊上也有李子，又大又圆，非常抢眼，便问水果摊后的小贩："你的李子多少钱一斤？"

"您好，您问哪种李子？"

"我要酸一点儿的。"

"别人买李子都要又大又甜的，你为什么要酸的李子呢？"

"我儿媳妇要生孩子了，想吃酸的。"

"老太太，您对儿媳妇真体贴，她想吃酸的，说明一定能给你生个大胖孙子，您要多少？"

"我再来一斤吧。"老太太被小贩说得很高兴，便又买了一斤。

小贩一边称李子一边继续说："孕妇特别需要补充维生素，猕猴桃含有多种维生素，特别适合孕妇，您要给您儿媳妇天天吃猕猴桃，您孙子一定皮肤好又聪明。"

"是吗？好啊，那我就再来一斤猕猴桃。"

"您人真好，谁摊上您这样的婆婆一定有福气。"小贩开始给老太太称猕猴桃，嘴里也不闲着："我每天都在这儿摆摊，水果都是当天从批发市场找新鲜的批发来的，您媳妇要是吃好了，您再来。"

"行。"老太太被小贩说的高兴，提了水果边付账边应承着。

思考：三个小贩对着同样一个老太太，为什么销售的结果完全不一样呢？

一、美容顾客的心理分析

（一）顾客的美容消费心理

女性生理构造与心理情感比较复杂，在消费动机与行为上具有更多的不确定性。男性相对比较理性，消费行为强调产品的物理属性。女性的消费欲望受直观感觉、购买环境、气氛的影响，容易产生购买行为。例如，当女性消费者走进美容院，偶然看见美容师正在进行美容示范，化妆品的气味和护理后的效果对他们都能产生很强的吸引力，进而引发消费动机和消费行为，这种行为具有非理性和突如其来的特点，但在具体行动中，价格往往成为行为的绊脚石，即价格仍是影响消费的重要因素。不过消费者对价格的敏感程度会因情境而异。因此，美容院经营的产品和服务定位应当与自身的形象相匹配。

现代消费心理学研究表明，在品牌社会中，消费者可能从使用的品牌及对不同品牌的喜好来判断自我，每个人对自己都有明确的认知。在品牌选择上会考虑这个品牌是否适合自我形象，所购买产品是否有助于加强自我形象。因此，了解消费者的价值观有助于美容师理解她们的消费行为和心理，并引导对方消费。

1. 女性顾客美容的消费差异心理 在后消费时代，女性的消费心理既体现着传统的特征，又受到经济发展、时尚文化和主流意识的影响，上述共性认识也逐渐演变成为一种新型的情感化和个性化消费观，对某些产品获得心理满足已超过了其本身的使用价值。例如女性认为购买化妆品或做美容护理的价值就是保护皮肤的价值，从情感上说，它能够满足女性爱美及希望容颜不老的心理要求，个性化消费则代表了消费者的独特个性。以下就现代女性在美容消费上的差异化心理进行心理分析。

（1）归属感 受现代传媒制造的阶层划分、生活方式的影响，部分女性总是偏向于将自己划为某种特定的阶层，并以消费高档化妆品或做定期护理来显示自己的消费层次和品味追求，试图寻求和得到该阶层的认同，从而产生一种归属感。

（2）独特性　"上帝创造女人一张脸，女人又给自己一张脸。"言外之意就是女人有两张脸，一张是老天给予的，一张是自我期望的。很多女性心中常有一种"唯我"意识，希望自己与众不同。

（3）攀比心　女性通常喜欢与同一层次和情况相类似的人做横向比较，总想要拥有别人所拥有的或者别人所没有的，而且还要使用比别人更多更好的化妆品。而这种"想要"和"与别人相比较"的心态是永无止境。

（4）满足感　化妆品是一种情感型产品，在使用化妆品或接受美容护理时并不在意其能给自己带来立竿见影的效果，而在乎的是那种愉快与美好的自我暗示，以获得这种满足感。

（5）从众心　在商场经常看到这样的现象，一个柜台前如果围着一堆人，那么当中最多的通常是女性。但是这并不意味着女性喜欢凑热闹，只能说明女性从众心理较强，女性所在的群体和女性羡慕的群体及对某个品牌及场所的评价，能间接拉动她们的消费。

（6）安全感　女性潜意识中会把自己定性为弱势群体，因此她们要尽量避免不健康或者不安全的行为，但她们愿意尝试一切可以表现外在美的东西。另外，各类传媒高呼"女人更需要关爱"的口号，更受到广大爱美女性的推崇。

（7）好奇心　女性天生好奇，对一些新奇或未知的事物充满着好奇心。

（8）情绪化　多愁善感的本质决定了女性拥有一切小女人的情绪化心态。这种情绪化心态会产生一种莫名其妙的消费心理，从而做出一些疯狂举动，如大量购物、突然间购买心仪已久的昂贵商品等，或者他人对其身体某个部位不经意间的评判，都有可能引起女性顾客的某种消费行为。

在美容院的各项服务中，产品品质差异化不是很明显。真正的价格差异在于美容院的环境、店名耳熟能详的程度、产品的包装和美容师的专业程度。随意却别具匠心的装修，商品的包装及陈列的视觉感受，美容师的精神风貌、服务手段及美容师的现场示范和顾客的免费试用等，可以说都是针对情感心理而进行的。所以，美容师应该在推销情感心理的基础上，来进行产品销售和服务销售。

2. 针对差异心理的行为分析

（1）归属感　根据消费者消费层次的不同，以阶层的标准来赞美和恭维对方，促进她们的归属感，从而树立她们的消费信心。例如，"××小姐，这是最符合像您这样的高级白领身份的一支产品，您时尚的个性就是我们的品牌代言。"

（2）独特性　迎合某些女性"拥有唯一"的心理，提供"唯有我用"的诱惑，这不仅能得到很好的收益，还能通过她们向自己同伴宣传而收到免费广告的效果。例如，"××小姐，我们为您调配的产品，是完全针对您个人的，是完全个性化的私人订制服务。"

（3）攀比心　对存在有攀比心理的顾客采用"激将法"，从现有的消费群体中选择一位有背景层次与其相近的顾客作为参照物，这样更能激起对方想要消费的心理。例如，"不好意思，××小姐，这支产品价格较高，所以我还是建议您再考虑下，它也是××现在正在用的一支。"

（4）满足感　曾经有一位心理学家说过："当心情不好时，就稍微化点妆吧，那样会使你快乐许多。"所以，美容院带给女性的满足感应该建立在感性的层面上，要富于气氛与幻想的心理状态。

（5）从众心　应该靠质优价廉的服务来吸引消费者，尽可能制造人气。

（6）安全感　针对这类顾客，美容师应当设身处地，用能引起共鸣的话题引导消费者。

（7）好奇心　让消费者"先行动、再思考"，通过广告引导、试用、老顾客的信息回馈等一系列方式，让顾客在好奇心的驱使下做出冲动的消费选择和行动。

（8）情绪化　顾客处于情绪化状态时是美容院获取利润的大好机会，适时的关爱就能对其消费行为起到推波助澜的效果。

二、美容顾客的需求分析

美容院服务营销的核心任务是了解、适应和满足顾客的需求。需求是人类所必需而又缺乏的事物在头脑中的一种反映。而美容是人们的一种特殊需求，美容顾客的需求具有以下三大特点。

（一）美容顾客需求的多样性

美容顾客各式各样，其最终目的是为获得身心愉快和满足，在美容消费中表现出的需求是多方面的和复杂的，可以从以下方面来分析。

1. 美容顾客的天然性需求　其主要包括生理需求和安全需求，生理需求是对延缓衰老、保持身体健康和身材匀称等的需求。安全需求体现在对美容产品功效如何、是否产生副作用、手术是否有风险、是否会导致变丑甚至毁容的担心上。

2. 美容顾客的社会性需求　其主要包括交往和尊重两方面。顾客去做美容总希望能得到热情友好的接待，希望能与周围的人进行真诚的交往和情感的交流。

3. 美容顾客的精神性需求　其主要包括对美和艺术的追求。

（二）美容顾客需求的层次性

著名的心理学家马斯洛认为，人的需要由低到高依次为生理需要、安全需要、归属与爱的需要、尊重的需要、自我实现的需要。美容顾客的需求也有层次性，为了延缓衰老、永葆青春、解除紧张，为了提高声望、获得尊重、追求美好事物和为了好奇和求知而去美容，这些都是不同层次需求的体现。

（三）美容顾客需求的发展性

人的需求永无止境。美容顾客的需求也在不断发展，一种需求得到满足的同时另一种需求就会相应出现；低层次的需求得到一定程度满足的同时，高层次的需求就会产生。所以，美容院经营者要不断完善美容设施，更新美容设备，不断展现美容服务品质。

知识链接

消费者的类型

1. 习惯型　消费者往往忠于一种或几种品牌，对这些产品十分熟悉信任，注意力稳定，体验深刻，形成习惯。购买时不假思索，不必经过挑选和比较，行动迅速，时间短，容易促成重复购买。

2. 理智型　消费者根据自己的经验和学识判别商品，对商品进行认真的分析，比较和衡量，才做出决定，在购买过程中主观性较强，不愿意外人介入。

3. 经济型　消费者在选购商品时多从经济角度考虑，对商品的价格非常敏感。例如，有的农村中老年吸烟者由于经济条件有限，加之长期养成节俭习惯，倾向于低价卷烟品牌，且对这些品牌的价格很敏感。

4. 冲动型　消费者个性心理反应敏捷，客观刺激物容易引起心理的指向性，其心理反应与心理过程的速度也较快，这种个性因素反映到购买的实施时便呈冲动性，此类行为易受商品、外观质量和广告宣传的影响，以直观感觉为主，新产品、时尚产品对其吸引力较大。

5. 疑虑型　购买行为具有内倾性的心理因素，持这种购买行为的消费者善于观察细小事物，行动谨慎、迟缓，体验深而疑心大；选购商品从不冒失仓促做出决定；听取商品介绍和检查商品时，往往小心谨慎和疑虑重重。

6. 不定型　购买行为常常发生于新购买者。他们缺乏购买经验，购买心理不稳定，往往是随意购买或奉命购买，在选购商品时大多没有主见，表现出不知所措的言行。持这类购买行为的消费者，一般都渴望能得到商品介绍的帮助，并很容易受外界的影响。

任务三　化妆品定位

当今社会，企业对化妆品的研发正在紧锣密鼓地进行，各种护理、保养、彩妆等新型产品层出不穷，这也是国际化妆品市场的新方向。"绿色、自然、环保"已成为全球日化、食品等非耐用消费品业消费的主流呼声。因此，安全、无毒副作用的香料将成为我国化妆品界的新宠。另外，果蔬的美容作用越来越受到人们的认可，从日常食用的瓜果蔬菜中可以摄取人体所需要的天然微量元素，其抗衰老、润肌肤、美容美体且经济实惠，受到人们的青睐，同时也成为一种时尚。尽管流行趋势异彩纷呈，但对于化妆品企业来说，对消费结构必须有一个宏观准确的了解和把握。

一、化妆品分类

（一）洗发、护发用品

随着生活水平的提高，人们生活观念不断更新和进步，对头发的清洗和护理已成为生活中不可缺少的部分。近几年中国的洗发护发市场已渐趋饱和。据调查，洗发护发用品市场半数以上的消费者已形成特定的购买和使用习惯，一般会有规律的在洗发护发品牌间调换使用。

（二）纯化妆用品

全国化妆品品牌有几千个，其中，占据该市场主要地位的是外资合资企业的名牌产品，它们总共的市场份额超过半数。目前中国纯化妆用品的市场还处于未饱和状态，虽然越来越多的中青年女性追逐着彩妆时尚，但大部分人还是素面朝天。另外，当今还有以下日用化妆品业的发展趋势。

1. 儿童化妆品　不少年轻女士使用儿童化妆品。据调查显示，市场上 30% 的儿童化妆品被年轻女士使用。

2. 运动型化妆品　为了展示整体美，体育运动爱好者和形体健美消费者希望运动型化妆品能够具有防止水分流失、防臭、防汗、便于携带、保湿、杀菌等特点。

3. 男士专用化妆品　目前尚未出现旺销态势，但其市场前景及潜力应引起化妆品生产企业的重视。男性购买专用化妆品的市场环境及配套服务的改善，能够更促进中国男性专用化妆品逐步上市。

4. 生物工程产物研发化妆品　此类化妆品开发的主流原料以生物制剂、生物活性提取物、天然植物添加剂为代表。消费者有美白祛斑、控油祛痘等需求，这类化妆品基本上以中草药添加剂或天然原料成分为主。

二、化妆品的产品概念

产品概念是对产品的技术、工作机理和形式的大致描述，能简要的说明该产品如何满足顾客需求，通常采用草图、三维模型表示并附带简要的文字描述。产品概念的质量在很大程度上决定该产品是否满足顾客需求并实现商业化的程度。差的产品概念无论在后续环节中如何努力都是难以获得商业成功的。

产品概念大多数来自顾客现实的需求。例如：20 岁的女性需要什么样的护肤品？首先，20 岁是人生中皮肤的最佳时期，此时皮肤细胞非常活跃，新陈代谢也非常旺盛，从感观分析上讲，这时皮肤的水分充足，光滑而富有弹性，在这个时期，皮肤的护养应该从两个方面进行：一是防晒，二是控油。①防晒：这是人一生都要关注的护养话题，如果能尽早做好防晒工作，能更好地预防光老化。②控油：80%的年轻女性都会因"痘痘"而感到困扰，因此控油就变得非常重要，这个时期应更多地选用清洁性比较强的凝胶型护肤品，而不需要使用营养型和比较厚重、比较稠的化妆品，也不需要使用比较重的粉底和粉底霜，因为它们会堵塞毛孔，造成毛孔粗大，形成皮肤问题，若化妆只需化清淡的妆容。30岁之后，人的新陈代谢和微循环已经开始变得缓慢，这时皮肤的角质层会明显变厚，皮肤显得比较黯淡。困扰亚洲女性最大的问题就是面部色斑，因此30岁女性护肤的一个核心就是怎样更好地祛掉色斑。40岁以后女性脸上岁月的痕迹就开始出现了，皮肤也开始全面老化。这个阶段，皮肤比较粗糙，肤色也会变得不均匀，同时皮肤也会变得比较敏感，皱纹、斑点等比较容易出现，因此可以根据不同年龄层次的肤质特点，开发适合的产品。

从确定顾客需求、建立目标规格开始，到最后形成一系列的产品概念供开发团队做出最后的选择。通常，有效的开发团队会生成数以百计的产品概念，其中有5～20个概念需要在概念选择环节中进行仔细斟酌。好的产品概念生成环节可以使开发团队有信心认为新产品的可开发空间已经被完全拓展。如果团队在研发初期就全面深入探讨新产品概念，就不会在后期又发现更好的产品概念，也不会让竞争对手开发出性能更优越的产品。

现在化妆品的产品概念一方面大多来自天然的植物，从植物中提取美容成分来研发美容产品，比如松茸（学名松口蘑），产于深山且不可人工培育，是极为珍贵的天然药用菌，可以生吃，生吃不仅能养颜抗衰老，还能抑制肥胖。众所周知，人体衰老无可避免，但可以延缓。在引发人体衰老的众多因素中，最大的元凶为自由基，机体内的自由基对人体细胞有氧化损害，易致细胞功能失常，降低各个器官的活性，最终加速人体衰老。研究证实，松茸能增强体内抗氧化物的活性，强化抗氧化防御系统清除自由基的能力，维持体内自由基的平衡，或者直接清除体内过量的自由基，降低机体细胞的过氧化程度，从而延缓机体因氧化损伤所引起的衰老。在影响肤色的因素中，黑色素起着决定性的作用，研究发现，松茸中的松茸多糖能够抑制合成黑色素的关键酶——酪氨酸酶，经过干预黑色素沉积的发生过程，来实现养颜。松茸出众的抗衰老养颜功效，有助于女性延缓衰老、美容美白，在国外已广泛应用于化妆品、保健品等领域，多个化妆品厂家以用松茸作为原料，开发出了深受消费者青睐的产品。

三、化妆品设计开发的要求

（一）产品的设计要确保关注顾客需求

首先建立一个高质量的信息渠道，它使目标市场上的顾客和产品开发者可以直接沟通。首先建立一个假设：那些直接控制产品细节的人，包括工程师和工业设计师，必须与顾客相互沟通并体验产品的使用环节。没有直接的体验，不可能正确地做出技术权衡，也不可能找到解决顾客需求的创新办法，开发团队将永远开发不出能充分满足顾客需求的产品。因此要对顾客进行深入调查，常见的产品开发顾客调查方法如下。

1. 访谈法　一个或多个开发团队成员与单个顾客讨论顾客需求。访谈通常在顾客处进行，一般持续30～60分钟或者更久。在访谈过程中可以向顾客提一些有帮助的问题，或说一些引导性的话语。如"你在何时及为何使用这种产品？""给我们演示一下如何使用这种产品，好吗？""你喜欢现有产品的什么地方？""你不喜欢现有产品的什么地方？""当购买产品时，你考虑了哪些问题？""你希望对产品做哪些改进？"

2. 焦点小组　主持人组织一个由8～12个顾客组成的小组进行长时间的讨论。焦点小组通常安排在一个装有双面镜的特殊房间里，双面镜能让开发团队的成员可以观察该小组，讨论的过程通常会被录像。在大多数情况下，主持人是专业的市场研究人员，开发团队成员有时也可作为主持人，一般来说，这种方式要付给参与者适当费用。

3. 观察使用中的产品　顾客使用现有产品或执行一个需要新产品的工作，都可以揭示顾客需求的重要细节。在理想情况下，团队成员观察在实际环境中使用的产品。

以顾客为中心的产品，是通过依赖于顾客的指标来衡量的，选择的方案应该以顾客为中心。真正了解顾客并为其提供良好服务的企业，应当持续开发适合顾客需求的产品与服务，并在整个过程中遵循以下 4R 原则。

（1）识别（recognition）　深入了解产品与服务过程中的各种机会，致力于认识与辨别机会之所在、是什么样的机会、怎么获得这种机会，以便识别产品与服务中存在的大量机会，努力发现企业应当从哪里着手及如何将这些机会变现。

（2）研究（research）　调查与论证产品或服务怎样为顾客所消费。特别关注使用频率、习惯、客户不满产生的环节及消费群体在购买、使用直至停止使用产品或服务所涉及的时间总量，以便为改进产品与服务提供具体而有价值的参考信息，为新一轮产品与服务的研发积累资料。

（3）回应（respond）　针对产品或服务的具体问题，积极回应顾客的批评、意见和建议。

（4）调整（readjust）　以与顾客建立持久关系的方式调整观念，建立包括微博、对微信在内的网络与新媒体联系桥梁，不断改善产品与服务，以增强长期关系。调整的过程实际上是一个完善产品与服务以强化同顾客之间良好关系的过程。

（二）新产品的设计要具有竞争力

在设计的概念符合现有设计要求的前提下，设计者应在关键参数的设计上赶上甚至超过竞争对手。

（三）更好的产品及工艺协调性

符合生产指标的清晰产品评价，将提高产品的制造能力，使产品与企业的生产能力相匹配。

（四）缩短产品投放时间

结构性的方法将成为设计工程师、制造工程师、工程设计师、市场营销人员和项目经理的共同语言，以加快交流，减少错误。

（五）有效的集体决策

在开发团队内部，组织的理念、指导方针、成员参与的积极性及团队成员的经验都会限制方案选择过程。结构性的方法可以使决策过程基于客观的标准，从而降低武断或者个人的因素对产品概念的影响。

（六）进行概念测试

1. 概念测试过程最初提出的经典问题　如：这些可供选择的概念中，哪些是可以继续进行的？怎样改进概念才能更好地满足顾客的需求？大概能够卖掉多少套产品？研发是否需要继续下去？

2. 后期测试顾客消费倾向反应　如：肯定要买；应该要买；买或不买都有可能；应该不会买；肯定不会买。

（七）开发概念与实际相符

化妆品的开发概念一定要符合肤质的生理特点，而不能凭空想象。例如，美白一直是护肤品工艺的热门项目，为了达到更加有效的美白效果，美容界护肤品工艺对人体肤色的形成过程进行了仔细的研究，试图完善客观评估美白产品功效的技术。一般来说，护肤品工艺减少皮肤色素的三种途径如下：抑制导致皮肤变黑的因素；加快深色皮肤的新陈代谢；抑制制造黑色素的酪氨酸酶的活性。那么，相对应的美白护理无疑要通过以下几种方式。

1. 减少黑色素生成　与"预防胜于治疗"类似，利用防晒霜使皮肤因缺少黑色素生成的刺激而变白，通常这类美白产品配方里都添加了防晒因子。

2. 加速已出现色素沉着的皮肤角质层细胞的新陈代谢　α - 羟基酸及 A 醇可促进皮肤的新陈代谢，帮助消除色素沉着的细胞，使皮肤更明亮，还可使不断更新的基底细胞加快生长分裂速度，这样黑色素细胞进入邻近细胞中的数量就会较少，皮肤就会显著变白。

3. 减少新色素的生物合成　目前市面上出售的美白产品大多通过抑制酪氨酸酶而起作用，通常此类衍生物不能兼具安全性和功效性。以对苯二酚为例，该活性成分因据称有毒而渐遭弃用。于是，近年来新一代功能性美白产品成分——熊果苷成为许多业内人士关注的焦点和开发重点，其结构是对苯二酚的葡萄糖苷，通过抑制酪氨酸酶而起作用，其刺激性及敏感性比对苯二酚小很多。使用浓度为 $1\% \sim 10\%$ ，最好高于 5% 。易溶于水，需添加稳定剂以避免在最终配方中变色。

四、我国化妆品市场 SWOT 分析

（一）优势

1. 在家也能享受美容院般的呵护　SPA 是指一种新式的休闲美容方式，即在一个放松、休闲、享受的美妙场所，由专业美疗师提供的美疗服务。

2. 绿色有机概念受到推崇　消费者的生活价值，会成为化妆品公司设计产品的考量依据。对高品质的化妆品需求，是所有爱美人士共同的愿望。环保、再生、绿色、有机等字眼将会成为化妆品界的重要表述名词。

3. 化妆品不再"重女轻男"　现代社会的男性已经开始重视面子问题，越来越多的男性对自己的皮肤、身材、体味等给予很大的关注和投入。因此，男性的护肤品被大量开发出来，商家们纷纷设计出简单、实用且具有现代感的男性专属护肤品。

（二）劣势

国内企业规模较小，难与国外企业竞争。目前我国国内化妆品企业仍以中小企业为主，难以形成有实力、有竞争力的集团，WTO 的加入，跨国企业让化妆品市场的竞争变得更加激烈。它们不仅在高端产品上占据优势，还在中低端市场上依仗资本和品牌优势，通过对国内品牌的并购整合等措施，不断向国内中低端市场渗透，所以本土化妆品企业赖以为生的中低端市场渠道优势正在急剧消失。

（三）机遇

行业竞争激烈，但没有真正形成垄断，局部市场空间还很大，可以通过研发创新单品来弥补市场空缺，也可以通过个性化的服务取得代理商的信赖。

（四）威胁

价格战、促销战与赠送战愈演愈烈，导致产品的价格降低、利润下滑，从而影响了市场的正常发展。企业招商政策、推广策略、市场服务的千篇一律，很难引起代理商的兴趣。

五、市场细分

小厂家的化妆产品缺乏后向整合能力，只有靠低价格优势在批发市场或市场销售。小商品批发信誉度不高、品牌产品少。若能通过自身的后向整合能力，采用在百货商场或药店等场所设立专柜、开设连锁店和品牌专卖店等措施，就可以在商场中取得高品质服务的专业市场销售方式。

六、目标市场选择

以下以男士专用化妆品市场为例进行说明。

（一）选址策略

尽可能选在交通方便、人流量大的地方，同时还要选在有地位、有身份的人经常出入的地方。

（二）目标市场与定位

男士专用化妆品的市场需求不是很强烈，尚处于导入期。可采用初期与短期广告战略相结合的方式对消费者进行导入，扩大产品的知名度。举例如下。

目标对象：成年男性。

年龄：25~40岁。

家庭收入：20万元左右。

教育程度：本科以上学历。

职业：高级白领、中级经理、中小型私营企业主。

用途：永葆活力、再创辉煌。

价值观：享受生活，注重品味、档次与高雅。

形象观：高贵、庄重、成熟、典雅、时尚。

（三）销售目标

前期目标是扩大知名度，引导消费者注重个人品质，拉拢老客户，发展新客户。

（四）价格策略

价格能比其他同类要高一些，这样才能显示出顾客的尊贵与品味，宗旨在于高档次、高品位、高享受。

（五）销售策略

采用多种灵活的销售模式，针对男性护理不断增加的趋势，将男士专用化妆品销售到男士美容院，直接推荐给男性顾客使用。要有针对性地加强广告宣传，让更多顾客认识和了解男士专用化妆品，采用多种手段销售产品，会达到意想不到的效果。

（六）产品策略

产品组合以系列化套装为主，体现产品多功能、系列化、容易使用等特点，产品内在要自然健康、清新、高档为主，简单、实用是男士专用化妆品的原则，也是经营化妆品的指导思想，可主要以经营国外品牌为主。

1. 洗发护发用品、沐浴用品　根据男士专用化妆品的市场调查，绝大多数中国男士都已养成使用洗发水洗发、沐浴露或香皂沐浴的习惯。所以护发品也拥有一定的消费者，但大多数品牌都是男女混用，如果能让目标消费者使用专门的男士品牌，这一市场容量将会非常大，如提示男女有别、彰显阳刚之气等方式，把握男士的心理特点和审美观，这一决定的转换并不难。

2. 剃须用品　男性肌肤以健康为美，剃须是男人每天的日常，但剃须也会给肌肤带来危害，易在剃须部位出现暗疮。因此在剃须前使用质量较好的剃须泡沫会有较好的毛孔收缩作用，使用须后水、须后蜜等，可以使肌肤柔滑并收紧松弛的皮肤。

3. 洁面用品　洗脸是男士保养肌肤的最主要程序，由于男士肌肤毛孔粗大、油性多、油脂分泌旺盛等特点，容易藏污纳垢，使用清洁力较强的洁面产品可以彻底洗去多余的污垢、油脂并收缩毛孔。

4. 香水   使用香水的男性逐渐增加，不少年轻的女士也在使用古龙、伯龙等男士香水。通常男士香水以清香型和草木型为主，可以选择素馨、百合花、薰衣草、松木、麝香、柑橘、檀香等香型，要求香气雅而不俗、独特超群。

七、市场定位

1. 消费者定位   产品适合什么样的消费群体及消费群体的特征。

2. 渠道定位   品牌适合什么样的渠道运作及渠道的特征。

3. 终端定位   品牌最适合在什么样的终端形式推广及终端的特征。

4. 价格定位   品牌具体以什么样的价格销售及价格的水平。

5. 区域定位   品牌最适合在什么样的区域销售及区域的特征。

6. 品类定位   品牌达到什么样类型的产品及特征。

7. 包装定位   品牌要达到什么样的包装和工艺效果。

8. 功能定位   品牌达到什么样的功能特点及特征。

知识链接

美容产品特征

1. 无形性   也称不可触知性。即顾客在购买之前，一般不能看到、听到、嗅到、触摸得到的服务。美容院的服务蕴藏在美容师身上，只有在顾客购买并实施消费时，美容服务产品才被生产出来。

2. 同步性   也称不可分离性。有形产品从生产、流通到消费的过程具有一定的时间间隔，美容服务则是服务过程和消费过程同时发生，服务与消费不能分离。美容消费者只有通过与美容师合作，积极参与美容服务过程，才能享受到使用价值。

3. 异质性   也称差异性。美容服务构成成分及其质量水平经常变化，很难统一。一方面，美容院不易制定与执行统一的服务质量，难以保证服务质量；即使制定了统一服务标准，但因美容师的气质、修养、性格特点、工作态度、文化与技术水平存在差异，同一服务，由不同人操作，品质也难以完全相同；即使同一人做同样服务，因时间、地点、环境与心态变化的不同，作业成果也难以完全一致。另一方面，由于顾客直接参与美容服务的生产与消费过程，顾客本身的因素，如：知识水平、兴趣、爱好、性格等，也直接影响服务的质量和效果。

4. 易逝性   也称不可储备性。美容院服务的不可感知性，以及服务生产与消费的同时进行，使得服务不能像有形产品一样被储存起来以备未来出售，消费者也不可能将服务购买携带回家安放。因此，美容院的规模、定价与推广，应力求达到人力、物力的充分利用。在需求旺盛时，应想办法解决由于缺乏库存所致的供求不平衡。

5. 缺乏所有权   在美容服务的生产和消费过程中不涉及任何所有权转移。既然美容院服务是无形的，又是不可储存的，在交易完成后便消失了，购买者并没有"实质"地拥有美容服务。

任务四   化妆品导购技巧

情境导入

情境：一个乡下来的小伙子去应聘城里"世界最大"的"应有尽有"百货公司的导购员。老板问他："你以前做过导购员吗？"他回答说："我以前是村里挨家挨户推销的小贩。"老板喜欢他的机灵："你明天可以来上班了，到下班的时候我会来看一下。"

一天的时间对于这个乡下来的小伙子来说太长了，而且还有些难熬。但是年轻人还是熬到了 5 点。快下班时，老板问他："今天做了多少买卖？""1 单。"年轻人回答。"只有 1 单？"老板很吃惊地说，"你这么少？导购员一天基本上可以完成 20~30 单生意呢，你卖了多少钱？""300000 美元。"年轻人回答道。"你怎么卖到那么多钱的？"老板目瞪口呆地问道。乡下来的小伙子回答道："是这样的，一个男士进来买东西，我先卖给他一个小号的鱼钩，然后中号的鱼钩，最后大号的鱼钩，接着我卖给他小号的鱼线，中号的鱼线，最后是大号的鱼线。我问他上哪儿钓鱼，他说海边。我建议他买条船，所以我带他到卖船的专柜，我卖给他长 20 英尺、有两个发动机的纵帆船，然后他说他的大众牌汽车可能拖不动这么大的船。于是我带他去汽车销售区，卖给他一辆丰田新款豪华型汽车。"老板后退两步，几乎难以置信地问道："一个顾客仅仅来买个鱼钩，你就能卖给他这么多东西？"小伙子回答道："不是的，他是来给他的妻子来买卫生棉的。我就告诉他：你的周末算是毁了，干嘛不去钓鱼呢？"

思考：乡下来的小伙子为什么能顺利卖出那么多的东西呢？

随着化妆品销售人员队伍的不断壮大，在产品的导购过程中需要销售人员灵活运用各种导购技巧，对导购能力的要求也越来越高，以下将导购过程归纳为两个阶段，即准备阶段及实战阶段。

一、准备阶段

（一）对产品的准备阶段

要熟悉产品的历史、规模、组织、人事、财务及运作模式、销售政策、规章制度。同时还要能回答顾客可能提出的有关问题，做到对答如流，消除顾客疑虑，使顾客对企业产生信赖感。销售人员更要熟悉公司产品规格、包装、价格、促销、性能、定位、卖点，做到烂熟于心。所以必须做到以下几点：第一，美容知识。包括皮肤的构造、皮肤的分类鉴别与护理及皮肤护理的程序和头发构造、发质的分类等美容美发护理知识。第二，产品知识。包括配方、成分、特点、规格、价格、使用方法、保质期期限等。第三，基本销售技巧。它是导购员成败的关键因素，特别强调通过行之有效的方法将每个潜在顾客变成准客户。

（二）对自己的准备阶段

形象要求如下：淡妆上岗、发型得体、站姿端正、衣着整洁、口齿清晰、口中无异味等。给人一种专业（佩戴胸牌）、亲切（微笑服务牌）、整洁、舒服、端庄、优雅等值得信赖的感觉。同时还应口齿清楚，说话委婉动听，要具有绝对的自信心，即"销售等于销售你的自信"。自信的来源建立在人格魅力上，最主要是对产品性能、使用方式等专业知识了如指掌。语言、行为、眼神及肢体语言都必须传递给顾客一种真诚的感觉。尽量保持亲切大方的微笑，要主动为顾客服务，为顾客考虑，而且要思维敏捷，细心观察顾客的一切细节，大方热情、周到体贴地服务顾客。

二、实战阶段

实战阶段主要有以下步骤：①迎接顾客。主动向顾客靠近并与顾客打招呼，以温和微笑的姿态迎接，表达诚挚、善意的问候。②了解需求。分析顾客的心理，及时解答提出的相关问题，了解顾客的需求。③推销产品。推销顾客所需的产品。④成交。达成销售，并尽可能地促成连带销售。如顺便说一句"配合××产品使用效果会更好，很多都是这样买的"等表明多数消费者都会认同的购买行为。⑤送别顾客。做好售后服务，为已购买的顾客包装产品，对未购买的顾客同样给予诚挚温和的态度。

下面是化妆品销售人员总结的实战步骤。

1. 了解客户需求

（1）观察法　仔细观察顾客的动作、表情、眼神，切忌以貌取人。

（2）询问法　简洁明了地询问一两个问题，例如，"您看了这么久，不知道您想了解哪方面呢？"这样就可以了解顾客的需求，然后有针对性地进行讲解。

（3）倾听法　仔细倾听顾客讲话，适时对其赞美并点头微笑表示认同，在了解顾客的需求后才能"对症下药"，不要盲目进行销售。通过察言观色了解顾客对产品的关注点及购买动机，当然针对不同层次的顾客采用的方式也不同，总之，对顾客态度要热情、诚恳、耐心、细致、全面、具体。

2. 满足需求　具体购买动机包括求实购买动机、求廉购买动机、求便购买动机、求安购买动机、求美购买动机、求名购买动机、求旧购买动机。顾客最关心的不是产品本身，而是产品使用之后带来的效果感受。

3. 试用　试用的目的是满足顾客需要，要避免对顾客的皮肤进行不适当评论。

4. 进一步强调好处　好处主要表现为使用好处（再次）和优惠形式。例如特价、买赠等；利用协助销售上升的工具，包括赠品、限量、时间段等，要有赠品的展示特点，进一步介绍公司产品，连带销售、分析价值等。

5. 成交三原则

（1）主动　超过70%的美容师只向顾客介绍产品却没有提出成交要求。

（2）自信　美容师应用大胆的口吻向顾客提出成交要求，不能支支吾吾，自信是具有感染力的，当你自信时，顾客也对你的产品有信心。

（3）坚持　64%的营销人员没有多次向顾客提出成交要求。

6. 促成成交　取得顾客购买信息、假定同意、连带行动等。不需要等顾客决定购买，应该视同顾客同意购买决定，主要技巧如下：引领顾客消费；给顾客换新的；给顾客包装起来；给顾客拿赠品。常用话术如下："我给您用上吧，像您这样肤质的顾客使用了××水凝氧气膜之后，皮肤真的非常湿润透亮；这个新产品价格是××元，我把它放进您的产品包里。"等，让顾客回答选择题，引导顾客成交。假设成交，帮助顾客决定，回避无论是否要买的问题，而是用语言向顾客描述使用后的效果。

7. 处处体现专业性　在服务过程中，向顾客解释公司独特的手法和手法的作用，要不断询问顾客是否满意和强调顾客的肤质改变。

8. 把握最后机会　帮顾客分析肤质，并针对肤质给出建议，把没有接受的产品选出一些再推荐，并充分利用促销活动。帮助顾客整理头发、整理衣物，并再次通过美容师集体赞美顾客。最后的赞美为"您看，现在皮肤多有光泽，回家你老公肯定要大吃一惊。"

9. 常会遇见的问题　在美容院的销售过程中，对突发事件的处理必须做到冷静，对于反悔顾客的处理，床前就应开始，美容师必须随时掌握。当有反悔的征兆时，应该了解反悔的原因，及时对症下药。前台突然反悔，美容师、前台和院长都应保持冷静，安抚顾客，并注意语言技巧，同时还要了解顾客顾虑的原因。一般而言，过敏顾客分心理过敏和产品过敏两种。对待心理过敏的顾客，要做好安抚工作，先肯定其不是过敏，并消除其对化妆品过敏过于害怕的心理，耐心地为其讲解敏感和过敏的区别及过敏的反应，使其消除心理过敏的诱因；对待过敏的顾客，应耐心告知国家允许化妆品3%的过敏率，再详细了解顾客的过敏史，找出其对产品的哪一类或哪种原料过敏，然后再找出解决方案。总之，在面对突发事件时，必须树立良好的专业形象，并具有良好的情绪控制能力，在充分了解原因的基础上，做好耐心疏导和解释工作，使顾客满意。

10. 常见问题的语言处理

这样做，你们能赚钱吗？——我们追求的是质量，而不是数量。

你们为什么不打广告？——我们追求的是效果而不是形式，并把省下的费用服务于顾客。

老都老了，还做什么美容呢？——美容不是为了漂亮，而是让自己看起来更有精神。

我做美容这么久了，为什么还是这样子？——美容只能延缓衰老，但它不能阻止衰老，维持现状，延缓衰老，就是我们的成功。

我每天很忙碌，没有时间护理。——时间是挤出来的，再忙也要善待自己。

我用了好多产品都没有效果，用了你们的会有效果吗？——在这里有我们的专业美容师根据您的皮肤选择护肤品，会有明显的效果。

我自己在家里护理。——在家里只能凭感觉，而美容院有专业人士使用专业手法和仪器为您提供服务。

我没有钱来护理皮肤。——女人这辈子什么都可以改变，唯有面容不能改，可以有针对性地设计护肤消费计划。

知识链接

导购技巧

重点一："你要给顾客一个什么样的印象？"

例如，当顾客谈到你的时候，他会说"这个人很忠厚老实""这个人值得信赖"或是"这个人很礼貌""这个人介绍的产品很棒""这个人的态度很好""这个人的穿着一流""这个人非常讨人喜欢"。你要事先把你想要给顾客的印象设计出来，写在一张白纸上，每天反复看，并且问自己每天可以做哪些事情来符合这样的一个印象？如此顾客提到你的时候，大部分会说好的事情，而不是不好的事情。这样的良好印象就可能会使顾客大量转介绍，使其他顾客主动上门。

重点二："谁是你的顾客？"

很多时候不是每一种产品都适合每一个人，不是说推销世界最棒的产品就一定会成功。例如有人说，"劳斯莱斯是全世界最棒的车"，可是如果这个顾客只是一个家庭主妇，或者只是带小孩去上课的母亲，她可能不需要劳斯莱斯，即使它是最好的车。所以每一个产品都有它的顾客，你必须很明确地了解谁是你的顾客，尤其是谁是你理想的顾客。

三、话术技巧

（一）话术前奏

让顾客产生信任感。自信的表现为面对顾客时声音不要发抖，腿脚不要哆嗦，声音要有力度，具有震慑力。眼睛直视顾客，这不仅是对顾客的尊重，更是自信的表现。自信建立在销售人员的专业知识上，要对产品性能、使用方式等细节了如指掌。尽量保持亲切大方的微笑，态度热情，切忌以貌取人，服务周到体贴。

（二）话术开始——与顾客沟通，达成这笔交易

1. 问题一 你们这里有没有××化妆品？分析：顾客来的目的就是来买化妆品的，要想方设法留住她。言语应对方法：①不好意思，我们这个店暂时没有，其他分店有，如果您需要的话，我可以让公司抓紧时间送过来。②不好意思，这个牌子的化妆品没有，不过我们这里有和它功效类似的化妆品，现在有很多顾客都在用这款。③不好意思没有，我们公司的产品比较齐全，一定有其他适合您的。④有，这一款卖得很快，回头客很多。⑤有，这一款卖得很快而且正在进行促销呢。⑥很抱歉没

有，您可以试试这个产品，这个产品也很适合你的肤质，也是现在的热销款。

2. **问题二** 我考虑考虑吧，这产品有点贵了。分析：说出此类话是嫌产品太贵超出了预算。言语应对方法：①这款产品价格有些高，是因为所含的营养成分高。一共××元，它可以使用3个月，平均一天只要花××元，就可以让您变漂亮，您说值不值。②现在这款产品正在搞促销，过几天就要恢复原价了。③这是大公司生产的产品，在我们店已经卖了好多年了，质量很有保障。④您可以看看那款产品也挺适合您皮肤的，价格没有这款高，属于性价比较高的产品。

3. **问题三** 顾客进店后不说话，随处逛逛。分析：可能是寻找特价产品，不好意思说出口，也可能纯粹是逛逛。言语应对方法：①您好，要是方便的话，我给您免费试用这款彩妆吧（顾客有时间逛，当然就有时间试用，顾客试用的时间越长，成交的概率越大）。②您好，这是公司的宣传海报，有很多产品正在做活动，您可以看看。③您的包真漂亮/您的孩子真可爱/您的衣服真好看（赞美顾客，拉近与顾客之间的距离）。

4. **问题四** 顾客犹豫不决时。分析：此时顾客属于徘徊期，应假设成交，引导顾客交费。言语应对方法：①我给您换支新的。②我给您包装起来。③这是给您的赠品。④我给您办一张会员卡，以后有更多的优惠。

5. **问题五** 再便宜点吧？分析：顾客讨价还价，希望占点小便宜。言语应对方法：①这是电脑走账，少了钱，店员就得往里垫。②品牌不同是有差异的，像咱们的产品是获得认证的，质量绝对有保障。③现阶段这价位是全国统一价，您上次买是厂家做促销活动，我们真的无能为力了。④一分钱一分货，咱不能只比价钱，得比效果。

6. **问题六** 这个牌子怎么样啊？没听说过。分析：顾客不了解产品情况，最重要的是不相信这款产品的效果。言语应对方法：这是以××为原料，可有效改善皮肤光泽，给予皮肤充分滋润，有效细致毛孔，均匀肤色。

7. **问题七** 这个产品用起来怎么样啊？分析：顾客对产品功效缺乏了解，希望更深入地了解此品牌。言语应对方法：①这是国际品牌，而且使用方便，便于携带，设计也精美。②这款原料较好，上市已经好几年了，会员就有很多，在大城市一直很畅销。③这是大型企业生产的，采用纯进口原料，口碑很好的。

8. **问题八** 这个产品打折吗？有赠品吗？分析：顾客希望自己在做活动时购买，价格是最低最实惠的，不希望自己吃亏。言语应对方法：①这是国际高端品牌，全国统一售价，在任何地方都不打折，购买这种产品可以办理会员，会员积分实际上也相当于打折。②这是国际高端品牌，一直都是进价销售。③现在不打折，但是有赠品相送，这种产品很畅销，目前赠品已经不多了。④现在正在搞活动，可以享受打折优惠，目前这款是限量销售。

9. **问题九** 顾客面对两种化妆品，不知道选哪一种。分析：当顾客还没有下决心购买时，销售人员就应"临门一脚"，替顾客下决心。言语应对方法：①其实这款挺适合您的皮肤的，用上效果一定好。②商品A的保湿效果好，而商品B的主要功效是美白，您是要哪一个呢？③商品A的保湿效果好，商品B的主要功效是美白，但您也可以搭配使用，效果会更好。

10. **问题十** 顾客听完销售人员介绍后，对商品爱不释手，但没有下决心购买。分析：了解没有下决心购买，是价格原因还是质量问题。言语应对方法：①难道你不想给身边的人一个惊喜，让他们眼前一亮吗？②我用的也是这一款，皮肤改善了很多。③这一款是昨天下午调过来的，卖得很快，经常会缺货。

11. **问题十一** 现在可以做护理吗？分析：很明了的询问，希望店里可以及时给予服务。言语应对方法：①现在已经是下班时间，如果你没有什么急事的话，可以坐下来等一会儿，我马上通知美容师回来，可以吗？②××美容师已经调到别的店了，我再安排其他人给你做吧，她的手法也不错，做护理服务很长时间了，找她做的顾客也很多。

12. 问题十二 多给点赠品吧，又不值钱。分析：顾客想价格便宜一点，觉得销售人员可以给自己更多的实惠。言语应对方法：①真的不好意思，试用装也有严格的管理条例，这已经超出了我的能力范围。②能给您的已经给了，其他公司是不允许的。③再买两款可以再赠送你一份赠品。④赠品就是给顾客使用的，但是已经超出我的能力范围了，您可以介绍朋友过来，我申请赠给您一份。⑤赠品是给不了了，不过我们会员持会员卡可以享受超低折扣。⑥赠品真的不能给了，不过会员生日当天有赠品相送。

13. 问题十三 顾客走到前台，开始付款。分析：顾客付款时，心情可能高兴，也可能心事重重。言语应对方法：①姐，以后常来店里，会有您意想不到的惊喜。②姐，您就放心用吧，质量肯定没问题，而且这个价位也不贵，用完您肯定还会再来。

（三）话术终章——给顾客留下好印象

1. 问题一 你们这是什么产品啊？给我退换。分析：此时顾客情绪比较激动，应缓和顾客情绪，找到顾客为什么生气的原因。言语应对方法：①姐，不是产品质量问题公司是不允许退货的。②姐，这是特价打折商品，公司是不允许退换的，而且墙上也挂有说明。③姐，您是按照说明使用的吗？这款化妆品很讲究使用方法的，对手法涂擦轻柔程度要求很严。④姐，这个真的不好意思，给您拿的时候也让您看了，不知道是谁把试用装放里面了，我给您换个新的。⑤姐，真的不好意思，是我们服务不到位，希望您谅解，我给您拿支新的。⑥我给公司反映情况，可以的话，麻烦您下午过来。

2. 问题二 顾客没有买产品，向门口走去。分析：可能是产品原因，也可能是服务不到位。言语应对方法：①姐，这是公司产品介绍的海报，您可以拿回家看看。②姐，请慢走，欢迎下次光临。

3. 问题三 电话回访会员。分析：此时顾客已经使用产品，对产品功效已经有所了解。

言语应对方法：①您好，我是××化妆品机构的工作人员，前几天您在我们店购买了一款化妆品，现在您方便接受下回访吗？②感谢您对我们的支持，现在公司这款产品正在做活动，您可以抓紧时间过来看看。③不好意思，打扰您了，再见。

不管成交与否都应提前一步给顾客开门，并微笑说"慢走"。如果没有销售成功，但是顾客确实很有消费能力，可以赠送她一些试用装或杂志，让她回去试用或阅读。送走顾客后，要先记录好顾客的信息，方便以后查阅。记录信息主要包括姓名、编号、联系方式、购买金额等。发现产品缺货，及时做好记录，向公司配送中心要货。打扫室内卫生，擦拭化妆品专柜，时刻保持化妆品柜台表面的整洁卫生。最后店内无顾客光顾时，和同伴一起站在门口迎接顾客的到来。

知识链接

导购"六步法"

1. 迎

（1）动作

精神状态：衣着整洁、身姿矫健、声音洪亮、步伐快捷，微微领首，眼睛平视对方，微笑（在对方目光触及你的第一眼）。

脚步：轻快、上前几步迎接。

问候：先生/女士，您好/下午好。

（2）初判客户

看交通工具：车，判断是否有经济实力。

看人：男看皮鞋，女看背包。

看走路：进门还要东张西望观察一下，这种人比较谨慎。

2. 跟 动作：先让顾客巡视，可立于顾客的侧旁，伺机而动，距离为 1.5 米左右；角度最好保持在顾客目光容易触及的地方。

3. 问

（1）"二选一"选择型诱导 "是…还是…"对客户的诱导性很强。

（2）组合调查型诱导 泛泛而谈之后，给出有利于我方的参考答案。

（3）反问型诱导 对对方的问题反问，测试对方的兴趣点，或从不好回答的问题中解放出来，将球抛给对方。

4. 听

（1）当一面镜子 别人微笑时，你也微笑。

（2）让对方感到专心 使用"原来如此…""是的…""明白了…"一类的语句。

（3）不直接转移话题 表明你在专心听，让客户感受到重视。

（4）倾听弦外之音 顾客没有说出的部分比说出的部分更重要，要注意对方语调、手势等身体语言的变化。

5. 说

（1）"三十秒"说法 世界最著名的咨询公司麦肯锡一个重大发明是三十秒说清给客户带来的最终利益。

（2）产品介绍法 顾客指出的商品不足是无可辩驳的客观事实，可先肯定顾客说的是事实，再引导顾客看到好处，肯定对方会提问题（变相赞美），然后再说自己对这个问题的看法。不认同对方的观点时，可肯定对方的感受是有道理的，然后说出自己的看法。

6. 坐 问候为先，请顾客喝杯水，休息一下；请顾客看产品资料、成交顾客档案、图片资料。

任务五 化妆品销售策略

情境导入

情境：某加盟美容院开业后，开展了一系列的促销活动，如：免费讲解皮肤护理知识、免费测试皮肤、派发免费美容卡、发放服务优惠卡等，但效果不甚理想，经营 3 个月，业绩惨淡。

总部根据该美容院在当地知名度较小、顾客少、业绩差、同行业之间竞争同质化严重等不利因素，策划实施了一次慈善活动。活动主题是"关注弱势群体，做爱心美丽母亲"，主办方联系了民政、妇联等部门和相关媒体，找了一位丧失双亲却自强不息的失学小女孩，呼吁社会关注弱势群体中的失学儿童，公布了爱心卡的捐赠规则，即购买该美容院一定服务卡的顾客，由美容院代顾客捐助一定额度的救助金，让顾客美丽的同时也向社会捐献了爱心。这个活动做得非常成功，活动结束，光爱心卡就卖出了近 10 万元。而美容院在当地的知名度也大大提升。

思考：化妆品销售可采用哪些销售策略？

一、促销组合策略

促销是企业通过各种方式和目标市场之间双向传递信息，以启发、推动和创造对企业产品的需求，引起购买欲望和购买行为。促销组合是企业根据促销的需要，对广告、人员推销、销售促进等各种促销方式进行适当选择和编配。美容企业的促销方式包括广告、人员推销、公共关系、销售促进等。

促销组合的构成要素包括广义和狭义两方面。广义包括产品功能、式样、包装的颜色与外观、价格、品牌、分销渠道等，都是从不同角度传播产品的某些信息，推动对产品的需求；狭义包括各种形式的广告、展销会、商品陈列、销售辅助物（目录、说明书）、劝诱工具（竞争、赠送样品、彩券）以及宣传等。

（一）促销策略组合

促销策略组合是对各促销手段的选择以及在组合中侧重使用某种促销手段。

1. 推式策略　利用推销人员与中间商促销，将产品推入渠道策略。这一策略需利用大量推销人员推销产品，适用于生产者和中间商对产品前景看法一致的产品。推式策略风险小、推销周期短、资金回收快，但前提条件必须有中间商的共识和配合。

美容业推式策略常用的方式有：推销人员上门推销；提供各种售前、售中、售后服务和促销等。

2. 拉式策略　企业针对最终消费者展开广告攻势，把产品信息介绍给目标市场消费者，使人产生强烈的购买欲望，形成急切的市场需求，拉引中间商纷纷要求经销。在美容市场营销过程中，由于中间商与生产者对某些新产品的市场前景常有不同的看法，很多新产品上市时中间商往往因过高估计市场风险而不愿意经销。在这种情况下，美容企业只能先向消费者直接推销，然后拉引中间商经销。

美容业拉式策略常用的方式有：价格促销、广告、展览促销、代销、试销等。

3. 推拉结合策略　在通常情况下，企业也可以把上述两种策略配合起来运用，在向中间商进行大力促销的同时，通过广告刺激市场需求。在"推式"促销的同时进行"拉式"促销，用双向的促销努力把产品推向市场，这比单独地利用推式策略或拉式策略更为有效。

（二）影响促销组合因素

由于不同的促销手段具有不同的特点，企业要想制定出最佳组合策略，就必须对促销组合进行选择。美容企业在选择最佳促销组合时，应考虑以下因素。

1. 产品类型　产品类型不同，购买差异就很大，不同类型产品应采用相应的促销策略。一般来说，消费者主要依靠广告，然后是销售促进、人员推销和宣传；生产资料主要依靠人员推销，然后是销售促进、广告和宣传。

2. 产品生命周期　处在不同时期的产品，促销的重点目标不同，所以采用的促销方式也有所区别。在导入期和成熟期，促销活动十分重要，而在衰退期则可降低促销费用支出，缩小促销规模，以保证足够的利润收入。

3. 市场状况　市场需求情况不同，采取的促销组合也不同，一般来说市场范围小、潜在顾客较少或产品专用程度较高的市场应以人员推销为主，对于无差异市场，因其用户分散、范围广，应以广告宣传为主。

知识链接

美容院促销窍门

1. 利用低门槛体验价促销，吸引顾客体验。

2. 利用折扣让顾客开办年卡。

3. 利用周年店庆、年终活动、节假日等做促销。

4. 在顾客生日等特殊日子时推出优惠。

5. 与整形医院、化妆品店、纹饰店等不同类别的美容行业店面或各大超市、时装店、西餐厅等不同行业的门店联手合作。

6. 老顾客介绍新顾客优惠方法。

二、人员推销策略

人员推销是一种传统的促销方式，在现代美容市场营销活动中仍起着十分重要的作用。国内外许多企业在人员推销方面的费用支出要远远大于在其他促销方面的费用支出。实践表明，人员推销与其他促销手段相比具有不可替代的作用。

人员推销是指企业派出推销人员直接与顾客接触、洽谈、宣传产品，以达到促进销售目的的活动过程。西方营销专家认为，今天的世界是一个需要推销的世界，大家都在以不同形式进行推销，人人都是推销人员，如：科研单位在推销技术，医生在推销医术，教师推销知识。推销无时不在，无处不在。与广告、销售促进等促销方式相比，人员推销有其特有的优势。

1. 亲切感强　满足顾客需要是保证销售达成的关键，推销人员愿意在许多方面为顾客提供服务，帮助他们解决问题。因此，推销人员通过同顾客面对面交流，消除疑惑，加强沟通，同时，双方在交流过程中可能建立起信任和友谊关系。

2. 说服力强　推销人员通过现场示范，介绍商品功能，回答顾客问题，可以立即获知顾客的反应，并据此适时调整自己的推销策略和方法，使顾客信服。

3. 针对性强　广告所面对的范围广泛，其中有相当部分人不可能成为企业的顾客，而人员推销总是带有一定的倾向性访问顾客，目标明确，可以直达顾客，无效劳动较少。

4. 竞争性强　各个推销人员之间很容易产生竞争，在一定物质利益机制驱动下，会促使这一工作做得更好。

三、广告策略

企业要实施广告决策，首先要确定广告活动的具体目标。没有具体有效的广告目标，企业就不可能对广告活动进行有效的决策、指导和监督，也无法对广告活动效果进行评价。

确定广告目标应注意以下原则：一是广告目标要易于测定；二是广告目标要服从企业营销总目标；三是广告目标的确定要获得有关部门同意。

（一）广告目标类型

1. 产品销售额目标　企业可以根据产品销售情况来确定广告目标，但必须建立在广告是促进产品销售增加的唯一因素，或者至少是最主要因素的基础上。因此，以产品销售额作为广告目标往往只适合少数美容产品，对于大多数以普通方式销售的美容产品，这种方式并不适用。

2. 创造品牌目标　开发新产品和开拓新市场时，通过广告能对产品性能、特点和用途进行宣传介绍，提高消费者对产品的认识程度。具体内容包括：向市场告知有关新产品情况；通知市场有关价格的变化情况；说明新产品如何使用；描述所提供的各种服务；纠正错误的印象；树立公司形象。

3. 保牌广告目标　巩固已有的产品市场，深入开发潜在市场和刺激购买需求，提高产品市场占有率。通过连续广告，加深消费者对已有产品的认识和印象，使显在消费者养成消费习惯，使潜在消费者发生兴趣，并促成其购买行为。广告诉求重点是保持消费者对广告产品的好感、偏爱，增强其信心。具体内容包括建立品牌偏好；改变顾客对产品属性的知觉；保持最高的知名度。

4. 竞争广告目标　加强产品宣传竞争，提高产品市场竞争能力。广告诉求重点是宣传本产品的优异之处，使消费者认识到本产品的好处，增强对广告的偏爱，指名购买，并争取偏好其他产品的消费者转而购买本企业产品。

（二）广告预算

美容企业确定广告预算的主要方法有以下几种。

1. 销售百分比法 以一定期限内销售额的一定比率计算出广告费总额。可细分为计划销售额百分比法、上年销售额百分比法、两者的综合折中百分比法、计划销售增加额百分比法四种。

2. 利润百分率法 计算上较简便，使广告费和利润直接挂钩，适合于不同产品间的广告费分配。但是，这一方法对新上市产品不适合，新产品上市需要做大量广告，广告开支比例自然就大。

3. 目标任务法 根据企业战略目标确定广告目标，决定为达到这种目标而必须执行的工作任务，估算完成这些任务所需要的广告预算。这一方法对新产品发动强力推销是很有益处的，可以灵活地根据市场营销的变化来调整费用，较易于检查广告效果。缺点是没有从成本的观点出发来考虑某一广告目标是否值得追求。

4. 量力而行法 企业确定广告预算的依据是所能拿出的资金数额，企业根据财力情况决定广告开支。

5. 竞争对抗法 根据竞争对手的广告费开支来确定本企业的广告预算，在这里，广告主明确把广告当作了进行市场竞争的工具。

（三）选择广告媒体

广告效用不仅与广告信息有关，也与广告主所选用的广告媒体有关。运用的广告媒介不同，广告费用、广告设计、广告策略、广告效果等也不同。

1. 媒体调查 媒体调查是为了掌握各个广告媒体单位的经验状况和工作效能，以便根据广告目标来选择媒体。

（1）**报刊媒体调查** 包括发行量、发行区域分布、读者层构成、发行周期、信誉等。

（2）**广播电视媒体调查** 包括传播区域、视听率、视听者层等。

（3）**网络媒体调查** 包括各类搜索引擎、浏览器、网站、网页、社交网络媒体和各种网络自媒体等。

（4）**其他广告媒介调查** 包括交通广告、路牌、霓虹灯广告等，主要通过调查交通人流量、乘客人员来匡算测定，邮寄广告则通过发信名单进行抽查即可。

2. 媒体选择 企业在选择媒体时要考虑如下因素。

（1）**目标顾客的媒体习惯** 人们在接受信息时，一般是根据自己的需要和喜好来选择媒体。分析目标顾客的媒体习惯，能够更有针对性地选择广告媒体，提高广告效果。

（2）**媒体特点** 不同媒体的市场覆盖面、市场反应程度、可信性等均有不同的特点。

（3）**产品特性** 不同产品在展示形象时对媒体有不同要求。

（4）**媒体费用** 不同媒体所需成本也是媒体选择所必须考虑的因素之一。考虑媒体费用不能仅分析绝对费用，还要研究相对费用，即沟通对象的人数构成与费用之间的相对关系。

（四）广告效果评价

广告效果主要包括三个方面，即传播效果、促销效果和心理效果。传播效果是广告被认知和被接受的情况，如广告的覆盖面、接触率、注意度、记忆度和理解度等；促销效果是广告所引起的产品销售情况，即广告最为明显的实际效果；心理效果是广告所引起的广告受众的心理反应，使消费者对企业好感的增加，建立起品牌忠实度。

1. 方法

（1）**事先评价方法** 事先评价是在广告设计完成之后和投入传播之前，在小范围内进行的传播效果测试。事先评价主要是采用"德尔菲法"和"残象测试法。"

德尔菲法：即组织消费者小组或广告专家小组观看各种广告，然后对广告作出评定。

残象测试法：即将已设计好的广告进行短暂的展示，作品撤走后，立即询问对该广告的残留印象。如果残留印象正是广告所突出的主题，说明广告是成功的，否则是失败的。

（2）事后评价法　包括记录、回忆、即时监测、比较等。

2. 评价

（1）广告传播效果评价　①接收率：指接收某种媒体广告信息人数占该媒体总人数的比率；②认知率：指接收到广告信息的人数中，真正理解广告内容人的比率，反映广告传播效果的深度。

（2）广告促销效果评价　广告促销效果比传播效果更难测量，因为除了广告因素外，销售还受到许多其他因素的影响，如产品特色、价格等。采用邮寄广告方式时，广告销售效果最容易测量，而品牌广告或企业形象广告的销售效果最难测量。

（3）广告心理效果评价　广告心理效果的测定，是以广告的收视率、兴趣和欲望，产品知名度和美誉度等间接促进销售的因素为依据，接收人对广告的印象，以及所引起的心理效果。

企业形象一般用知名度和美誉度两项指标来衡量，通过广告前后对固定对象的调查，了解企业形象的变化。

四、销售促进策略

销售促进策略是指企业在某一段时期内采用特殊手段，对消费者和中间商实行强烈刺激，以促进销售迅速增长的非常规、非经常性使用的促销行为。与人员推销、广告等经常性促销手段相比，销售促进不能经常使用，只能用于解决一些短期的、具体的促销任务。随着市场竞争的日益激烈，销售促进的使用越来越受到企业的重视。

品牌声誉不高的产品采用销售促进的较多，而品牌产品主要依靠品牌形象取胜，过多使用销售促进可能降低品牌声誉。对于价格弹性较大的产品比较适用，而价格弹性小、品质要求高的产品不宜过多使用销售促进手段。依据对象不同，销售促进可以分为面向消费者消费促进、面向中间商销售促进、面向本企业推销员销售促进三种类型。三种类型的销售促进均有一系列方式。人员推销和广告一般需要一个较长周期才能显示出效应，而销售促进只要选择得当，效益能很快地体现出来。

（一）对中间商销售促进

对中间商销售促进是指吸引高质量中间商经营本企业产品，维持较高水平的存货，抵制竞争对手的促销影响，获得更多合作和支持。主要的销售促进方式有以下几种。

1. 销售津贴　也称销售回扣，是最具代表性的销售促进方。为了感谢中间商而给予的一种津贴，如广告津贴、展销津贴、陈列津贴、宣传津贴等。

2. 列名广告　企业在广告中列出经销商的名称和地址，告知消费者前去购买，提高经销商的知名度。

3. 赠品　包括赠送有关设备和广告赠品。向中间商赠送陈列商品、销售商品、储存商品或计量商品所需要的设备，如货柜、冰柜、容器、电子秤等；日常办公用品和日常生活用品，上面印有企业的品牌或标志。

4. 销售竞赛　事先向所有参加者公布获奖条件、获奖内容，获胜者可以获得现金或实物奖励，这一方式可以极大提高中间商的推销热情，如获胜者的海外旅游奖励等已被越来越多的企业采用。

5. 业务会议和展销会　企业一年举行几次业务会议或展销会，邀请中间商参加，在会上，可一方面介绍商品知识，另一方面现场演示操作。

（二）对消费者销售促进

鼓励消费者更多地使用产品，促使其大量购买。主要方式有以下几种。

1. 赠送样品　企业免费向消费者赠送商品样品，促使消费者了解商品性能与特点，样品赠送方式可以上门赠送，也可以通过快递寄送；可以在购物场所发放，也可以附在其他商品上赠送等。多用于新产品促销。

2. 有奖销售 给购买者以一定奖项的办法来促进购买。奖项可以是实物，也可以是现金，常见的有幸运抽奖，顾客只要购买一定量产品，即可得到一个抽奖机会，多买多奖，或当场摸奖或规定日期开奖，也可以采取附赠方式，即对每位购买者另赠纪念品。

3. 现场示范 利用销售现场进行商品的操作表演，突出商品的优点，显示和证实产品性能和质量，刺激消费者的购买欲望。现场示范属于动态展示，效果往往优于静态展示，特别适合新产品推出或使用比较复杂的商品。

4. 廉价包装 在产品质量不变的前提下，使用简单廉价的包装，而售价有一定削减。

5. 折价券 以低于商品标价购买商品的一种凭证，也称为优惠券、折扣券。消费者凭此券获得购买商品的价格优惠。折价券可以邮寄、附在其他商品中或在广告中附赠。美容院可以利用折扣方法让顾客开办年卡，在美容院显眼的位置挂上如下字样"护理价目表：恕不讲价，敬请谅解。单次九折，月卡八折，季度卡七折，半年卡六折，年卡五折。"如果顾客对产品效果以及服务态度等因素均满意的话，那么精明的顾客一定会选择开年卡，如果费用太高，可以采取分期付款的方式。

（三）对本企业推销员销售促进

激励推销员提高业绩，促使销售增长。主要方式有：奖金、推销会议、推销竞赛、旅游。面向本企业推销员销售促进的面较窄，同时它又可以看作企业内部管理的范畴，所以销售促进主要是采用前述两种类型。

知识链接

互联网浪潮下的人员推销方式——社群营销

社群营销就是基于相同或类似的兴趣爱好，通过某种载体聚集人气，通过产品或服务满足群体需求而产生的商业形态。社群营销的载体不局限于微信、QQ、各种平台，甚至线下的平台和社区都可以做社群营销。他们有相同的属性、有统一的目标和规则。一个社群必须具备3个要素：相同的属性标签、相同的目标、自己的运营制度。

例如：一个女生最近想减肥，她就建一个减肥群，她在群里每天坚持截图晒体重，一边和别人交流减肥心得，一边学习减肥食谱。后来，她发现这个减肥社群多达几百人的时候，就开始分享减肥技巧，或者推荐减肥食品，然后就开始赚钱了。只要你知道自己想做什么，你便可以建立一个社群，如你爱好摄影，就可以建一个摄影群，每天讨论摄影技巧；如你对服装搭配很有研究，就可以建个群来分享搭配经验，甚至可以在群里面销售衣服或者其他产品。

目标检测

答案解析

1. 市场的三要素是什么？
2. 简述市场营销对企业的作用。
3. 简述美容市场营销环境的分类。
4. 什么是态势分析法？
5. 美容顾客的天然性需求体现在哪些方面？
6. 医美市场崛起的主要原因有哪些？

7. 在导购技巧中的准备阶段包括哪些内容?

8. 可以通过哪些方法了解客户需求?

9. 美容企业在选择最佳促销组合时,应考虑哪些因素?

10. 一家社区生活型美容院可以采用哪些促销策略?

(邹 鑫 黄远珺)

书网融合……

重点小结	微课	习题

项目七 美容企业新媒体运营

PPT

学习目标

知识目标：通过本项目的学习，应能掌握美容企业新媒体运营方法；熟悉美容企业新媒体相关概念、分类以及主流媒体平台账号注册及运营要点；了解美容企业新媒体运营策略。

能力目标：具备美容企业新媒体主流平台账号注册及日常运营能力。

素质目标：通过本项目的学习，具备美容企业新媒体日常运营相关知识，认识新媒体运营对美容企业营销的重要性。

情境导入

情境：周女士投资开办了一家美容机构，需要通过新媒体渠道打响品牌、做好推广、吸引客户，应该选择哪些平台？如何做好账号定位？

思考：请为周女士做一份美容机构新媒体矩阵号搭建的策划方案。

新媒体主要指的是利用数字技术、网络技术和移动通信技术等现代信息技术手段，通过互联网、移动终端等平台，向用户提供各种信息和服务的传播方式。新媒体的出现，极大地改变了传统信息传播的方式和速度，为人们的生活、工作、学习带来了前所未有的便捷。那么，新媒体具体包括哪些方面呢？我们又能从哪些方面来理解和把握新媒体的发展趋势呢？

一、新媒体发展

首先，从技术层面来看，新媒体的发展离不开互联网、移动通信、大数据、人工智能等先进技术的支持。这些技术在不断迭代和升级，为新媒体提供了更高效、更个性化的传播手段。例如，现在流行的智能推荐算法，可以根据每个用户的行为和喜好，为他们推送量身定制的信息和服务。这使得信息传播更加精准，提高了用户的使用体验。

其次，从传播渠道来看，新媒体包括传统的互联网平台、社交媒体、短视频平台、直播平台、电商平台等多种形式。这些平台不仅丰富了信息传播的形态，还让用户参与到内容的生产和传播过程中，形成了多元化的传播网络。以社交媒体为例，用户可以通过朋友圈、微博、抖音等平台，随时随地分享自己的生活和观点，与朋友、家人和陌生人互动，从而使信息传播更加迅速、广泛。

再次，从内容层面来看，新媒体时代的信息传播呈现出多样化、个性化的特点。用户可以根据自己的兴趣和需求，选择关注的话题、订阅的公众号、观看的视频等。同时，新媒体还为创作者提供了广阔的创作空间，他们可以通过短视频、直播、写作等方式，分享自己的知识和经验，成为受人尊敬的"网红"。

此外，新媒体对传统产业产生了深刻的影响。例如，在美容企业领域，线上美容美妆平台如雨后春笋般涌现，让更多人能够随时随地学习，选择自己的商品；在购物领域，电商平台的发展使得消费者可以轻松购买到全球各地的商品，享受便捷的物流服务；在娱乐领域，网络游戏、短视频、直播等新媒体形式，为人们提供了丰富多样的娱乐方式。

最后，新媒体的发展也带来了一系列挑战，如信息泄露、谣言传播、网络暴力等问题。因此，我们应加强对新媒体的监管，规范市场秩序，保护用户的合法权益。同时，新媒体从业者和用户也应自觉承担起社会责任，传播正能量，为构建健康、文明、和谐的网络空间贡献力量。

总之，新媒体是一个充满活力、快速发展的领域。它不仅改变了人们的生活方式，还对各行各业产生了深远的影响。面对新媒体的发展，我们应关注其技术、渠道、内容等方面的变化，把握机遇，应对挑战，共同推动新媒体行业的繁荣和发展。而新媒体在美容行业的应用不仅推动了行业的数字化转型，也为品牌营销和客户关系管理提供了新的途径和工具。美容企业需要紧跟这些趋势，利用新媒体的优势，提升品牌影响力和市场竞争力。

二、新媒体分类

新媒体的发展日新月异，其分类也随着技术的不断创新和应用场景的丰富而多样化。总的来说，新媒体可以分为以下几种类型。

（一）基于内容的新媒体

1. 社交媒体 以人际互动为核心，用户提供文字、图片、视频等多种形式的内容，如微博、微信、抖音等。

2. 资讯类平台 以传播新闻、资讯为主要功能，如今日头条、一点资讯等。

3. 娱乐媒体 以提供娱乐内容为主，包括直播、短视频、音频等，如斗鱼、虎牙、喜马拉雅等。

4. 教育类平台 以在线教育、知识传播为主要目的，如网易云课堂、得到等。

5. 电商平台 融合购物、支付、物流等功能，如淘宝、京东、拼多多等。

（二）基于技术的新媒体

1. 人工智能媒体 利用人工智能技术进行内容创作、推荐和分发，如好奇心日报、财联社等。

2. 虚拟现实（VR）媒体 通过虚拟现实技术为用户提供沉浸式的体验，如 VR 新闻、全景视频等。

3. 增强现实（AR）媒体 通过增强现实技术将虚拟内容与现实世界结合，如支付宝 AR 红包、Pokemon Go 等。

4. 物联网（IOT）媒体 依托物联网技术，实现设备与设备、人与设备之间的智能互动，如智能家居控制系统等。

（三）基于商业模式的新媒体

1. 广告模式 通过广告收入维持运营，如百度、腾讯等企业的广告业务。

2. 会员制模式 提供付费会员服务，享受独家内容、优先权益等，如爱奇艺、优酷等。

3. 内容付费模式 为高质量、独家内容设置门槛，用户需付费才能获取，如知识星球、知乎Live 等。

4. 电商平台模式 通过线上销售产品或服务盈利，如网易严选、小红书等。

5. 直播带货模式 借助直播平台进行商品销售，如网红的直播带货业务。

（四）基于地域的新媒体

1. 国内新媒体 立足国内市场，为国内用户提供服务，如新浪、搜狐等。

2. 国外新媒体 面向全球市场，如 Facebook、Twitter、YouTube 等。

综上所述，新媒体的分类繁多，各具特色。随着科技的进步和市场需求的变化，新媒体的类型还将不断拓展和创新。

三、美容企业新媒体发展现状

（一）抖音号美容企业内容分析

在美容企业领域，抖音平台上的美妆教程、化妆技巧、护肤心得等内容备受女性用户喜爱。

1. 抖音美妆美容数据分析

（1）用户画像　在抖音平台上，美妆美容用户主要以年轻女性为主，年龄集中在18～30岁，追求时尚、注重个性表达。她们对美妆护肤知识有较高的需求，喜欢尝试新鲜事物，注重产品质量。

（2）内容类型　抖音美妆美容内容丰富多样，包括美妆教程、化妆技巧、护肤心得、美妆种草等。其中，美妆教程类内容最受欢迎，用户可通过短视频学习到实用的化妆技巧，提升自己的美妆技能。

（3）热门话题　抖音平台上的美妆美容热门话题不断变化，反映了市场趋势和消费者需求。例如，近期绿色美容、无痕妆、口罩妆等话题备受关注，美妆品牌可紧跟潮流，推出相应产品，满足消费者需求。

（4）品牌竞争格局　抖音美妆美容市场竞争激烈，众多国内外品牌争相入驻。品牌间需通过优质内容、互动营销、优惠活动等手段，提升品牌知名度和用户黏性。

2. 抖音美妆美容营销特点

（1）内容创新　品牌需不断创作具有创意和价值的美妆美容内容，以吸引用户关注。可结合热点话题、网红元素，推出独特的美妆教程和产品试用体验，提升用户参与度。

（2）网红合作　与具有较高影响力的美妆网红合作，借助其粉丝资源，扩大品牌曝光度。同时，鼓励网红创作符合品牌形象的内容，提升品牌口碑。

（3）互动营销　通过举办线上美妆大赛、征集美妆心得、发布限时优惠等活动，激发用户参与热情，增强用户与品牌之间的联系。

（4）数据分析　充分利用抖音平台的数据分析工具，了解用户行为、喜好和需求，精准推送内容，提高转化率。

抖音美妆美容市场潜力巨大，品牌需紧跟市场趋势，把握用户需求，运用有效的营销策略，提升品牌竞争力和市场份额。通过不断优化内容和营销策略，助力美容企业品牌在抖音平台上脱颖而出。

（二）视频号美容企业内容分析

视频号作为一种新兴的媒体形式，越来越多的人喜欢在视频号上观看美妆美容教程和分享，吸引了大量美妆美容爱好者关注。

1. 美妆美容视频号用户画像

（1）性别分布　在美妆美容视频号中，女性用户占据主导地位，占比高达70%以上，男性用户占比逐渐上升，说明美妆美容内容在男性用户中也具有一定的吸引力。

（2）年龄分布　美妆美容视频号用户年龄主要集中在18～30岁，这部分年轻人更注重自己的外貌形象，对美妆美容内容有较高的需求。

（3）地域分布　一线与新一线城市用户占比超过50%，说明美妆美容视频号在经济发展水平较高的地区更受欢迎。

2. 美妆美容视频内容分析

（1）内容类型　美妆美容视频主要包括教程、心得分享、产品推荐等，其中教程类内容最受欢迎。

（2）热门话题　近期热门话题包括自然妆容、瑕疵修复、护肤心得等，内容多样化，满足不同用户的需求。

（3）内容时长　美妆美容视频时长主要集中在 1～5 分钟，便于用户在短时间内获取有价值的信息。

3. 未来发展展望　随着短视频平台的不断发展，美妆美容视频号的市场空间将进一步扩大。预计未来美妆美容视频将更加注重个性化、场景化，满足不同用户的需求。同时，内容质量将不断提升，美妆美容行业也将迎来新的发展机遇。

（三）公众号美容企业内容分析

随着移动互联网的快速发展，微信公众号已经成为各大企业和商家争夺用户的重要战场。特别是在美妆美容行业，微信公众号更是成为一种重要的营销手段。

1. 美妆美容类微信公众号整体概况　美妆美容类微信公众号的数量庞大，涵盖了从国际知名品牌到中小型零售商的各种类型。在内容形式上，既有专业的美妆教程、新品推荐，也有情感陪伴、生活方式等多元化的内容。通过对这些公众号的粉丝画像进行分析，可以发现，粉丝群体主要以女性为主，年龄集中在 18～35 岁，具有较高的消费能力和活跃度。

2. 美妆美容类微信公众号运营特点分析

（1）内容运营　优质的内容是吸引粉丝和留住粉丝的关键。美妆美容类微信公众号在内容创作上普遍具有较强的专业性，不仅传授美妆技巧，还会分享时尚潮流、生活保健等方面的知识。此外，情感陪伴和互动环节的增加，也有助于提高粉丝的活跃度和忠诚度。

（2）活动运营　美妆美容类微信公众号会定期举办各种线上线下活动，如美妆大赛、试用体验、优惠券发放等。这些活动既能提高粉丝的参与度，也能提升品牌知名度和影响力。

（3）营销推广　通过与其他公众号、微博大 V、短视频平台等合作，美妆美容类微信公众号可以实现跨平台推广，扩大品牌曝光度。此外，运用微信广告、朋友圈广告等官方资源，也能有效提升公众号的曝光度和转化率。

美妆美容类微信公众号需要不断创新和调整策略，以适应市场和粉丝的需求。通过优质内容、线上线下活动、营销推广等多方面的努力，实现公众号的持续发展和商业价值。

（四）小红书美容企业内容分析

随着社交媒体的蓬勃发展，消费者在选择美妆美容产品时，越来越依赖于线上平台的分享和推荐。小红书凭借其海量用户和丰富的美妆美容内容，成为消费者获取信息、交流心得的重要场所。

1. 小红书美妆美容笔记概况

（1）笔记数量　近年来，小红书美妆美容类笔记数量呈现快速增长态势，反映出美妆美容市场的旺盛需求和消费者对美妆美容信息的关注。

（2）内容类型　小红书美妆美容类笔记涵盖产品测评、使用心得、妆容分享、护肤方法等多个方面，为消费者提供了全方位的美妆美容信息。

（3）用户画像　小红书美妆美容类笔记的作者以年轻女性为主，具有较高的消费能力和活跃度，她们的分享对其他消费者具有很强的影响力。

2. 消费者需求分析

（1）产品测评　消费者对于美妆美容产品的实际效果和性价比非常关注，产品测评类笔记可以帮助他们作出更为明智的购买决策。

（2）使用心得　消费者在选择美妆产品时，乐于参考其他消费者的使用心得，以了解产品的适用人群和实际效果。

（3）妆容分享　美妆教程和妆容分享类笔记可以帮助消费者提升化妆技巧，激发创意灵感。

（4）护肤方法　消费者对于护肤知识和方法的需求强烈，护肤方法类笔记可以指导他们科学护肤，提升肌肤状况。

（5）种草清单　消费者喜欢在小红书上记录自己喜爱的好物，形成种草清单，供其他消费者参考。

通过分析消费者需求和笔记内容，品牌可以制定有针对性的营销策略，在小红书平台上实现品牌推广和销售增长。

（五）头条号美容企业内容分析

今日头条（头条号）作为国内领先的新闻资讯平台，为广大美容企业提供了丰富的行业信息和洞察市场的机会。

1. 洞察行业趋势，寻找发展机遇　美容企业市场瞬息万变，把握行业趋势至关重要。今日头条拥有大量的美容企业相关资讯，包括市场动态、消费者需求变化等。通过分析这些信息，美容企业可以更好地洞察行业趋势，寻找发展机遇。例如，通过观察消费者对美容、美发、美甲等服务的消费习惯和需求变化，可以调整经营策略，推出更具针对性的产品和服务。

2. 学习行业优秀案例，提升自身竞争力　今日头条汇集了各行各业的优秀案例，美容企业可以从中汲取经验，提升自身竞争力。通过分析成功案例，了解其经营理念、服务特色、营销策略等，可以为自身发展提供有益的借鉴。同时，今日头条上的行业论坛、专业文章等，也为美容企业提供了交流和学习的机会。

3. 树立品牌形象，提高服务质量　品牌形象是美容企业的核心竞争力之一。今日头条拥有广泛的用户群体，通过发布高质量的新闻稿件、举办线上线下活动等方式，可以有效提升美容企业的品牌知名度。同时，借助今日头条的平台，美容企业还可以分享成功案例、发布优惠政策等，提高客户满意度，从而提升服务质量。

4. 拓展合作渠道，实现互利共赢　今日头条拥有丰富的广告资源和服务资源，美容企业可以借此拓展合作渠道。通过与今日头条合作，美容企业可以接触到更多的潜在客户，提高品牌曝光度。此外，今日头条还提供了多样化的合作模式，如品牌合作、内容合作等，助力美容企业实现互利共赢。

四、美容企业新媒体运营现状和挑战

在当今信息爆炸的时代，新媒体已成为各行各业传播信息、吸引客户、提升品牌影响力的重要途径。美容企业作为与人们生活息息相关的重要行业，更是离不开新媒体的助力。

（一）美容企业新媒体运营的现状

1. 用户基数庞大市场需求旺盛　我国美容企业市场规模庞大，消费者对美的追求不断提升。据统计，我国美容企业消费者已达数亿人次，新媒体平台成为消费者获取美容企业信息、交流心得、预约服务的重要渠道。

2. 内容形式丰富互动性强　美容企业新媒体运营形式多样，包括图文、短视频、直播、社群等。这些形式不仅丰富了用户体验，还增强了用户与商家之间的互动，提升了用户黏性。

3. 行业竞争激烈同质化现象严重　随着美容企业新媒体的快速发展，竞争日益加剧。众多平台纷纷寻求差异化发展，但同质化现象仍然严重，如何在竞争中脱颖而出，成为美容企业新媒体运营的一大挑战。

（二）美容企业新媒体运营的挑战

1. 内容创新不足　美容企业新媒体平台大量充斥着重复、雷同的内容，缺乏深度和创新。如何在内容上打破僵局，提供有价值、有深度的信息，成为美容企业新媒体运营的关键。

2. 粉丝增长乏力　随着用户审美疲劳，粉丝增长速度放缓，美容企业新媒体平台需要不断寻求新的增长点，拓展用户群体。

3. 营销手段单一　传统的美容企业营销手段如广告、促销等效果逐渐减弱，美容企业新媒体需探索新的营销模式，以提升转化率。

五、美容企业新媒体运营的实操

当前，美容企业新媒体平台以抖音号、视频号、微信公众号、小红书、头条号等为主，首先应掌握这些平台账号的注册、定位等基础知识，然后再探讨运营策略。

（一）抖音号的注册与运营

1. 抖音个人号与企业号的区别　抖音作为国内领先的短视频平台，吸引了众多个人和企业纷纷入驻。那么，抖音个人号与企业号究竟有哪些区别呢？

（1）**定义与定位**　个人号：抖音个人号主要用于个人用户发布、观看、分享短视频，以展示自己的才华、兴趣和生活点滴。个人号强调的是个人特色和个性表达，让用户在平台上找到自己的兴趣点和归属感。

企业号：抖音企业号则是针对企业用户推出的官方账号，主要用于发布与企业相关的短视频内容，包括产品推广、品牌宣传、活动营销等。企业号旨在利用抖音平台的流量和社交属性，提升企业品牌知名度和影响力。

（2）**功能与权限**　个人号功能：个人号用户可以发布、观看、评论、点赞、分享短视频，还可以关注其他用户，参加平台举办的各种活动。此外，个人号用户还可以开通直播功能，与粉丝互动、带货等。

企业号功能：企业号除了拥有个人号的所有功能外，还具备一系列专属功能。如：认证标识、专属菜单、数据分析、广告投放等。这些功能有助于企业更好地进行品牌传播、用户互动和营销推广。

（3）**运营策略与平台支持**　个人号运营：个人号用户可以根据自己的兴趣和特长，创作有趣、有价值的短视频，积累粉丝。要想在抖音平台上脱颖而出，个人号需要不断创新、提高内容质量，以吸引更多关注。

企业号运营：企业号可以根据自身品牌特点和市场需求，制定有针对性的内容策略和营销方案。平台还会为企业号提供一定的流量支持和推广资源，帮助企业快速扩大品牌影响力。

（4）**粉丝互动与商业变现**　个人号粉丝互动：个人号可以通过评论、私信等方式与粉丝互动，建立良好的粉丝关系。此外，个人号还可以通过接广告、直播带货、开通会员等方式实现商业变现。

企业号粉丝互动：企业号同样可以与粉丝进行互动，提升用户满意度。此外，企业号还可以利用平台提供的数据分析工具，了解用户需求，优化产品和服务。在商业变现方面，企业号可以选择广告投放、品牌合作、线上营销等多种方式。

抖音个人号和企业号在定义、功能、运营策略和商业变现等方面均存在一定差异。

2. 美容企业抖音号定位　抖音作为一款短视频平台，已经成为美容企业从业者展示自我、吸引客户、拓展业务的重要渠道。要想在抖音平台上脱颖而出，美容企业抖音号的精准定位至关重要。

（1）**分析目标受众**　首先，要明确自己的目标受众，了解他们的需求和喜好。例如，您可以针对年轻女性、职场白领、时尚达人等不同群体，制定相应的内容策略。只有准确抓住受众的需求，才能吸引更多的关注和粉丝。

（2）确立个人品牌形象　接下来，根据自己的业务特长和个性特点，塑造独特的个人品牌形象。例如，您可以选择技术流、潮流、亲切友善等不同风格。鲜明的个人品牌形象有助于在众多抖音号中脱颖而出，吸引潜在客户。

（3）输出有价值的内容　在抖音平台上，内容为王。美容企业抖音号应聚焦于自己的专业领域，提供有价值、有趣、易懂的内容。例如，您可以分享美发、美容、美甲等教程，或分享自己的工作经验、心得感悟。优质的内容能够吸引粉丝，提高用户黏性。

（4）创新互动方式　互动是拉近与粉丝距离的重要途径。您可以尝试创新互动方式，如直播互动、问答互动、挑战赛等。同时，及时回复粉丝的评论和私信，展现自己的诚意和关心。

（5）运用抖音工具和策略　抖音平台提供了丰富的工具和策略，如热门话题、标签、短视频技巧等。美容企业抖音号应善于运用这些工具和策略，提高自己的曝光度和传播力。

（6）持续优化和调整　在运营过程中，要不断关注数据反馈，了解哪些内容受欢迎，哪些需要改进。根据数据和市场变化，持续优化和调整自己的定位和策略。

美容企业抖音号定位是一个系统性的过程，需要从目标受众、个人品牌形象、内容输出、互动方式、工具运用等多个方面进行考虑。只有精准定位，才能在抖音平台上脱颖而出，实现美容企业抖音号的营销目标。

3. 抖音企业账号注册

（1）抖音企业账号注册流程

注册账户：手机下载安装抖音，用公司手机号码注册账户。在注册过程中，填写公司名称和签名介绍。

开启认证：在抖音 APP 中，点击右下角的"我"，然后点击右上方的三条横线标志，进入"设置"菜单。在"账号与安全"中找到"申请官方认证"，选择"企业认证"。

上传资料：上传企业的营业执照图片，图片必须清晰。

认证费用：完成资料上传后，需要支付抖音企业号注册、认证费用。

信息审核：提交资料后，抖音通常 1~3 个工作日内开启认证。

完成认证：审核通过后，企业账号即正式认证成功，获得企业蓝 V 认证。

（2）抖音企业账号功能介绍

蓝 V 认证：抖音企业账号可申请蓝 V 认证，展示企业身份，增加信任度。

数据分析：企业账号可查看抖音平台提供的详细数据分析，助力企业优化内容策略。

私信管理：企业账号可进行私信管理，方便与粉丝互动，提高客户满意度。

权限管理：企业账号可管理权限，对团队成员进行分工协作，提高工作效率。

广告投放：企业账号可利用抖音广告投放功能，实现精准营销，提高品牌曝光度。

4. 美容企业抖音号运营策略　如何在美容企业新生态下，运用短视频营销策略，实现品牌传播、用户增长和业绩提升，这才是企业运营抖音号的根本目的。

（1）定位明确突出特色　美容企业抖音号运营首先要明确自身定位，结合行业特点，突出展示美容企业服务的独特魅力。可以通过展示精湛的技术、分享成功案例、普及美容知识等方式，树立行业权威形象。

（2）产出高质量内容　内容是短视频的核心竞争力，美容企业抖音号应注重内容质量，打造具有吸引力的短视频。可以邀请行业专家、网红等担任嘉宾，分享美容心得；或制作教学视频，教授美容技能；还可围绕美容热点话题，策划有深度的访谈节目。总之，制作的短视频应注重以下几点。

原创内容：确保发布的视频是原创的，避免抄袭和重复。结合自己的经验和技能，创作出具有价值的美容教程和案例分析。

高质量内容：注重视频的画质、音质和剪辑效果，让用户在观看过程中感受到专业和用心。

结合热点：关注时事热点和行业动态，适时推出相关内容，提高视频的曝光率和传播力。

（3）创新互动形式 互动是短视频平台的重要特点之一。美容企业抖音号可以通过发起挑战、互动问答、线上活动等形式，激发用户参与热情，提高粉丝活跃度。同时，应注意以下几点。

积极回应评论：关注用户评论，及时回复疑问和建议，与粉丝保持良好互动。

跨平台推广：在抖音、朋友圈、微博等社交平台发布美容内容，扩大品牌影响力。

合作与互动：寻找同行或跨行业合作伙伴，进行合作互动，共同吸引更多粉丝。

（4）利用数据分析，优化运营策略 通过对抖音号的数据分析，了解用户喜好、观看时长、转化率等关键指标，调整内容策略，实现精准营销。此外，还可以借助数据分析，寻找合作机会，与行业内外合作伙伴实现共赢。

（5）拓展矩阵号，形成品牌集群 美容企业可以围绕品牌形象，拓展多个抖音矩阵号，形成集群效应。例如，设立美妆、美发、美容等多个子账号，实现行业资源整合，提高品牌曝光度。

美容企业抖音号运营需紧跟时代潮流，把握短视频平台的发展机遇，运用创新思维，不断优化运营策略。通过明确定位、产出高质量内容、创新互动形式、利用数据分析和拓展矩阵号等手段，实现美容企业抖音号的持续发展，为品牌注入新的活力。

（二）视频号的注册与运营

微信视频号是腾讯公司的短视频平台，微信视频号不同于订阅号、服务号，它是一个全新的内容记录与创作平台，也是一个了解他人、了解世界的窗口。

视频号内容以图片和视频为主，可以发布视频和图片，还能带上文字和公众号文章链接，而且不需要 PC 端后台，可以直接在手机上发布。视频号支持点赞、评论进行互动，也可以转发到朋友圈、聊天场景，与好友分享。

1. 美容企业视频号的定位

专业性：美容企业视频号以传播美容知识、技能、潮流为核心，为广大用户提供专业的美容资讯和教程。通过邀请业内专家、名师进行讲解，确保内容的权威性和实用性。

全面性：美容企业视频号可以覆盖美发、美容、美甲、塑身等各类美容服务，为用户提供全方位的美容美发资讯和教程。同时，紧跟市场潮流，引入时下热门的美容话题，满足消费者不断变化的需求。

高品质：美容企业视频号注重内容质量，严格筛选发布的美容教程和资讯。通过高清画质、简洁明了的剪辑手法，让用户在观看过程中享受到优质的视觉体验。

互动性：美容企业视频号鼓励用户参与评论、点赞、分享等互动行为，打造一个活跃的社区氛围。同时，应及时回应用户的问题和建议，与用户保持良好的沟通和互动。

2. 视频号注册流程

（1）打开微信 APP，点击右下角的"我"图标，进入个人中心。

（2）在个人中心页面，点击"视频号"。

（3）进入视频号注册页面，根据提示填写相关信息。具体包括以下几项。

昵称：设置一个企业名称。

头像：选择一个符合企业形象的头像。

简介：简要介绍企业的视频号主题。

（4）提交资料后，系统会进行审核。审核通过后，即可开始发布短视频。

（5）如果要更改视频号信息，点击右上角三点，进入账号管理的资料设置进行修改。

注意事项：①确保填写信息的真实性，以免影响审核进度。②遵守平台规定，不发布违规内容，以免造成账号封禁等不良后果。③定期关注微信视频号官方动态，了解新功能和政策变化。

3. 美容企业视频号的基本设置

（1）账号信息设置

头像：选择一个清晰、专业的头像，应是能让人一眼认出的品牌形象。建议使用品牌 logo 或者店铺门头照片作为头像。

昵称：简洁明了的昵称有助于提高品牌知名度，可以采用品牌名称或店铺名称作为昵称。

简介：简要介绍品牌故事、经营范围和服务特色，让用户快速了解你的美容企业视频号。

背景图：设置一个与品牌形象和行业特点相符的背景图，可以提高视频号的视觉效果。

账号领域：选择正确的账号领域，让平台更好地推荐你的视频给相关用户。

（2）内容发布设置

视频质量：保证视频画质清晰，音频流畅，剪辑简洁。

标题和封面：吸引人的标题和封面图片，能提高用户点击率。

标签：合理设置关键词标签，有助于提高视频在平台的曝光率。

发布时间：选择用户活跃的时间段发布，以提高视频的观看率。

内容策略：结合行业热点、用户需求和品牌特点，制定合适的内容策略。

（3）互动功能设置

评论区：开启评论区，鼓励用户留言互动，增强与粉丝的联系。

私信功能：设置私信功能，方便与粉丝沟通交流。

点赞和分享：鼓励用户点赞和分享视频，提高视频的传播力。

投票和问卷：通过投票、问卷等形式，增加用户参与度。

直播互动：定期开展直播活动，与粉丝面对面交流，提升粉丝黏性。

通过以上美容企业视频号的基本设置，不断优化和调整设置，紧跟行业趋势，挖掘用户需求，让美容企业视频号在激烈的竞争中脱颖而出。

4. 美容企业视频号的运营策略

美容企业视频号作为一个专注于美丽与时尚领域的短视频平台，不仅为广大用户提供了丰富多样的美妆、美容、健身等实用信息，更是企业获取流量与转化的捷径。

（1）定位明确，聚焦美容企业细分市场　美容企业视频号要明确自己的定位，紧紧抓住美容企业细分市场，为用户提供专业、实用、具有价值的美容、美妆、健身等教程。可以通过调查了解目标用户的需求，以精准的内容策略满足用户诉求，从而在激烈的竞争中脱颖而出。

（2）内容为王，打造高质量短视频　优质的内容是短视频平台的核心竞争力。美容企业视频号要注重内容质量，邀请专业的美容师、美妆师、健身教练等人士参与内容制作，确保内容的实用性和专业性。同时，运用先进的视频拍摄和剪辑技术，提升视频的画质和观感，让用户在短时间内获得最佳的观看体验。

（3）互动性强，构建用户社群　互动性是短视频平台的重要特点之一。美容企业视频号可以通过举办线上活动、互动问答、直播互动等方式，增加用户参与度，加强与粉丝的关系。此外，还可以构建美容企业社群，邀请行业专家、知名博主等加入，共同打造美容企业生态圈，为用户提供更多优质资源和专业建议。

（4）营销推广，扩大品牌影响力　美容企业视频号要充分利用短视频平台的推广机制，通过精准投放、合作推广等方式，扩大品牌影响力。可以与其他美容企业品牌、网红、博主等进行合作，实现互利共赢。同时，利用数据分析，了解用户喜好，不断优化内容和推广策略，实现品牌价值的最大化。

（5）创新发展，探索多元化业务模式　随着美容企业市场的不断变化，美容企业视频号要紧跟潮流，创新发展。可以尝试探索线上线下相结合的业务模式，如开设美妆课程、美容体验店等，为用户提供一站式美丽服务。此外，还可以拓展电商业务，将优质美容企业产品推荐给广大用户，实现多元化盈利。

总之，美容企业视频号运营要在明确定位、打造高质量内容、加强互动、拓展营销渠道和创新业务模式等方面下功夫，不断提升品牌影响力，为企业营销打开通路。

（三）公众号的注册与运营

微信公众平台，简称公众号。利用公众账号平台进行自媒体活动，简单来说就是进行一对多的媒体性行为活动，如商家通过申请公众微信服务号通过二次开发展示商家微官网、微会员、微推送、微支付、微活动、微报名、微分享、微名片等，已经形成了一种主流的线上线下微信互动营销方式。

1. 订阅号和服务号的区别

（1）定义与定位

订阅号：订阅号是公众号的一种类型，主要面向用户提供资讯、新闻、观点等方面的内容，旨在加强用户与媒体、企业等主体之间的联系。订阅号可以为用户提供个性化、精准的资讯服务，满足用户在资讯获取、生活服务、娱乐等方面的需求。

服务号：服务号也是公众号的一种类型，主要面向用户提供服务和支持，包括但不限于在线购物、餐饮预订、交通出行、金融服务等。服务号旨在帮助企业提高客户服务水平，提升用户体验，实现线上线下一体化。

（2）功能与权限差异

功能方面：订阅号主要侧重于内容发布和传播，具备较强的内容创作和编辑能力，可以群发图文、视频、音频等多种形式的内容。而服务号更注重业务服务和运营，具备较强的交互性和功能性，可以提供在线服务、交易支付、数据分析等一站式服务。

权限方面：订阅号和服务号在功能权限上存在一定差异。订阅号具备较高的内容创作和编辑权限，可以自定义菜单、设置关键字自动回复等；服务号则拥有更多的业务功能权限，如开具电子发票、消息推送、数据分析等。

（3）应用场景

订阅号：适用于媒体、企业、个人等主体，主要用于传播品牌、推广产品、宣传资讯等。

服务号：适用于企业、政府、社会组织等主体，主要用于提供线上服务、提高客户满意度、实现业务增长。

2. 美容企业公众号定位

（1）明确目标受众　美容企业涵盖范围广泛，包括美容、美发、美甲、医美等多个子领域。企业在打造公众号时，需明确自己的目标受众，有针对性地推送相关内容。例如，针对年轻女性群体的美容护肤需求，提供专业的美容教程和产品推荐；针对美发爱好者，分享潮流发型和护发知识等。

（2）突出行业特色　美容企业公众号应充分发挥行业特色，提供独特、有价值的内容。可以通过邀请行业专家、知名美容企业人士进行讲座、分享经验，或引入潮流元素，打造时尚、有趣的内容，吸引读者关注。

（3）打造个性化品牌形象　企业在公众号运营过程中，应注重树立品牌形象。可以通过精美的视觉设计、独特的文案创意、有温度的互动方式，展现企业价值观，让读者感受到品牌的个性魅力。

3. 企业公众号注册

（1）企业公众号注册条件

企业营业执照：注册企业公众号首先需要具备有效的企业营业执照。

企业主体：注册公众号的企业需具备独立法人资格。

公众号名称：选择一个具有辨识度、与企业品牌相符的公众号名称。

（2）企业公众号注册流程

登录微信公众平台官网：进入微信公众平台官网，点击"立即注册"按钮。

填写企业信息：按照提示填写企业基本信息，包括企业名称、营业执照号、法人身份证号等。

公众号命名：输入拟定的公众号名称，确保名称唯一性。

填写公众号简介：简要介绍企业公众号的定位和功能，吸引用户关注。

提交资料：将填写好的企业信息和公众号简介提交审核。

审核通过：一般情况下，审核时间为 1~3 个工作日。

4. 企业公众号运营策略

（1）美容企业公众号的定位与目标

定位：美容企业公众号应当以提供优质、专业的服务为核心，为消费者提供一站式的美容企业解决方案。

目标：通过内容营销、互动活动、线上商城等手段，吸引并留住用户，提高用户黏性，最终实现导流、转化和复购。

（2）美容企业公众号的内容运营

资讯推送：定期推送美容企业行业动态、潮流资讯、护肤知识等内容，让用户感受到公众号的专业性和实用性。

原创文章：邀请美容企业专家、达人撰写原创文章，分享经验、技巧，提升用户的美容素养。

互动问答：设置互动环节，鼓励用户提问，美容企业专家或团队进行解答，增强用户信任度和满意度。

（3）线上线下融合策略

线上预约：提供线上预约服务，让用户可以方便快捷地预约美容企业商家和项目。

线下体验：与实体美容企业商家合作，推出优惠活动，吸引用户线下体验。

活动策划：举办线上线下的美容大赛、讲座、沙龙等活动，提升品牌影响力。

（4）用户需求满足与个性化服务

用户画像：通过数据分析，了解用户喜好、需求，为用户提供精准推荐。

定制服务：针对不同用户的需求，提供个性化的美容方案，如护肤建议、整形咨询等。

社群运营：创建美容爱好者社群，邀请用户加入，分享心得、交流经验，形成良好的互动氛围。

5. 美容企业公众号的营销策略

优惠券：定期发放优惠券，刺激用户消费。

会员体系：设立会员制度，提供积分兑换、专享折扣等福利。

跨界合作：与其他行业或品牌进行合作，扩大品牌影响力。

总之，美容企业公众号运营需要在内容、服务、线上线下融合等方面下功夫，打造一个全方位、专业的美容服务平台。通过不断优化运营策略，满足用户需求，实现业务的持续增长。

（四）小红书的注册与运营

小红书是一个充满活力与创意的社交电商平台，为广大用户提供了一个分享生活、交流心得、发现美好事物的温馨空间。在这里，可以看到各种精彩纷呈的文章，涵盖时尚、美妆、美食、旅行等多个领域。

1. 美容企业小红书账号定位

专业性：提供权威、专业的美容知识，让用户在阅读过程中能够学到实用的技巧和方法。

实用性：内容贴近用户需求，解决用户在美容方面的困扰，提高生活质量。

个性化：根据不同用户的需求，提供定制化的美容方案，满足多样化审美需求。

社区互动：鼓励用户参与讨论，分享自己的美容心得，打造一个积极、有爱的美容社群。

紧跟潮流：关注美容行业动态，把握时尚潮流，为用户提供前沿的美容资讯。

2. 小红书企业账号注册流程　使用公司手机号码注册一个普通账号。

（1）在小红书APP中，点击右下角的"我"，再点击左上方的三条横线标志，选择"设置"，在"账号与安全"中找到"官方认证"，选择"企业认证"。

（2）按照提示填写所需的信息和材料，包括但不限于营业执照等信息。

（3）按照指引完成剩余的操作，即可成功注册为小红书的企业账号。

3. 基本设置

（1）账号名称设置

简洁明了：选择简洁、易记的名字，方便用户搜索和认出你的账号。

融入美容企业元素：可以使用"美妆""护肤""美发"等词汇，让用户一眼就能看出你的账号领域。

个性创意：可以加入一些个性化的词汇或数字，使名称更具特色，更容易被用户记住。

（2）账号头像设置

清晰度：选择高清的图片作为头像，以保证视觉效果。

美观度：可以选择与自己账号领域相关的图片，如美妆产品、美丽景色等，让头像更具吸引力。

个性度：可以尝试用创意图片或者自己拍摄的照片作为头像，彰显个性。

（3）个人简介设置

简洁介绍：简要介绍自己的兴趣爱好、职业背景以及美容领域的特长。

联系方式：提供微信、微博等联系方式，方便粉丝与你取得联系。

互动邀请：鼓励用户留言、评论，积极参与互动，建立良好的粉丝关系。

（4）文章分类设置

按主题分类：根据文章内容，分为"美妆教程""护肤心得""美发技巧"等类别。

按时间分类：将文章按照发布时间排序，方便用户查找最新内容。

热门标签：添加热门标签，提高文章曝光率。

（5）更新频率设置

保持规律更新：尽量保持每周发布2~3篇优质文章，让粉丝有持续关注的理由。

提前规划：合理安排发布时间，避免出现内容空窗期。

质量优先：不求数量，但求质量，为粉丝提供有价值的内容。

通过以上的设置，美容企业小红书账号将更具吸引力，粉丝互动也将更加活跃。

4. 小红书的运营策略

（1）账号风格

视觉风格：采用清新、时尚、具有美感的视觉元素，突出美容企业的特点，让人一眼就能认出账号属性。

语言风格：简洁明了，通俗易懂，符合社交媒体传播特点，同时注重语言的优美和趣味性。

人物形象：邀请业内知名人士、美容达人、潮流偶像等担任嘉宾，提升账号权威性和影响力。

（2）内容策略

行业资讯：关注国内外美容动态，为受众提供第一手资讯，包括新品发布、行业活动、政策法规等。

产品测评：邀请业内专家和消费者参与，对热门美容美妆产品进行客观、公正的测评，为受众提供购买建议。

化妆技巧：邀请知名美妆师分享实用化妆技巧，涵盖日常妆、新娘妆、晚宴妆等各种妆容，满足不同受众的需求。

专业知识：定期发布美容专业知识文章，包括皮肤管理、美容养生、美发美甲等，帮助受众提升专业素养。

案例分享：分享成功的美妆、美容企业案例，包括店铺经营、产品推广、服务创新等，为从业者提供借鉴和灵感。

互动环节：定期举办线上活动，如美妆大赛、知识问答等，增加受众参与度，打造活跃的社群氛围。

（3）推广策略

精准推送：根据用户的阅读喜好，推送相关内容，提高内容曝光度。

社群运营：创建美容企业社群，邀请用户加入，加强互动交流，培养忠实粉丝。

合作推广：与其他美容企业品牌展开合作，实现资源共享，扩大品牌影响力。

数据分析：定期分析用户行为数据，优化内容策略，提升用户满意度。

精准定位美容企业小红书账号，致力于打造一个全方位、专业的美容知识分享平台，不仅能满足广大用户的美容需求，还能推动美容市场的发展。通过专业、实用、个性化的内容，以及线上线下多元化的运营策略，实现内容价值最大化。

（五）头条号的注册与运营

今日头条（头条号）是一个通用信息平台，致力于连接人与信息，让优质丰富的信息得到高效精准的分发，促使信息创造价值。

1. 头条号的个人号与企业号区别

（1）定义与定位差异

个人号：个人号主要用于个人创作者发表原创文章、观点以及分享生活等方面的内容。它强调的是个人特色和个性表达，让创作者有一个展示自己才华和兴趣爱好的舞台。

企业号：企业号则主要用于企业等组织进行品牌推广、产品宣传、活动发布等商业目的。企业号以盈利为目标，通过专业的运营和内容策划，提升企业品牌知名度和影响力。

（2）功能与权限差异

个人号：个人号的功能相对较为简单，主要包括发布文章、评论、点赞、关注等基础功能。此外，个人号还可以申请开通原创、签约等功能，但需满足一定的条件。

企业号：企业号在功能上比个人号更为丰富，除了基础功能外，还具备广告投放、数据分析、粉丝管理、营销活动等功能。企业号可以更好地满足企业进行品牌传播和市场推广的需求。

（3）运营策略差异

个人号：个人号的运营重点在于发挥个人特长，创造有价值、有吸引力的内容。通过与其他个人号或企业号互动，扩大自己的人脉和影响力。在运营过程中，要注意保持与粉丝的互动，提升粉丝黏性。

企业号：企业号的运营核心在于传递品牌价值、提高品牌知名度。企业号应注重内容策划和传播策略，结合市场需求和用户痛点，制定有针对性的营销方案。此外，企业号还需关注粉丝需求，定期举办活动，提高粉丝活跃度。

（4）盈利模式差异

个人号：个人号的盈利模式相对多样，可以通过广告分成、付费阅读、线上课程、电商导购等方式实现盈利。但需要注意的是，个人号在进行商业活动时，应遵循平台规定，避免过度营销和违规操作。

企业号：企业号的盈利模式主要以广告投放、品牌合作、线下活动、电商销售等为主。企业号可以通过精准的广告定位和丰富的营销活动，实现品牌价值的最大化。

2. 美容企业头条号定位

（1）美容企业头条号定位的核心理念

专业化：美容企业头条号应立足于行业专业知识，为广大用户提供丰富、专业的美容资讯和服务。通过深入解读行业动态、分享美容技巧、提供专业建议等方式，树立权威形象，赢得用户信任。

个性化：美容企业头条号要充分挖掘自身特色，打造个性化的内容输出。可以根据企业的服务项目、经营理念、团队实力等方面，制定独特的品牌调性，让用户在众多美容企业号中一眼就能认出你。

用户导向：美容企业头条号要始终关注用户需求，以用户为中心进行内容创作和传播。可以通过数据分析、用户互动等方式，了解用户喜好，为用户提供有针对性的美容解决方案。

（2）美容企业头条号定位的策略

精准定位目标受众：美容企业应明确自身的目标客户群体，如年龄、性别、地域、消费水平等，从而制定符合受众需求的内容策略。

把握行业热点：紧跟行业热点，及时关注美容领域内的创新技术、热门话题、优惠政策等，为用户提供新鲜、有价值的信息。

内容创新：美容企业头条号要勇于创新，打破传统的内容形式，尝试图文、短视频、直播等多种表现手法，丰富用户的阅读体验。

强化互动性：美容企业头条号要与用户保持密切互动，倾听用户的声音，及时回应用户关切。可以通过设置话题讨论、线上线下活动、有奖问答等方式，提高用户黏性。

3. 头条号企业注册

（1）企业需提供营业执照等相关证件扫描件。

（2）企业应填写并提交相关的申请资料。

（3）如果选择了账号注册，需要在 PC 端进行实名认证。

（4）提交资料后，平台会对企业进行审核，一般需 1~3 个工作日。

（5）审核通过后，企业即可开始在头条号上发布内容。

4. 美容企业头条号运营

（1）内容策划　紧扣行业热点，满足用户需求。

关注行业动态：密切关注美容市场动向，把握行业热点，为用户提供有价值的信息。如新政策、市场调研、优秀案例等。

分享专业知识：通过解读专业知识，让用户更好地了解美容企业服务内容。如美容护肤技巧、美发造型指导、健康养生等。

原创内容：结合特色，创作具有独特视角的原创文章，提升内容品质，树立品牌形象。

（2）传播策略　多元化推广，提高曝光度。

标题吸引：运用精准的标题，激发用户好奇心，提高点击率。

图文并茂：优质图片和文字相结合，让文章更具吸引力，提升阅读体验。

互动推广：利用头条号平台互动功能，与粉丝积极互动，提高粉丝活跃度。如发起话题讨论、线上活动等。

合作推广：与其他美容企业、意见领袖或自媒体合作，共享粉丝资源，扩大品牌影响力。

（3）粉丝互动　搭建互动平台，增强用户黏性。

定期举办活动：通过线上抽奖、优惠券等形式，吸引粉丝参与，增加粉丝归属感。

回应粉丝评论：关注粉丝留言，积极回应，提高粉丝满意度。

建立社群：与粉丝保持密切联系，了解用户需求，优化服务。

美容企业头条号运营需紧跟时代潮流，关注行业动态，传递优质服务。通过内容策划、传播策略和粉丝互动，不断提升品牌知名度和影响力，助力企业发展。

六、美容企业信息流广告推广

信息流广告是一种在社交媒体、资讯媒体或视听媒体等内容流中的广告形式。它最早起源于2006年的Facebook，并在我国得到了广泛的应用。信息流广告的特点在于其原生体验，形式丰富，包括图片、图文、视频等。它依托算法推荐，根据用户的标签进行精准投放，满足广告主的需求。

（一）信息流广告的简介

1. 信息流广告的优势

（1）流量庞大　用户基数大，为广告主提供了广阔的传播空间。

（2）算法领先　通过大数据和AI技术进行精准投放，提高广告的投放效果。

（3）形式丰富　包括图文、视频等多种形式，可以满足不同广告主的需求。

（4）定向精准　根据地域、年龄、性别、兴趣等信息进行定向投放，提高广告的针对性。

（5）用户体验好　原生广告融入内容流，不破坏用户浏览体验。

2. 信息流广告的投放方式

（1）地域定向　根据用户所在地区进行投放。

（2）年龄定向　根据用户的年龄进行投放。

（3）性别定向　根据用户的性别进行投放。

（4）兴趣定向　根据用户的兴趣标签进行投放。

（5）行为定向　根据用户的行为习惯进行投放。

3. 信息流广告的计费方式　有CPC（按点击计费）、CPM（按展示计费）、CPA（按行动计费）、OCPC（优化后按点击计费）、OCPM（优化后按展示计费）、OCPA（优化后按行动计费）等。

4. 信息流广告的效果　取决于创意、定向和竞价三个关键因素。广告主可以根据自身需求选择曝光、落地页或应用下载等推广方式。在移动互联网高速发展的时代，信息流广告成为广告主的重要选择。

以微信公众号为例，其广告形式包括文中广告、底部广告和互选广告。这些广告位都属于信息流广告的范畴，通过精准的定向投放，为广告主提供有效的推广服务。

（二）主流信息流广告平台

在数字化时代，信息流广告平台已经成为企业宣传品牌、推广产品的重要手段。主流信息流广告平台凭借其庞大的用户基数、精准的投放策略和丰富的广告形式，为企业提供了高效的营销解决方案。

1. 百度信息流广告平台　百度作为中国最大的搜索引擎，拥有庞大的用户基数和丰富的内容资源。百度信息流广告平台以搜索大数据为基础，为企业提供精准的广告定位和投放策略，助力企业提升品牌知名度和销售额。

2. 腾讯信息流广告平台 腾讯作为国内领先的互联网公司，旗下拥有诸多知名产品，如微信、QQ、腾讯新闻等。腾讯信息流广告平台依托腾讯海量用户数据和社交属性，实现广告的精准投放，助力企业拓展市场。

3. 今日头条信息流广告平台 今日头条作为一家智能内容推荐平台，凭借其先进的算法技术和海量用户资源，为企业提供个性化的广告投放方案。今日头条信息流广告平台以推荐为核心，实现广告与内容的有机结合，提升广告效果。

4. 抖音信息流广告平台 抖音作为当下最受欢迎的短视频平台，拥有庞大的年轻用户群体。抖音信息流广告平台以短视频为载体，生动展示产品特点，助力企业抓住年轻市场。

5. 快手信息流广告平台 快手作为一家短视频社交平台，拥有广泛的用户基础。快手信息流广告平台通过智能算法和社交属性，实现广告的精准投放，助力企业拓展市场。

（三）美容企业信息流广告推广策略

1. 定位目标客户 广告主需要对目标客户进行精准定位，包括年龄、性别、地域、消费水平等方面。通过对目标客户的深入了解，制定出更具针对性的广告内容。

2. 创意广告设计 在广告设计中，运用独特的创意和视觉表现手法，使广告更具吸引力。同时，结合美容企业特点，运用时尚、美观的设计元素，让广告与行业形象相得益彰。

3. 内容营销 以优质的内容为核心，结合广告主的产品和服务特点，制定出有价值、有吸引力的广告文案。内容可以包括美容专业知识、行业动态、客户案例等，从而提高广告的点击率和转化率。

4. 多元化投放渠道 利用各大互联网平台，如搜索引擎、社交媒体、短视频、直播等，进行多渠道投放。从而扩大广告的覆盖面，提高品牌曝光度。

5. 数据分析与优化 通过对广告投放数据的实时监控和分析，了解广告效果，针对性地调整广告策略。如投放时间、投放位置、广告创意等，不断优化广告效果。

（四）美容企业信息流广告推广效果评估

1. 点击率 广告点击率是衡量广告效果的重要指标之一。通过提高广告创意和内容质量，吸引更多用户点击，从而提高点击率。

2. 转化率 广告转化率是指广告带来的实际客户数量与广告投放量之间的比例。提高转化率的关键在于精准定位目标客户、优化广告内容和投放渠道。

3. 客户满意度 客户满意度是衡量美容企业服务质量的重要标准。通过优质的产品和服务，提升客户满意度，从而提高客户口碑和回头率。

4. 品牌知名度 广告推广有助于提高品牌知名度。通过对广告效果的持续优化，使品牌在目标客户心中树立良好的形象和口碑。

（五）美容企业须构建全链路营销闭环

在当今数字化时代，美容企业若想在这场竞争激烈的市场中脱颖而出，投放信息流广告无疑是明智之举。信息流广告以其独特的优势，正逐步改变着美容企业的营销策略。然而，要想充分发挥信息流广告的作用，构建全链路营销闭环至关重要。

1. 了解目标受众，精准定位 首先，美容企业需要深入了解目标受众的需求、兴趣和行为特征。通过收集和分析用户数据，为受众打上相应的标签，从而实现精准定位。这有助于提高广告投放的精准度，使每一分投入都更具价值。

2. 创意广告设计，吸引眼球 在信息流广告中，创意设计至关重要。美容企业应根据目标受众的喜好，结合自身特色，设计出独具匠心的广告创意。无论是图片、图文还是视频形式，都要注重画面美观、内容吸引人，让用户在浏览过程中产生兴趣，从而提高点击率和转化率。

3. 全链路营销，打造闭环 构建全链路营销闭环，意味着美容企业需要从广告投放、用户关注、互动沟通到最终转化，形成一条完整的产品链。在这个过程中，充分利用信息流广告的定向投放功能，将广告推送给潜在客户。同时，通过落地页、优惠活动、在线咨询等方式，吸引用户参与互动，提高转化率。

4. 数据分析，优化投放策略 投放信息流广告后，美容企业需关注数据反馈，对广告效果进行全面评估。通过对点击率、转化率、ROI 等数据的分析，找出广告投放中的优势和不足，及时调整投放策略。此外，还可以借鉴行业优秀案例，不断优化广告创意和投放方案，实现广告效果的最大化。

5. 持续优化，实现可持续发展 营销闭环并非一成不变，美容企业需根据市场变化和用户需求，持续优化广告策略。从长远发展来看，不断调整和升级广告策略，有助于提高用户满意度，实现品牌价值的提升。

总之，美容企业投信息流广告时，构建全链路营销闭环是关键。只有把握住目标受众，发挥创意广告的优势，实现精准投放，才能在激烈的市场竞争中取得优异成绩。同时，关注数据、优化策略、持续改进，也是实现广告投放效果最大化的必要手段。

知识链接

全链路营销

全链路营销是指通过数字化营销、数字化系统、数字化运营等能力帮助企业构建全链路数字化商业闭环，在消费者接触品牌后到完成转化的全过程中，链路营销一直在引导消费者进入下一环节，最后达成转化目标。

全链路营销其实由整合营销发展而来。那什么是整合营销？

20 世纪 90 年代美国学者唐·舒尔茨提出的整合营销侧重在传播的整合上，综合协调使用各种形式的传播路径打造统一的传播形象。

如今几十年过去，商业生态已经发生了巨变。

第一，信息高度碎片化，整合营销的成本太大。

从微博、公众号到抖音、视频号等，传播平台多到难以整合。每个平台都有不同的运营模式——比如公众号的文章放到微博可能不合适，视频号的内容放到抖音可能也不合适。如果针对不同平台分别出具一套运营方案，那么这样的成本大部分企业都难以承受。

第二，电商和移动支付的发展缩短了广告的转化路径。现在，看着直播间主播激情带货，一冲动就能点击屏幕链接直接购买了，没有了看广告后慢慢考虑的"冷静期"，购买的速度快于思考的速度。

第三，在数字营销环境下，企业不仅需要打造品牌力、产品力，更注重营销的效果，追求品效合一。

与侧重跨媒体融合的整合营销相比，全链路营销关注且深入与消费者接触的每一个节点，其终极目标是引导、激励转化，驱动消费行为。简单来说，整合营销是影响消费者购买决策，链路营销则是直接驱动消费者购买，这无疑更适合如今的商业需求。

目标检测

1. 新媒体是什么？
2. 新媒体可以分为几种类型？
3. 基于内容的新媒体可以分几种类型？
4. 基于商业模式的新媒体可以分几种类型？
5. 美容企业新媒体主流平台有什么？
6. 简述美容企业新媒体运营的现状。
7. 美容企业新媒体运营的挑战是什么？
8. 美容企业抖音号运营策略有哪些？
9. 主流信息流广告平台有哪些？
10. 美容企业信息流广告推广策略的要点是什么？

（应兴平　张胜玉）

书网融合……

重点小结　　　　微课　　　　习题

项目八 美容企业文化与企业形象设计

PPT

学习目标

知识目标：通过本项目的学习，应能掌握企业文化的重要性、企业形象的内涵；熟悉企业文化的内涵；了解影响美容企业文化的因素，影响美容企业形象建设的因素。

能力目标：具备掌握设计企业文化和美容企业形象主要内容的能力。

素质目标：通过本项目的学习，熟悉美容从业人员对企业文化和企业形象设计的相关内容，掌握如何打造企业文化、设计美容企业形象的主要内容。

任务一　企业文化

情境导入

情境：小吴和朋友们在某市新创办一家美容企业，在创业中迅速成立创建企业文化项目小组，但是对企业文化相关内容了解甚少，不知从何下手。

思考：请为小吴整理出一份如何打造企业文化的计划书。

要构建一个明晰、完整的企业文化体系，首先必须了解企业文化的内涵，明晰其构成要素及要素之间的区别与联系。一个美容企业的成员如果拥有了共同的价值观，就意味着员工的思想及行动有了统一的可能性。企业文化底蕴越深厚，发展的潜力就越大。在企业社会化的进程中，企业文化越来越显现其重要的价值。

一、企业文化内涵

企业文化是一种群体文化，是企业或企业成员共同拥有的总的行为方式、共同的信仰和价值观，是社会文化体系有机组成的一个重要部分，是民族文化和现代意识在企业内部的综合反映和表现。企业文化是美容企业的灵魂和支柱，对企业和员工起着整合、导向、凝聚、规范及激励等作用。

有效的企业文化是推动企业发展的永久动力，是企业在创建和发展中用来解决企业外部适应、内部整合问题的一套共同价值观及与价值观一致的行为方式，并由这些行为所产生的结果与表现形态。企业文化存在以下相同点：第一，企业文化是一个企业内部员工共享的文化信念，是企业内部大多数员工认同并且实践的规范，对员工行为及做事的方式具有一定的约束性和指导性。第二，企业文化可以通过外在形象化的东西表现出来。如企业文化可以通过企业组织结构、企业规章制度、企业员工的行为及人际关系等表现出来。第三，企业文化强调以人为中心。优秀的企业文化不仅要关注到企业经营管理过程中所执行的硬性内容，还要关注到企业经营过程中员工的相关内容，如相信员工、尊重员工、肯定员工等。

二、企业文化内容

企业文化在一定条件下，是企业在生产经营和人员管理活动中所创造的，具有该企业特色的精神财富和物质形态。企业文化通常包括企业价值观、企业精神以及以此为核心组成的行为规范，一般包括企业行为、企业制度、企业品牌等。

（一）企业价值观

企业价值观是企业及成员的价值取向，是企业在发展过程中所推崇的基本信念和根本目标。在生产经营过程中，受一定社会文化背景、意识形态影响从而形成的一种精神成果和文化观念，如果个人的价值观和企业的价值观能够达成共识，就可选择这个企业为个人职业发展平台。企业价值观通常不会轻易改变，但随着外部环境的变化要进行适当的调整，每个企业的价值观都会有差异。

（二）企业精神

企业精神是企业文化的核心和主体，在生产经营过程中，受一定社会文化背景、意识形态影响而形成的一种精神成果和文化观念，如企业经营理念、企业道德、企业形象、企业作风等，是企业生命赖以存在的灵魂。企业文化在生产经营中，受社会文化背景、意识形态的影响。

美容企业竞争的最高境界是企业文化的竞争，优秀的企业文化是美容企业成功的必备条件和标志，是企业独特竞争力所在和持久生命力的体现。优秀美容企业的核心就是创造优秀的企业文化。企业精神对美容企业的人才激励和企业长期经营有着重大的作用。

（三）企业行为

企业行为是企业员工在生产经营及人员管理中产生的现象，是企业精神和企业制度的行动方案。它是企业经营作风、精神面貌、人际关系的动态体现，也是企业价值观的动态反映。企业行为集中反映了企业的经营作风、员工素质、员工的精神面貌等特征。企业行为包括企业家行为、先进工作者行为和企业员工行为。

（四）企业制度

企业制度是人类在物质生产过程中结成的各种社会关系的总和，由企业的领导体制、组织形态和经营管理形态构成的外显文化，也是约束企业和员工行为的规范性文化。企业制度将员工和企业连接起来，是企业品牌和企业精神的中介，对员工的行为举止及文化具有制约作用，是企业文化的关键。它包括企业的企业组织制度、企业规章条例、企业奖惩措施和企业管理方式等。

（五）企业品牌

企业品牌是企业的名称、产品或服务的商标，凝聚着企业精神的物质设施、生产经营过程和产品的总和，是企业文化的基础。它包括企业的生产技术设备、服务项目、产品样式和包装、厂容厂貌、环境设施、服饰、标志等，是企业精神的物质体现和外在表现。企业品牌是认识企业的窗口，通过对企业品牌了解，可以帮助我们更加了解企业本身。

三、企业文化的重要性

企业文化是美容企业的灵魂和精神支柱，是企业生存和成长的重要驱动因素，也是驱动企业可持续发展的核心竞争力。美容企业的价值观念、道德观念也在无形之中推动着社会的进步。企业想留人不仅依靠诱人的薪酬、先进的生产设施、精益的生产管理，还要构建优秀的企业文化。优秀的企业文化能够促进美容企业员工的积极性，对于员工的职业发展具有一定的导向作用。企业通过企业制度的激励和约束的作用，使员工努力地向目标而奋斗。企业文化扎根于企业内部，对企业有着重要的意义。

（一）对员工的导向作用

企业文化中包括了企业价值观和企业目标，并承载了企业在发展经营管理中积累的经验，对企业员工的思想、行为具有导向作用。企业文化的形成代表着企业形成了自身的价值观和规范标准，体现了企业员工共同的价值观、追求和利益。对企业员工的生存和发展、思想习惯和行为方式有着导向作用，指明企业发展的方向，并激励全体成员为之而奋斗。

（二）起到凝聚力作用

企业凝聚力是企业文化中的重要组成部分，也是企业发展的重要基础，企业的凝聚力决定了企业员工工作中的积极性、主动性、创造性。企业是由很多的个体组成，每个人都有自己的思维方式、行为习惯和价值准则，如果不能把每个人的行为统一起来，企业内部就像一盘散沙，无法持久发展。只有把个人价值观和企业价值观融为一体，企业员工才会感觉到自己不仅是为了企业工作，更重要的是实现自我价值。首先，企业文化应以人为本，尊重员工情感。优秀的企业文化可以创造出良好的职场氛围，使员工对企业产生向心力和具有归属感，将精神寄托于企业，行动忠实于企业，把个人命运与企业命运紧密结合起来。其次，企业文化为企业提供了统一的行为规范与准则。当企业价值观被企业员工共同认可后，就会从各个方面将企业员工团结起来，企业和员工朝着同一个方向努力，从而企业在经营中展现出一种团结友爱、相互信任的工作氛围。最后，企业最终的目的是实现利益最大化，获得更大的发展，企业和员工利益相互依存。在满足了员工的基本需求和精神需求后，员工在企业获得信任和尊重，从而进一步发挥个人潜能，和企业一起奋斗实现自我价值。

（三）约束与规范作用

企业文化的约束和规范表现为企业文化对企业员工行为的约束。其中企业的规章制度就是企业在企业文化的引导约束下，企业员工能够自觉约束自己的言谈举止并清楚什么事可以做、什么事不可以做。企业文化的规章制度确保了企业能够为企业员工创造良好的工作氛围及环境。

（四）激发员工的潜能

企业文化的核心就是树立共同的价值观，让员工在企业里感到自己存在和努力的价值，通过工作实现自我价值，从而满足基本需求和精神需求。员工完成企业要求及任务，企业通过发放工资、奖金及各种福利满足员工的基本需求，从而调动员工工作的积极性和工作潜能。在满足企业员工基本需求的同时，企业的价值观以及互相关心、互相尊重的工作氛围给员工带来了精神上的成就感、荣誉感，使企业员工振奋精神，努力工作。

四、如何打造美容企业文化

打造美容企业文化是企业文化理念的形成、企业文化理论体系的建立、企业文化的传播等一项复杂的系统工程，也是美容企业培养核心竞争力，以企业文化凝聚企业和员工、约束员工行为、引导企业发展方向的过程。根据美容企业文化的独有特征，为了保障企业文化的切实有效，提高企业文化的打造水平，打造美容企业文化的步骤简介如下。

（一）分析现有企业文化

分析美容企业的发展与现有竞争环境是否相适应，更重要的是，分析现有的企业文化是否被员工认同，是否对员工的工作起到了激励的作用，以此确定目前的企业文化是否需要体改善。优秀的美容企业文化不仅仅是让企业高层、管理者认同，而且需要全体员工认同。美容企业在融入新的企业文化时，通过企业分享新的理念给员工，让员工找出、联想对应的代表人物和代表事迹时，说明新的企业文化得到了员工的认同，最后对符合企业文化的人物和事迹进行宣传和表扬。

（二）提炼宣讲企业文化

企业文化首先要从企业发展历史中提炼，寻找一些能够支撑员工思想的理念和精神。这些理念和精神往往隐藏在企业的发展初期和成长期的许多事件中，挖掘这些隐藏的理念和精神，经过总结和提炼，形成真正促进企业发展的精神和理念的企业文化。在此过程中需要注意以下五点。

1. 企业文化要与美容行业特性和企业经营特点相一致。

2. 美容企业文化并不是一己之见，要得到大多数员工的认同。企业文化的讨论，应该让全体员工参与进来。

3. 美容企业必须先树立自己的核心价值观念，且要成为全体员工都认知和认同的理念。同时在做品牌推广时，要让顾客也认同这种价值观念。

4. 美容企业应该有一个核心的价值理念，但基于这样的理念，还必须拓展为美容企业各个层面的管理思想和方法，使企业文化理念体系完整起来。

5. 企业理念要得到员工的认同，美容企业必须在各个沟通渠道进行宣传和阐释企业理念，要让员工认同企业文化，理解美容企业的文化是什么，怎么做才符合美容企业的文化。

（三）推行企业文化

企业文化的推行和落地，就是将企业理念、企业精神等以合理科学的企业规章制度来体现的过程。将企业规章制度制作成员工手册、企业刊物等，通过培训、自主学习等方式，让员工了解企业文化，熟悉企业文化。企业文化的践行首先是企业领导者率先学习践行，形成自己深刻的认识和独特的见解，然后通过管理行为去影响企业员工。企业员工逐渐从被动遵守变成自发自律，从而形成无形的约束力量，规范员工的行为意识。

五、影响美容企业文化的因素

对于美容企业来说，要想留住人才，最好的办法就是用好企业文化机制有效地使用人才、激励人才、开发人才。但在打造企业文化的过程中，通常会受到以下因素的影响。

（一）外部环境的变化

美容企业都会受到社会环境与产业环境的影响，如政治、经济、社会、法律甚至国际因素等。行业环境是企业在所从事的产业中，因受到市场、技术、产品、竞争对手、顾客等的影响，从而形成不同的美容企业文化。

（二）企业领导者价值观的变化

企业领导者拥有企业决策权，当他们的思想观念发生变化时，就会影响企业文化的改变。如美容企业领导者更换，新任领导者的新思想、新观念及新的经营理念就会影响企业文化改变及企业的发展。

（三）企业员工需求的变化

美容企业发展中，企业和员工要有共同的企业价值观。在企业管理中，管理人员不能把个人意愿强加给员工，必须了解考虑员工的认知和看法，这是形成美容企业文化的关键。随着企业的规模、经营范围不断地发展，员工的需求及能力也会随之改变，从而员工的价值观也会发生变化。

（四）企业资源的变化

企业资源的变化，通常会影响企业的价值观与目标。企业资源包括了企业里的一切有形、无形的力量，如资金、技术、管理、设施、社会关系等，企业资源通常决定了企业竞争的优势与劣势所在，为了企业的生存，企业应充分发挥优点，扬长避短。

在打造美容企业文化时，企业常把品牌文化同企业文化相混淆，认为品牌文化就是企业文化。品牌文化是品牌的核心，蕴涵着品牌的价值理念、品位、情感等精神文化，是品牌效应触动消费者的有效载体。而企业文化是企业在发展活动中形成的企业精神、价值观念、经营理念、经营方针、行为准则、道德规范、管理制度以及企业形象等的总和。它是企业个性化的体现，是企业参与竞争、寻求发展的原动力。因此品牌文化和企业文化既密切联系又有所不同。

任务二　企业形象设计

> **情境导入**

情境：小吴和朋友们在某市新创办的一家美容企业，在创业中迅速成立创建企业文化项目小组，通过学习和讨论形成了企业文化的计划书。此时他们又面临企业形象的打造，不了解企业形象应如何打造。

思考：请为小吴整理出一份企业形象设计的计划书及相关知识计划。

企业形象是消费者、社会公众及相关部门对一个企业综合认识后形成的全部认识、看法及综合评价。美容企业形象是社会对企业市场行为的总体印象，是美容企业与其他企业、消费者发生各种联系的企业行为，是公众经过长期观察、认识和了解后形成的综合印象，主要由美容企业的整体特征决定的。因此，树立良好的企业形象是企业至关重要的任务。

一、企业形象的内涵

企业形象是企业根据环境变化的要求，企业资源和竞争对手的情况，选择自己经营理念、目标及领域，设计出来的独特形象。美容企业同人一样，也需要拥有自身独特的外貌、仪表和风度，即其具有独特个性的形象。每个企业内在的价值观和经营理念，需要通过一定的具体形象表现出来。社会公众对企业的认识、了解和评价，是从对企业具体形象的感受开始的。在日益激烈的市场竞争中，一个企业要想对公众产生持久、强烈的吸引力，必须时刻注意企业的形象。

从企业自身来看，企业形象是企业根据自身文化和经营管理的需要，在社会和市场中刻意树立的、用以表现自我精神和物质的、影响公众的姿态和形象。主要包括四层含义：①企业形象的感受者和评价者是消费者，这种评价是有一定标准的；②企业形象不是形象主体的自然流露，而是企业刻意塑造和追求结果的反映；③公众对企业形象的认识是整体的、综合的，是经过理性选择和思考的最终印象；④公众对企业形象的认识要从印象上升为信念，并据此作出判断和评价。

（一）企业形象的组成要素

企业形象的设计受到具体组成要素的影响，主要包括以下几个方面。

1. 企业实力形象　它是企业形象存在的物质基础。企业强大的经济实力、丰富的资源，让企业形象有了落脚点。企业实力形象主要包括企业总资产、固定资产、流动资金、产品生产、研发规模、员工人数、生产设备等。

2. 企业产品形象　它是企业形象最基本的形象构成，是社会公众对企业形象认识的最基本来源。包括企业的产品质量、款式、包装、商标及企业提供的服务等。

3. 企业文化形象　它是企业形象的灵魂，也是企业形象的精髓所在。企业文化形象以企业价值观为基础，制定出企业相关制度和政策（如企业的体制、制度，制定的方针、政策等）以及这些政策实施约束企业员工的意识和行为，从而形成企业的生产、经营管理风格。保证了企业的工作效率、信用、保障等各个方面。企业的文化形象包括企业价值观、企业精神、企业目标和企业使命。

4. 企业人员形象　企业人员形象是企业形象的直接表现。一个企业人员数量、个人形象、人员技能、科技水平和管理水平会使企业形象倍增光彩。主要包括领导者、管理者及员工的个人形象气质、价值观和精神面貌等。

5. 企业社会环境形象　企业的社会环境形象是影响企业形象的重要因素，是构成企业独有个性形象的一部分。主要包括企业社会关系、企业建筑、标志物、布局装修等。随着互联网发展，企业网络形象是企业形象发展的新舞台，主要包括企业网站设计、色彩搭配、设计风格等。企业网络形象是企业在互联网中树立的形象，是企业行为在互联网中的表现，也是社会公众对企业网络形象的评价和看法。

（二）企业形象的功能

企业形象是一种无形的资源，在市场竞争日趋激烈的形势下，建立完美的企业形象，深化社会，引起同行业的重视，引起消费者强烈购买愿望是美容企业发展的主要内容。企业高度重视企业形象的整体策划和宣传，投入大量的资金用于企业形象战略，会对企业日常运作和企业经营发展赢得竞争上的优势。对于企业而言，企业良好的形象，直接关系到企业的生存和发展。企业形象设计在塑造企业形象的过程中以及在企业形象形成后，体现出以下五大功能。

1. 增强传播效果　树立统一、鲜明的企业形象，对各种形象的信息加以整合，有利于增强传播中的整体冲击力，增强企业的辨识度，给公众留下深刻印象。

2. 协调整合功能　在企业形象设计过程中，为了使企业有一个美好、统一的形象，设计者对企业各形象要素和工作环节、各利益主体、价值观念、行为规范等之间的关系进行协调整合，这就会提高企业的工作水平，增强企业的凝聚力和吸引力，并使企业成员更有目标感。

3. 创造消费信心　企业形象设计的最终确定是以达到消费者信赖为目的的，良好的企业形象有助于扩大企业的销售量，主要反映在消费者的消费心理上。企业形象是消费者对某件商品的一种心理印象，当在相同的质量水平下，好的企业形象可以使企业的产品成为消费者的首选产品，也会很快得到消费者的认可。这是因为消费者对企业的好感使他们相信企业产品的品质、认同企业商标及周到的服务，因此能够放心购买。

4. 提高竞争力　良好的企业形象可以为企业赢得良好的市场信誉，使企业能够在一定的时间内实现快速发展，吸引更多的合作者，从而扩大在市场上的影响力、提高市场竞争力。主要表现在：第一，良好的评价是产生有利行为的基础，企业一旦树立起良好形象，就容易获得各类公众的支持与合作。第二，良好的企业形象可以为其以企业之名实施的任何方针政策创造一种行为信心，可以为任何一种产品和服务创造一种消费信念。第三，企业形象有时会对公众行为产生决定性的影响，当某些竞争要素差异不大时，良好的整体形象就会起决定作用。

5. 创造吸引人才环境　随着人才市场的发展，企业员工有了择业自主权，企业靠什么吸引人才留住人才呢？当然，吸引人才的条件是多方面的，不可否认，企业形象是其中极为重要的条件之一。一般而言，企业具有良好的企业形象会使员工产生荣誉感，觉得在这里就业不仅可以获得高工资，还可以获得成就感和强烈的归属感。出于这种人生价值追求，人们当然愿意去声望高、名声好且经济效益高的企业工作。企业的强大凝聚力也是留住人才最重要的条件。

二、美容企业的形象设计

美容企业形象设计主要的工作是根据企业形象的调查、了解企业形象环境，确定企业形象定位等，把重要的形象视觉化、符号化、形式化，最终在社会公众心目中顺利树立良好的企业形象。

（一）美容企业形象设计原则

美容企业形象设计是现代企业管理的必备内容，是企业领导人必须花时间和精力去研究、去实施的经营行为。总结经验，美容企业形象设计的基本原则有以下四个方面。

1. 整体统一规划　美容企业形象设计是一项复杂的系统工程，要顺利实现经营目标，必须运用管理学中的运筹谋略，成功地进行全系统、全方位布局，坚持整体规划的原则，重点应在建立企业形象设计的整体观念、确立企业形象的统一标准、制定科学统一的传播策略。

2. 社会公众第一　在美容企业形象设计中，必须注重从社会公众利益出发，坚持社会公众第一原则，要做到以社会公众利益为出发点，主动接受社会公众监督，积极主动地塑造良好的社会形象。

3. 影响信誉至上　在市场经济大潮中谋求企业的生存和发展，那么企业必须重合同、守信誉，把信誉看成企业的生命，在生产经营中千方百计地维护自己的信誉，并不断强化。

4. 新颖求实创新　美容企业形象设计必须注重从企业实际出发，敢于创新，在设计中追求独创性、新颖的设计，坚持求实创新的原则，善于利用象征性标志。美容企业可以充分利用各种象征性标志，如企业商标、企业名、企业产品等，这些象征性标志的创造性，有利于美容企业在社会公众心目中形成独特良好的企业形象。

（二）美容企业形象设计步骤

美容企业形象设计涉及美容企业的经营理念、文化素质、经营方针、产品研发、商品流通等有关企业经营的所有因素。美容企业形象设计如何进行？一般通过对企业形象的调查研究，了解企业形象的环境，明确企业形象问题，然后进行分析、研究、规划、论证，从而设计出最佳的美容企业形象。

1. 美容企业实态调查阶段　美容企业在进行形象设计的初期，首先要对企业的实态进行调查，收集企业的现状、社会公众对企业的认知情况、市场环境等，从调查信息中确认企业实际在社会公众心目中的形象认知状况。

2. 美容形象目标定位阶段　企业形象设计必须有具体的目标，没有目标，企业形象设计就无从谈起，因此企业形象的定位是企业形象设计的前提条件。美容企业形象目标定位有对企业整体知名度、信誉度和个性特色的定位，企业整体形象是由很多子形象构成、由各形象要素构成，因此各子形象影响着整体形象的定位。

3. 美容企业形象设计开展阶段　美容企业形象的表现形式多种多样，常见的是高度概括成一句话或者口号。企业主题的设计必须与美容企业形象目标一致，充分体现目标，因此需要考虑三点：企业形象目标、企业信息特点、社会公众心理。设计与企业形象目标保持一致，突出其个性特点，企业信息要简明扼要，容易宣传和记忆，不能产生歧义，更主要的是能够打动消费者内心，具有强烈的号召力。

美容企业形象主题设计很大程度上取决于设计者的创作水平，依赖其创造性思维空间的开阔和创作构思的巧妙，是来自对客观事物的认识、总结和实践。当实践受到局限时，就要通过学习和借鉴来开阔视野、增长才干，要善于学习和借鉴古今中外企业的成功经验。

4. 美容企业形象设计宣传阶段　美容形象设计的宣传主要是企业文化形象的传播。一个管理规范的企业如果不注重宣传，则难以建立起良好形象。要想达到预期的宣传效果，企业形象设计者首先要了解各种宣传媒介，熟悉各种媒介的优缺点，并且通过各种媒介组合，产生优势互补，达到良好的整体宣传效果。通过企业形象的推广，让更多人了解企业，做到真诚宣传，统一标志，加深印象。

5. 美容企业形象设计总结调整阶段　一个良好企业形象的建立不是一蹴而就的，而是需要付出较长时间的努力，还要不断地总结和调整。企业形象设计在实施过程中，环境、目标、公众等各类需求发生变化，就要适当地进行调整。因此，想要维持企业的美好形象，必须注意不断总结经验，弥补不足，坚持经常粘补裂缝、自我加压、维护企业形象，这也是企业形象设计不可忽视的一点。

（三）影响美容企业形象设计的因素

1. 通常社会公众对企业形象的第一印象最为深刻，因此，企业留给社会公众的第一印象往往会影响企业在公众心目中的形象。

2. 企业文化包括企业精神、企业价值观以及企业形成的行为规范、道德标准、规章制度、企业行为习惯等。因此优秀的美容企业更需要通过宣传企业文化的核心、企业精神和企业价值观来建立自身的形象，从而使社会公众对企业形象留下深刻的印象。

3. 企业独有特色是社会公众区别各个企业的标志。社会公众对企业的认知是具有选择性，如果企业独有特征越显著，社会公众就越能感知它。因此美容企业在进行形象设计时应尽量做到独树一帜，力求与众不同，引人注目，给人留下深刻印象。注重商品特色、服务特色、产品外观特色、人员特色管理等。

4. 企业形象出现的频率及影响的程度是影响企业形象的又一个重要因素。企业形象的多次滚动出现，重复刺激，会给公众留下深刻而完整的形象，提高企业的知名度。

知识链接

打造企业文化需要遵循的基本原则

1. 以人为本的原则 企业的生存与发展最终的决定因素是人，企业文化塑造的根本对象是人，要把企业的经营思想变为现实，主要靠企业的全体员工，靠员工的自觉行为。

2. 重视提高企业文化建设的程度 企业应重视和加大企业文化的建设，要求企业领导者不仅应理念领先，更重要的是将领先的理念转化为企业的理念、机制、规则。

3. 科学实效性原则倡导和推进 企业科技的发展是企业文化的重要任务。企业文化科学实效是切合企业当前的实际情况，符合企业定位，一切从实际出发，制定切实可行的方案，以科学的态度，实事求是地进行文化塑造。

4. 建立健全企业文化系统 企业文化打造是一项系统的工程，是传播思想，从系统上传递企业精神，凝聚员工的向心力，唤醒企业灵魂。企业形成自己的独特文化建设模式，建立独有的企业文化系统，可进一步促进企业的健康快速发展。

目标检测

答案解析

1. 简述美容企业文化的重要性。
2. 简述企业文化内容。
3. 企业文化扎根于企业内部，对企业有着哪些重要的意义？
4. 简述美容企业形象设计组成要素。
5. 影响美容企业形象设计的因素有哪些？
6. 简述美容企业形象设计的主要工作。
7. 美容形象设计包括哪些设计阶段？
8. 企业形象可以提高企业的竞争力，其主要表现在哪些方面？

9. 简述企业形象的四层含义。

10. 企业文化通常包括哪些内容?

（李潇潇）

书网融合……

| 重点小结 | 微课 | 习题 |

项目九 美容企业职业道德与素质修养

学习目标

知识目标：通过本项目的学习，应能掌握职业道德的概念、特点，美容师职业素质、美容员工素质培养，美容业职业道德、美容业职业道德基本规范、员工素质修养的培养方法；熟悉思想素质、知识素质、形象素质、能力素质；了解职业道德的社会作用。

能力目标：能够在工作岗位中遵循各项职业道德基本规范；能够在工作中具备良好的素质修养，并具备自我教育、自我改造、自我提高和自我完善的能力。

素质目标：通过本项目的学习，具备职业道德和素质修养相关知识；认识培养良好的职业道德和素质修养的重要性。

任务一 职业道德

情境导入

情境：2008 年 3 月，两位女大学生在橱窗玻璃贴着"洗剪吹 38 元"字样的郑州某美容美发店理发，洗理过程中，店员不停地向其推荐护发产品，结账时，收银员报出了"每人 6000 元，一共 12000 元"的天价！两位大学生不知因何消费如此巨款，无奈下不得不向同学借钱才得以脱身。美发店的明码标价与实际收费悬殊之大令人瞠目，该"天价头"事件被媒体曝光后，在社会上引起强烈反响。

思考：1. 为什么企业开出天价收费会引起社会的强烈反响呢？

2. 如果没有良好的职业道德，会对自己的职业生涯以及企业带来很大的影响吗？

3. 美容从业人员在职业活动中应共同遵循哪些行为规范和行为准则呢？

道德是通过行为规范和伦理教化来调整个人之间、个人与社会之间关系的意识形态，是以善恶评价的方式调整人与社会相互关系的准则、标准和规范的总和。《荀子·劝学》提到："礼者，法之大分，类之纲纪也，故学至乎礼而止矣，夫之谓道德之极。"即学习修养达到礼的要求，就是道德的最高境界了。康德曾经说过："这个世界上唯有两样东西能让我们的心灵感到深深的震撼：一是我们头顶上的灿烂天空，二是我们心中崇高的道德法则。"

马克思主义伦理学认为，道德是人类社会特殊的意识形态，是由一定的社会关系所决定，依靠社会舆论、传统习俗、内心信念和教育力量组成的，用以调整人与人、人与集体、人与社会之间关系的行为准则的总称。道德主要靠自律来实现和维护，通过善恶价值来选择和评价人们的行为。当其遵循了道德规范时则是善的，人们会感到内心愉悦，心情畅快；反之，则是恶的，人们会感到不安和愧疚。不同的职业对人们的约束力是不同的，反映在自律和善恶的评价标准也各不相同。

一、职业道德的概述

职业道德产生于原始社会，随着第一次社会大分工的出现而发展起来。一定的社会分工或社会角色的持续实现，就形成了职业。职业一经产生，社会就赋予它一定的社会责任。职业差异是社会分工的结果，由于社会分工越来越细，社会生活中的职业也就越来越多。不同职业的工作目标、内容、方式和场所存在很大的差别，势必造成不同行业的职业准则也各不相同。把这些不同职业的行为准则加以概括，就形成不同行业所必须遵守的共同准则，即职业道德。

（一）职业道德的含义

职业道德是社会道德在职业生活中的具体表现，是指从事一定职业的人们，在职业活动中所应遵循的具有自身职业特征的道德准则和行为规范的总和。它既是对本行业人员职业活动行为的规定，又是行业对社会所承担的道德责任与义务。随着现代社会分工的发展、行业专业化程度的增强和市场竞争的激烈，整个社会对从业人员职业观念、职业态度、职业技能、职业纪律和职业作风的要求越来越高。

恩格斯说："实际上，每一个阶级，甚至每一个行业都各有各的道德。"每个从业人员，不论从事哪种职业，在职业活动中都要遵守职业道德。如教师要遵守教书育人、为人师表的职业道德；医生要遵守治病救人、救死扶伤的职业道德；美容服务行业要遵守以顾客为本，为顾客服务的职业道德等。

（二）职业道德的特点

职业道德不仅是从业人员在职业活动中的行为标准和要求，更是本行业对社会所承担的道德责任和义务，是社会道德在职业生活中的具体化。

1. 普遍性和广泛性　由于职业道德是依据本行业的业务内容、活动条件、交往范围以及从业人员的承受能力而制定的行为规范和道德准则，是社会各行各业从业人员组成的职业群体所必须遵守的行业规范，对一切从业人员来讲，只要从事职业活动，就必须遵守该行业的职业道德。

2. 稳定性和连续性　由于职业分工具有相对的稳定性，形成了比较稳定的职业传统习惯、职业行为准则和职业心理，与其相适应的职业道德也必然具有较强的稳定性，同时，有些职业长期地存在于人类社会生活之中，具有世代相传的职业传统，体现职业道德的连续性。因此，当职业生活、职业要求和职业的具体权利和义务相结合时，职业道德的内容也就具有一定的稳定性和连续性。

3. 特定性和有限性　职业道德的形式，因行业而异，每种职业都有各自不同的活动范围、活动方式和活动人群，其服务内容、对象和要求也各不相同。某种具体的职业道德，对本行业是适用的，而对其他行业往往不适用。一般来说，有多少种不同的行业，就有多少种不同的职业道德，不同行业的职业道德必须鲜明地表达本职业的责任和义务以及职业行为上的道德准则，从而形成各自特定的职业道德规范。

4. 针对性和可操作性　职业道德的要求不是千篇一律的，往往针对本行业的特点、职业条件和从业人员的能力，采取规章制度、工作守则、奖惩条例、注意事项等形式表现出来，具有明确的专业性质，用于调节特定的职业或行业从业人员，针对性和可操作性强。

（三）职业道德的社会作用

职业道德是社会道德体系的重要组成部分，既具有社会道德的一般作用，又具有自身的特殊作用。

1. 促使从业者个人道德品质的成熟　从业人员通过职业道德的修养和实践，使其道德认识和道德观念被改变或加深，并随着职业活动的深入而逐步调整、充实、完善和成熟。

2. 促使行业快速发展　行业的发展有赖于良好的经济效益，而良好的经济效益源于良好的员工素质。如果从业人员都能在工作中按照职业道德的要求和规范去行使职业权利，履行职业义务，提高个人的道德水平，那么产品质量和服务质量就能得到有效保障，从而提高在社会公众中的信誉度，增强竞争力，促使行业快速发展。

3. 维护和提高行业信誉　一个行业的形象、信用和声誉，是指行业的产品与服务在社会公众中的信任程度，提高行业信誉主要依靠产品质量和服务质量，而从业人员的道德水平则是这两者的有效保证。只有每位从业人员都能具备优良的道德品格，才能对整个行业道德水平的提高发挥重要的作用。

4. 促使社会全面进步　职业道德涉及每位从业人员如何对待职业和工作，同时也是一个从业人员的生活态度、价值观念的表现，是一个人的道德意识、道德行为发展的成熟阶段，如果每位劳动者都能遵守职业道德规范，在自己的工作岗位上尽心尽力、尽职尽责，那么，全社会的物质文明和精神文明都将得到极大提高，社会也将得到全面发展和进步。

（四）职业道德基本规范

2001 年 9 月 20 日，中共中央颁发《公民道德建设实施纲要》，对社会的职业道德规范进行了明确规定，指出应大力倡导以爱岗敬业、诚实守信、办事公道、服务群众、奉献社会为主要内容的职业道德基本规范。这正是所有从业人员在职业活动中应共同遵循的行为规范和行为准则。

1. 爱岗敬业　爱岗敬业是职业道德规范的核心和基本前提，是为人民服务和集体主义精神的具体体现。表现在如何看待自己所从事的职业和岗位，是否认同自己职业的社会价值，愿不愿意在职业岗位上尽职尽责，确立强烈的职业责任感。

爱岗，是对从业人员工作态度的一种普遍要求，是热爱自己的工作岗位，热爱本职工作。从业人员要干一行，爱一行，真正热爱本职工作；要忠于职守，团结协作，认真从事本职工作；要钻研业务，提高技能，创造性完成本职工作。敬业，是从业人员用一种恭敬严肃的态度对待自己的工作，勤勤恳恳，兢兢业业，恪尽职守，尽职尽责。

爱岗与敬业精神是相互联系在一起的，互为前提，相互支持，相辅相成。爱岗是敬业的基石，敬业是爱岗的升华；爱岗是敬业的前提，敬业是爱岗的具体表现和情感表达。爱岗才能敬业；反之，敬业也才能爱岗，爱自己的服务对象，才能忠于职守，乐于奉献。从业人员如果不热爱自己所从事的职业，不认同自己职业的价值和意义，甚至看不起自己的职业，就不可能树立敬业乐业的精神。

2. 诚实守信　诚实守信是职业道德的基石，是人们立身处世之本和事业成败的关键。诚实守信，信守诺言，是为人处世的一种美德。

所谓诚实，是指忠诚老实，言行一致，表里如一。诚实就是忠于事物本来面貌，不隐瞒自己的真实思想，不掩盖自己的真实感情，不说谎，不作假，不为不可告人的目的而欺瞒别人。诚实的人，能忠于事物的本来面目，说老实话、办老实事，不歪曲事实，处事实在。所谓守信，就是要信守承诺，言必践，行必果，说到做到。守信就是讲信用，讲信誉，信守承诺，忠实于自己承担的义务，答应别人的事情一定要去做。守信的人，则高度看重自己的人格，无条件地兑现自己的诺言。

诚实和守信二者是互相联系的，诚实是守信的基础，守信是诚实的具体表现。诚实重在对客观事物的真实反映，对自己内心思想和情感的真实表达。守信重在对承担责任和义务的忠实，毫无保留地实践自己的诺言。因此将顾客的需求和利益放在首位，不能为了追求经济利益而擅自扩大服务范围，夸大美容效果，随意提高消费价格，欺骗顾客等行为。

3. 办事公道　办事公道是职业道德的重要行为准则，是在爱岗敬业、诚实守信基础上提出的更高层次的职业道德基本要求。所谓办事公道是指从业人员在办理事情处理问题时，要实事求是、客观公正，按照同一标准和原则办事的职业道德规范。

古人云："治世之道为在平、畅、正、节。"说的就是万事皆应公平、公正，不公正便失去原则、失去是非、失去信任。在职业活动中，要做到办事公道，既要在思想上筑牢为人民服务的价值观，更要处理好公与私、义与利的关系。因此办事公道的具体要求是坚持真理、公私分明、公平公正、光明磊落等。

4. 服务群众 服务群众是社会主义职业道德的核心，也是职业道德的灵魂。服务群众就是为人民群众服务，一切从人民的利益出发，急群众之所急，想群众之所想，乐群众之所乐，忧群众之所忧，使群众得到更多的实惠。

在当今社会，每个人各种需要的满足越来越依赖于社会，确切地说，越来越依赖于各种职业活动，依赖于他人所提供的服务。任何职业都有其职业的服务对象，所有职业的共同服务对象就是人民群众。实质上，不同职业的差异只在于服务的具体形式、手段、范围、内容不同而已，服务群众的主体和对象都是平等的。

5. 奉献社会 奉献社会是职业道德的基本特征，是每个从业人员职业修养的最终目标。从业人员应全心全意为社会作贡献，不计较个人得失，兢兢业业，任劳任怨。

奉献社会是一种人生境界，是人生事业中的高尚人格。一个人不论从事什么行业，不论在什么岗位，都必须服从社会利益，把奉献社会作为自己的崇高目标。人生的价值在于奉献。当从业人员专注于某项事业对于人类社会的意义时，他就会全身心投入，愿意为他人、为社会、为真理、为正义献出自己的力量，甚至是生命，这就是伟大的奉献精神。

爱岗敬业、诚实守信、办事公道、服务群众、奉献社会这五个方面是相辅相成的。爱岗敬业、诚实守信是对从业人员的职业行为的基础要求，这两项做不好，其他工作就很难做好；办事公道、服务群众比前两项要求更高一些，需要有一定的道德修养做基础。而奉献社会，是这五项要求中境界最高的一项。一个人只要达到一心为社会做奉献的境界，其工作就必然能做得很好，必定能最大限度地实现自己的人生价值，真正全心全意为人民服务。

二、美容业职业道德规范

没有规矩不成方圆，每个行业都有其职业道德规范，并且各有特定的内容和要求。恩格斯说："实际上，每一个阶级，甚至每一个行业都各有各的道德。"事实也正是如此，不同的职业，其道德规范不同。作为新兴行业的美容业，自然也有其独特的职业道德规范。

（一）美容业职业道德

美容业的职业道德是社会职业道德的组成部分，全心全意为人民服务是社会职业道德的基本原则，贯穿于美容业经营活动的始终。其特点主要表现在：美容业以劳动的形式最大限度地满足人民群众对美化生活的需要，其提供的劳务情况直接影响着服务的水平和质量；美容业在与顾客进行交换时，要求美容业既不能损害顾客的利益，更不能损害国家和集体利益，双方必须遵循等价交换原则；美容业在美化人民生活的过程中，要处处以方便顾客、最大限度地服务顾客为前提，因此，顾客满意度是衡量美容业服务质量优劣的重要条件，也是美容业职业道德核心内容的具体反映。

（二）美容业职业道德基本规范

美容行业发展突飞猛进，前景广阔，但也不可避免出现一些行业道德问题，行业道德规范亟需得到有效推广和实施。美容行业职业道德的规范内容主要有以下几个方面。

1. 爱岗敬业，服务至上 美容工作性质关系到广大人民群众的生活和幸福，也关系到社会秩序和社会风气。美容业虽是服务行业，但并不低人一等，要充分认识服务工作的重要意义，树立全心全意为人民服务的理念，热爱平凡的服务劳动，讲求精益求精，把工作当成自己的事业。

2. 明码标价，诚实守信 在提供服务的过程中，应严格按等级价目标准收费，严禁多收费、乱收费。增加服务项目时须征得顾客同意，严禁用欺骗手段随意增加服务项目哄骗顾客。在服务过程中应按服务规范程序操作，保证质量，做到质价相符，诚实守信。

3. 热情和蔼，文明待客　要竭诚为顾客提供全方位服务，尽最大努力满足顾客对美的需求。在服务工作时，美容从业人员要讲究语言艺术，语言准确精练，语气亲切和蔼，内容通俗易懂，富有礼节性。严禁不文明用语，反对冷嘲热讽、打击挖苦，杜绝轻浮怪态，表情冷淡和不文明手势等。

4. 耐心周到，百问不厌　美容服务是专业性较强的工作，顾客存在诸多疑问也是情理之中。面对顾客提出的问题，美容从业人员应有问必答，耐心细致，要千方百计地为顾客着想。对其中不明白的事情，不能不懂装懂，欺骗顾客，对个别有无礼言行的顾客，从业人员也要冷静对待，妥善处置。

5. 一视同仁，平等待客　美容从业人员对自己的服务对象不要因人而异、厚此薄彼。对顾客不要以貌取人来决定服务态度的好坏，不要以营业的忙闲或生意的大小来决定服务程序的繁简。要对老少顾客、新老顾客、本地与外地顾客一视同仁。

6. 钻研业务，提高技能　只有刻苦钻研业务技术，学好美学知识和造型艺术知识，掌握与美容相关的其他学科知识，不断提高自己的审美水平和艺术修养，美容服务才能为广大顾客所欢迎，美容业才能蒸蒸日上。

7. 遵纪守法，接受监督　美容业服务的优劣，直接关系到人民群众的生活质量。所以，从业人员必须以国家法律为准绳，以企业的各项规章制度和商业纪律为要求，提供热忱、优质服务，对顾客的表扬谦虚谨慎，对顾客的批评虚心大度，自觉接受顾客的监督。

任务二　职业素质修养

>> **情境导入**

　　情境：美容师小梁近来遇到一件苦恼事，顾客李女士一直都是由她专门服务，而且李女士一直都夸小梁人热情，手法好，服务周到。但近来不知什么原因，李女士另找美容师小梁为其服务。通过观察发现，李女士最近新添了炒股的爱好，美容时喜欢与美容师大谈炒股经，而小梁对炒股一窍不通，当李女士大谈炒股经时，她基本是闭口不谈的，有时甚至表现出不愿听李女士谈论此事，李女士觉得与小梁没有共同话题，不能产生共鸣，自然要另觅知音了。

　　思考：1. 为什么顾客会另选美容师为其服务呢？

　　　　　2. 美容师应该从哪些方面提高自身的综合素质呢？

　　素质是个体为完成一项工作与任务所应具备的基本条件和基本特点，有狭义和广义之分。狭义素质是通过父母遗传因素而获得的素质，主要包括感觉器官、神经系统和身体其他方面的一些生理特点。广义素质则指在头脑健全、心理、智能正常的情况下，经过后天努力与实践使这种潜能得到充分发挥的因素。素质就是一个人在社会生活中思想与行为的具体表现。

　　一般来说，素质是在先天的基础上，通过后天的教育和社会环境影响逐步形成和发展起来的。一个人只要努力学习，不断实践，获取相关专业知识并把它变成自觉行为，那他就能提高自己的素质修养。因此，素质修养就是从业人员在思想素质、知识素质、形象素质、能力素质等方面所进行的自我教育、自我改造、自我提高和自我完善的过程。

一、素质修养内容

（一）思想素质

　　这是做好自己本职工作的前提条件。美容从业人员除了要求有精湛、娴熟的技艺，还要求具备高度的思想道德修养，经得起实践的检验，方能得到社会认可。因此，从业人员应主动在道德品质、道德意志、道德习惯方面进行自觉地改造、锻炼和培养，形成爱岗敬业、注重效率，以顾客满意为导向的思想道德素质。

很难想象一个不热爱自己工作的人能创造性地完成本职工作。事实上，美容是一种专业技术与理论高度结合的事业，它在带给人容貌改变的同时，还会给顾客以精神层面的享受。美容从业人员通过提供服务，会不自觉地将这些思想品质传达给顾客，顾客一旦被你的道德素质所折服，会主动投之以信心、信任、依赖，进而经常光顾。

（二）知识素质

面对行业的快速发展以及观念的更新，美容从业人员应重新审视自己的知识结构，及时充实并完善自身的知识体系，要善于学习和创新，敢于接受新事物、新观念。既要掌握医学美容专业知识，不断提高自己的知识技能，为顾客提供优质服务，同时对其他知识也要广闻博记，具备较宽的知识面，如要学习并掌握美学、化妆品学、皮肤科学、医学基础、设备维修、色彩搭配、形象设计、素描绘画、消费心理、沟通技巧、人文风貌、风俗乡情、法律法规等相关学科的基本知识，方便与来自社会各阶层的顾客相互沟通，解答顾客疑问，对症下药，为顾客设计出最完美的美容方案，成为与顾客无话不谈的知心朋友，以适应变化发展的美容行业的需求。

（三）形象素质

顾客对于美容院的好恶之感，很大程度来自于第一印象，而第一印象大部分由人的形象素质决定。美容从业人员的形象素质高，有利于工作的开展。如具有优雅的形象、端庄的举止、文雅的谈吐、高超的技术、丰富的内涵、亲切诚恳的待人处世原则等，会给顾客留下美好印象，体现出专业并赢得顾客的信任。所以，美容从业人员要时刻注意自己的外在形象。

（四）能力素质

能力素质是美容从业人员提供优质服务的重要能力，主要包括语言表达能力、沟通能力、观察能力和记忆能力等。

1. 表达能力　表达能力指员工在接待服务中语言表达方面所应具备的能力。语言是美容从业人员与顾客建立良好关系、反馈服务信息的重要工具和途径，正确的语言表达能够给顾客留下深刻印象，而且美容业的文化、服务的质量及员工的素质等也会通过语言交流来实现。

通常情况下，员工在与顾客交流时，应注意语气、用词及肢体语言的表达。语气要自然流畅、和蔼可亲，语调要抑扬顿挫、和谐悦耳；用词要讲究技巧、注意分寸，避免使用一些口头禅、敏感的话题、不礼貌的讥讽语言等；肢体语言运用得当，可取得事半功倍的效果，员工要善于使用微笑、眼神等肢体语言的表达，一个浅浅的微笑可立刻拉近与顾客的距离，一个表示友好的眼神让顾客有家的安稳，俗话说："顾客盈门，微笑生财"，学会微笑和利用微笑，能在工作中提供让顾客喜欢的服务。

美容从业人员应当掌握礼貌用语，如"您好""请""对不起""谢谢"等。掌握接待顾客文明用语，如"您好，欢迎光临""对不起，让您久等了，我能为您做点什么？""请带好随身物品，欢迎下次再来"等。

2. 沟通能力　沟通能力主要是美容从业人员发挥自身优势进行人际交往的本领。到美容院接受服务的顾客性情脾气各不相同，如何接待好每一位顾客，提供优质服务，这就要考验员工的交际与沟通能力。首先应重视给顾客的第一印象，不论新老顾客，员工都应一视同仁，要做好客到，则微笑到、敬语到、介绍到、服务到，不能冷落顾客；在顾客较多时，要兼顾全面，要处理好轻重缓急的关系，态度要诚恳。

员工要真正与顾客建立感情，最重要的还是掌握扎实过硬的本领，满足顾客不同的需求，促进顾客主动消费，再次光临。当与顾客产生分歧时，在既不损坏企业声誉，又能维护顾客情面的情况下，妥善化解各种矛盾。

3. 观察能力　观察能力是指员工察言观色、把握时机，主动做好服务的能力。通常顾客的职业、身份不同，对服务的需求不同。同时，顾客在不同的场合，对服务的需求心理也不一样，这就要求员工根据顾客的不同年龄、职业、情趣、爱好等，有所侧重地做好业务介绍、礼貌服务等接待工作。

一位有经验的员工，往往能从顾客的眼神、表情、言谈、举止中判断出顾客的需求，从而运用各种服务心理策略和灵活的接待方式来满足顾客的消费需求，把握经营商机。

4. 记忆能力　记忆能力是指员工识记、保持、再认识和重现客观事物所反映的内容和经验的能力。一般情况下，顾客对自己的称呼都比较在意，如果用顾客的姓氏或名字招呼顾客，会使其有宾至如归之感。如有一些美容院要求美容师，对经常消费的顾客，不能只说"您好"，尽量要说"您好，×姐"，或顾客常用的称呼。并且要求美容师记住顾客的兴趣爱好、消费习惯、服务标准等，既能更精准地为顾客提供美容服务，又能产生顾客至上的感觉。

5. 实践能力　美容师需要通过不断的实践和学习来提升自己技术水平，确保能够提供专业优质的服务体验。熟练掌握操作技能，严格遵守操作规则，精心完成每一步骤，以赢得顾客的认可和信任。

二、美容师职业素质

随着美容行业的飞速发展，其人才供求不平衡状况愈显突出，2005 年，美容师的出现为美容行业注入新的活力，吸引众多美容行业的关注。美容师的诞生，是市场经济、现代企业发展的需要，必将推动美容行业向健康、快速、规范方向发展，促进我国美容行业的进步。美容师作为美容业的职业经理人，是以美容业技术、服务、经营、管理为职业，熟悉并掌握美容业的经营管理理念，运用美容业各项资源，以实现行业经营管理利益最大化的目标。美容师的职业素质是综合性的，除具有美容从业人员必备素质外，还应具备以下素质。

（一）健康的职业心态

面对行业的激烈竞争，很多人感觉工作压力大，不能很好调节心态，导致工作效率低下，不能为企业创造更大的效益。成功学大师拿破仑·希尔说过："人与人之间只有很小的差异，但这种很小的差异却造成了巨大的差异。很小的差异就是所具备的心态是积极的还是消极的，巨大的差异就是成功与失败。"美容师是企业的灵魂，美容师的心理、精神和工作状态是其他员工的一面镜子，积极乐观的职业心态是美容业健康发展的不竭动力。美容师要保持愉快、满意的工作状态，要给人以精力充沛、奋发向上、朝气蓬勃的感觉；要能战胜自我，敢于面对挑战，保持创新活力；要能够承受必要的压力，对人宽厚，容忍员工的缺点，善于发现员工的优点，激发员工的创造力。

（二）优良的个性品质

美容师在工作中会遇到许多困难、麻烦或不愉快的事情，这就要求美容师具备优良的个性品质。要养成能赢得他人尊重和敬仰的气质，学会控制自己，时时设法平衡情绪，不轻易流露负面情绪；要与人为善，善待他人，知人善用；要机智灵活，幽默风趣，遇事不慌，尽可能营造令人愉快的工作场景，让员工及顾客有宾至如归的感觉；要养成礼貌待客习惯，常说"谢谢、请、您好"等，处处尊重人、照顾人、谅解人，设身处地为员工和顾客着想。

（三）良好的管理素质

具备良好企业管理能力的美容师也称之为美容管理师，其管理企业的能力是必备素质。美容师的管理素质主要表现在决策能力、应变能力和选人用人能力。

决策能力是指决策者所具有的参与决策活动、进行方案选择的技能和本领。管理人才的决策能力主要有三个方面：开放的提炼能力、准确的预测能力、准确的决断能力。美容师面对竞争激烈的市场环境，必须熟悉国家的方针政策，在第一时间掌握行业的最新资讯，根据季节变化，调整相应的服务项目，推陈出新，使美容企业始终处于不败之地；掌握现代企业的经营管理理念和方法，用敏锐的头脑，科学定位企业的发展方向和规模，对经营目标和计划进行适时决策。

应变能力是指自然人或法人在外界事物发生改变时，所做出的反应，可能是本能的，也可能是经过大量思考过程后，所做出的决策。应变能力主要表现在三个方面：①能在变化中产生应对的创意和策略；②能审时度势，随机应变；③能在变化中辨明方向，持之以恒。面对众口难调的服务对象，美容师必须练就善于观察、随机应变的能力，准确捕捉新事物的萌芽，提出大胆新颖的规划和设想，拿出周密方案；善于发现初露端倪的问题，及时查缺补漏，制定防范措施，保证企业始终处于有利地位，保持企业竞争优势。能善于打特色牌，形成企业特色优势，力争做到人无我有，人有我新，在竞争中处于不败地位。

选人用人能力是指美容师能够识别、选拔、任用人才，让其在各自岗位上最大限度地发挥创造力；善于制定科学的考核评价和激励机制，营造和谐、融洽的工作氛围，增强自我积累，提高创新机遇，打造企业文化，发展企业软实力。

三、美容员工素质培养

美容从业人员的素质并不都是生来就有的，必须经过持之以恒的素质培养训练，并通过潜移默化，内化成人格的一个部分，形成良好的行为习惯，使之在面临各种选择时，做到自觉按照职业要求去规范自己的行为。美容从业人员的素质修养主要可通过以下途径获得。

（一）学校教育

随着美容行业的不断完善，越来越多接受过正规教育的美容师、美容管理师走上了工作岗位，成为美容行业高素质人才的主力军。他们不仅具有较高的思想道德素质，而且具有较强的企业现代经营管理理念、技术、方法和能力，能够在实践中更好地协调、组织和掌控企业的发展。

学校教育是美容师提高自己、完善自我的重要一环。学校教育能够让学员学到更多专业知识、先进经验，通过专业实习可以较好实现理论与实践相结合。

（二）美容院培训

随着时代的发展，美容院想在激烈的市场竞争中站稳脚跟，就必须不断提高美容院员工的业务素质和能力，提高其工作效率和工作质量。实践证明，只有高水平的美容师，才能为美容院带来蒸蒸日上的效益业绩，即培训出高水平的美容师是美容院立于不败之地的重要法宝。美容院培训是一种投资行为，因此，必须注重效益，讲究方法，以最少投入获得最大收益。如：对刚踏出校门的美容师来说，主要是对其进行美容院介绍、美容基本知识培训和美容院规章制度学习等基础培训，帮助新手完成由学习生活向职业生活的过渡；对美容院的管理人员来说，主要是对其进行领导才能、管理方法、创新意识等方面的培训。

培训的方式方法各不相同，如按时间划分有短期培训、长期培训；按培训与工作的关系划分有脱产培训、在职培训；按岗位划分有一般美容师培训、专业技术人员培训、基层管理人员培训、经理培训、总裁培训等；按先后顺序划分有新员工培训和老员工培训等。

（三）自我完善

学校教育与美容院培训都不可能一劳永逸，而美容技术、美容产品日新月异，美容从业人员要跟上迅猛发展的美容行业，就必须具备好学的精神，终身学习的观念。兴趣是最好的老师，要树立"爱一行、干一行、钻一行"的道德品质，不能因一时成绩而沾沾自喜、不求上进，否则，就会如逆水行舟，不进则退。

美容从业人员还可根据美容院及自身的实际情况确立发展目标：如在为人处世、职业道德、专业技术、业务能力、管理水平等方面要达到怎样的具体目标，从业人员要心中有数，做好计划，并设定合适的职业生涯规划。学无止境，要把握各种学习机会，提高和完善自我，要珍惜在学校的美好时光，把握美容院培训的大好时机，虚心向同行学习，"三人行，必有我师"，促使自身综合素质的迅速提高。

▪▪▪▪▪ 目标检测

答案解析

1. 美容员工的素质修养有哪些？如何培养？
2. 美容行业职业道德的基本规范是什么？
3. 职业道德有哪些特点？
4. 职业道德的社会作用是什么？
5. 请说一说狭义素质和广义素质的定义。
6. 素质修养包括哪些内容呢？
7. 美容院员工的能力素质包括哪些方面呢？
8. 请你谈一下美容员工的素质培养，如何进行自我完善呢？
9. 你如何理解爱岗敬业的定义和内涵呢？
10. 2001 年 9 月 20 日，中共中央颁发《公民道德建设实施纲要》倡导什么样的职业道德基本规范？

（李　莉）

书网融合……

重点小结　　　　微课　　　　习题

项目十 美容企业危机管理及法律规范

PPT

学习目标

知识目标：通过本项目的学习，应能掌握美容企业危机的类型、特点及产生原因；熟悉危机管理的基本流程和应对策略；了解与美容行业相关的法律法规内容和框架。

能力目标：能迅速识别美容企业潜在危机并准确评估其风险等级；熟练制定针对不同类型危机的应对策略和实施计划；掌握运用相关法律法规维护企业合法权益的技能；可以妥善处理美容企业与顾客、员工、合作伙伴之间的法律纠纷；善于利用法律途径和公关手段来化解美容企业危机对品牌形象的损害。

素质目标：通过本项目的学习，树立危机意识，能时刻警惕潜在危机对美容企业的影响；拥有良好的法律素养，在经营中自觉遵守和维护法律规范；保持冷静沉稳的心态，在危机发生时能理智应对；具有较强的沟通协调能力，妥善处理内外部关系以化解危机；树立诚信经营的理念，保障美容企业健康稳定发展。

任务一 美容企业危机管理

情境导入

情境：某知名美容企业近期推出了一款声称能够有效抗衰老的护肤品，广告和宣传营销都制作得非常高端，吸引了大量消费者的关注。然而，在产品上市不久之后，陆续出现了部分消费者反馈产品引发皮肤过敏等不良反应的投诉。面临突如其来的舆论压力和客户投诉，企业陷入了危机。经过初步调查，原来是由于产品配方中的某种成分未达到法定检测标准导致的。此时，企业既要面临处理消费者反馈的难题，也需要应对可能的法律纠纷。

思考：1. 针对上述情境，如何在危机爆发之初迅速做出决策，解决消费者的问题并尽量降低企业的声誉损失？

2. 如何系统地分析事件原因，改进企业管理，以遵循法律规范，避免类似问题再次发生？

3. 在这个过程中，危机处理和法律规范方面的知识与技能以及相关素质如何发挥关键作用？

美容企业面临危机时，应迅速、有效地展开危机管理，将潜在的品牌损害降到最低。处理危机的关键点：迅速行动、积极沟通、透明真诚、采纳建议和整改。这有助于美容企业在处理类似事件时，更快地化解危机，提升品牌形象，树立行业榜样。

一、顾客群体事件应对

在美容行业，有时美容企业可能会面临来自顾客群体的一些突发事件。这类事件往往涉及企业产品质量、服务态度、价格体系等多个方面，一旦处理不当，将给企业造成信誉损失和经营困境。因此，建立一套针对顾客群体事件的有效应对机制显得尤为重要。本章从危机预防、危机应对、危机后处理等方面，为美容企业提供指导案例和方法。

（一）危机预防

1. 提升产品质量与服务水平　为了避免美容企业面临危机，预防工作至关重要。作为美容企业，应关注以下方面，提升产品质量与服务水平。

（1）严格选择与监管供应商　企业应确保所有提供的美容产品，如护肤品、美容仪器等，来源于可靠且具有良好口碑的供应商。在与供应商签订合同时，明确产品质量要求和监管责任，确保产品符合国家及行业标准。加强与供应商之间的沟通与合作，定期开展联合培训或产品试用活动，以持续提高产品质量。

（2）提供独特优势的服务项目　美容企业应针对市场需求，提供有独特优势的服务项目。与此同时，开展前期市场调研，了解美容行业最新的技术及流行趋势，将新技术引入服务项目，为顾客提供更为专业、高效且具有市场竞争力的服务项目。

（3）不断地对员工进行专业技能、沟通技巧及职业道德培训　企业应定期安排员工参加知识技能培训，强化员工的专业技能，如美容护理、仪器操作等，确保整体服务水平得到提升。将沟通技巧及服务态度培训纳入培训内容，帮助员工更好地与顾客互动。此外，加强职业道德宣传教育，督促员工遵循行业规范和道德底线，关注顾客利益。

（4）加强内部质量监督和抽查　在企业服务过程中随机抽查服务质量，定期对员工进行回访或暗访，发现存在问题的服务项目及时改进或调整，确保每个环节符合企业及行业要求。同时，加强与顾客之间的沟通关系，主动收集顾客反馈，以期为用户提供更加满意的服务。

（5）定期组织企业内部审查与评估　企业管理层应定期对员工进行绩效考核，确保员工能够遵循公司价值观和企业标准。针对表现不佳的员工，及时给予指导和培训，提高整体员工水平。通过这样的内部审核与评估，企业能够及时发现问题并采取措施改进，从而为顾客提供更高质量的产品与服务。

从以上五个方面入手，美容企业可确保产品质量与服务水平得到全方位提升，在市场竞争中站稳脚跟，更能稳健经营，规避潜在危机。

2. 制定顾客投诉处理流程　为确保美容企业能够妥善处理顾客投诉，及时解决问题，维护企业声誉及关系，企业应建立完善的投诉处理程序和渠道。

（1）设立投诉渠道与部门　美容企业需要设立多种投诉渠道，如电话热线、官方网站投诉板块、线上客服系统等，让顾客可以快速、方便地提交投诉。同时，企业内部设立专门负责投诉处理的部门，负责对顾客投诉进行处理、解决和反馈。

（2）制定投诉处理程序及时限　企业应制定详细的投诉处理流程，确保投诉能够得到及时、公正、有效的处理。流程应包括以下环节：接收投诉→登记投诉信息→核实情况→内部调查→作出处理决策→解决问题→与顾客沟通及反馈。每个环节都需要有明确的责任划分和处理时限，以便快速回应顾客的诉求。

（3）实行逐级处理机制　美容企业对于顾客投诉可以实行逐级处理机制。针对不同投诉情况，要求不同级别的管理层参与处理，确保投诉问题能得到妥善解决。对于较为复杂的投诉事件，可交由企业高层领导亲自主持处理，展现企业对投诉问题的重视及决心。

（4）对投诉进行内部分析及改进　对于每一个投诉事件，美容企业需进行内部分析，找出问题根源。投诉处理部门需与其他部门协同合作，如技术部门、服务部门等，针对问题制定改进措施。同时，定期对投诉处理流程进行评估，以确保流程的合理性和实施力度。

（5）保持与顾客沟通，及时反馈处理结果　投诉处理过程中，美容企业需保持与顾客沟通，了解顾客诉求，表达解决问题的决心。处理问题后，及时向顾客反馈处理结果，据实陈述事件经过及解决方案，展现企业的公开透明。此外，可以主动关注投诉后的顾客反馈，约定一定时间后进行回访，确保问题得到满意解决。

通过以上五个方面的投诉处理流程设定，美容企业能够将顾客投诉迅速、公正、有效地解决，提高企业服务质量，维护企业形象，进一步巩固与顾客之间的信任关系。同时，投诉处理过程中所积累的经验，有助于美容企业持续改进及提升服务质量，避免类似问题再次发生。

3. 加强顾客关系管理　为了能在竞争激烈的美容行业中发展壮大，美容企业需要加强顾客关系管理，提升顾客满意度和忠诚度。

（1）**定期举办活动**　美容企业可以定期举办专题活动，如美容讲座、产品试用、会员聚会等，以吸引顾客积极参与，增进与顾客间的互动。活动过程中可关注顾客的反馈，积极倾听他们的意见和建议，为优化企业产品及服务质量提供参考。

（2）**发送优惠信息和个性化推荐**　美容企业要根据顾客喜好和需求，定期发送优惠信息、推广活动、个性化产品和服务推荐等。这既有利于提升企业销售，又能逐步打造顾客专属的消费体验，巩固与顾客的长期合作关系。

（3）**搭建客户专属社交平台**　企业可利用社交媒体，如微信、微博等，搭建客户专属的社交平台。通过这些平台，美容企业可及时发布产品及服务动态、回应顾客疑问、关注顾客需求。此外，企业还可利用社交平台举办互动活动，如美容知识问答、产品试用评价等，进一步加强与顾客的联系。

（4）**开展客户满意度调查**　企业应定期对客户进行满意度调查，了解顾客对产品和服务的评价、意见和建议。可以采用问卷调查、电话访问、在线评价等方式收集数据，深入挖掘顾客对企业的期待，为提升顾客满意度提供针对性方案。

（5）**设立会员制度与客户关怀计划**　美容企业可设立会员制度，针对不同级别的会员提供相应优惠及特权，以吸引更多顾客成为长期忠诚客户。此外，企业还应关注客户的生活需求和情感关怀，如在顾客生日、节假日和重要时刻向顾客发送祝福信息，提供关怀服务，让顾客感受到企业的关心。

通过以上五个方面的努力，美容企业能够加强与顾客的关系管理，提升顾客满意度和忠诚度。顾客的满意程度会影响企业的声誉，因此，通过不断提升客户服务品质，美容企业才能在竞争激烈的市场中取得优势，为企业的长远发展奠定基础。

（二）危机应对

1. 情况分析与处理策略制定　面临美容行业的顾客群体事件时，企业需要迅速采取行动，进行情况分析并制定处理策略。

（1）**收集事件信息**　企业需要多渠道、多角度地收集与事件相关的信息，包括事件起因、事件性质、涉及范围、导致问题的原因等。使用途径包括内部员工汇报、客户投诉、新闻报道及社交媒体等。

（2）**分析事件影响**　企业要认真对待每次事件，分析事件对企业声誉、客户满意度、员工士气及企业经营的影响。同时，了解事件可能引发的连锁反应，预测事件在美容行业内及社会舆论间的发酵态势。

（3）**确定事件性质**　根据收集的信息及分析的影响，确定事件性质。事件性质可能包括产品质量问题、服务失误、人为操作失误等。明确事件性质，有助于制定针对性的应对策略。

（4）**组建应对小组**　美容企业应迅速成立专门应对小组，由公司领导亲自主持或监管。小组成员需具备一定的职业素养和危机处理经验。小组成立的目的是集中力量、集思广益，及时制定并执行处理策略。

（5）**制定处理策略**　根据事件性质及分析结果，应对小组制定危机处理策略。策略应包含如下要点：首先，应立即与事件相关的顾客进行沟通，表达关切与诚意，了解客户诉求。必要时给予赔偿和补救措施，尽力挽回客户信任。对内，进行全面审查与整改。对涉及的产品或服务进行检查，查明原因，查找可能存在的隐患，及时消除安全隐患。对相关责任部门和责任人进行追责，坚决改正工作中出现的问题。对外，发布公开声明，阐述事件真相，承担责任，讲述企业所采取的措施和改进计划。同时，通过合适的渠道，如新闻发布会、企业官方网站、社交媒体，积极回应舆论关切。针对事件后可能产生的舆论影响，制定相应公关策略，及时对外传播正面信息，有针对性地平息负面舆论。总结危机处理经验，针对可能出现的类似问题，完善规章制度及培训，避免问题再次发生。

通过以上五个步骤，美容企业能够快速、有效地应对顾客群体事件，尽量减小事件对企业的负面影响，及时挽回企业的声誉。同时，从危机中汲取教训，实现企业不断进步与完善。

2. 及时、积极与顾客沟通　美容企业在面对顾客群体事件时，及时、积极的沟通非常关键。

（1）主动与涉事顾客取得联系　一旦事件发生，美容企业应立即主动与涉事顾客取得联系，了解事件的详细情况，表达诚意与关切，展现企业认真对待问题的态度。

（2）全面了解事件详情和顾客诉求　在与顾客沟通中，企业需尽可能多地了解事件的细节，包括事件起因、过程、结果等。同时，关注顾客的诉求与期望，以便制定合适的处理方案。

（3）客观分析与诚实解释　在掌握客观事实后，企业需对事件进行客观分析，找出问题所在以便解决。与涉事顾客沟通时，企业应如实陈述经过和原因，解释企业在事件过程中采取的措施，避免隐瞒、粉饰以及推诿责任。

（4）提供合理解决方案　根据事件性质和顾客诉求，美容企业应提供合理的解决方案。解决方案可能包括：为顾客提供退款、换货、免费修复服务、额外的优惠或补偿等。在处理过程中，企业需尊重顾客的权益和感受，展现诚意与关切。

（5）跟进处理进展与回访客户　在解决方案实施过程中，美容企业应密切跟进处理进展，并主动与顾客保持联系，及时了解顾客的反馈。在问题解决后，企业可安排回访，确认顾客对处理结果的满意程度，继续为顾客提供帮助或解答疑虑。

通过以上五个方面的及时、积极沟通，美容企业能够更好地了解顾客需求，妥善处理顾客群体事件。企业的诚信、关切与责任心会让顾客更加信任企业，从而有利于维护企业声誉、降低负面影响、渡过危机。同时，开展有效沟通将帮助美容企业调整产品和服务，长期提高客户满意度。

3. 舆论引导与信息公开　美容企业在面临顾客群体事件时，适时地进行舆论引导与信息公开十分关键。

（1）制定公关策略　企业应迅速组建危机公关团队，制定合理的舆论引导策略。策略应针对事件背景、性质、社会影响等因素，通过科学、合理的论证，制定清晰的公关目标、指导原则和具体措施。

（2）跨渠道发布公开声明　企业需利用多种渠道，如新闻发布会、企业官方网站、社交媒体等，发布公开声明。在发布过程中，根据受众特点，选择合适的语言和表达方式，确保信息传达的准确性和有效性。

（3）阐述事实真相，解答疑虑　在公开声明中，企业应详细阐述事件的全过程、原因、涉及数量及影响范围等事实真相。同时，主动解答公众关切的问题，展示企业诚实、透明的价值观，以便在舆论场中树立良好形象。

（4）承担责任并改善企业问题　企业在公开声明中，应表示愿意承担因事件发生所产生的责任。对于问题存在的部分，企业需明确提出改善措施，如加强质量监督、优化服务流程、加强员工培训等，以取信于公众。

（5）积极开展正面信息传播　企业在面对负面舆论时，应通过各种渠道积极传播正面信息。分享企业社会责任实践、品质保证、行业荣誉等内容，逐步树立良好品牌形象。同时，监控舆论动态，针对恶意抹黑、片面报道进行辟谣和澄清。

通过以上五个方面的舆论引导与信息公开，美容企业可有效地引导舆论走向，降低负面影响，维护企业声誉。更重要的是，通过公开透明的态度，企业能够赢得顾客的理解和信任，为企业巩固市场地位、实现可持续发展奠定基础。

（三）危机后处理

1. 事件总结与经验反馈　在顾客群体事件顺利解决后，美容企业应进行全面总结，提炼经验教训。总结过程可以分为以下几个方面，以便从中吸取教训，为今后遇到类似事件提供借鉴。

（1）明确问题所在　企业要深入剖析事件背后的原因，明确问题所在。可能涉及产品质量、服务水平、管理制度、沟通失误等方面。通过分析问题的根源，企业能更好地找到解决问题的对策。

（2）评估应对成效　对企业处理事件的成效进行评估，包括危机是否得到有效解决，企业声誉和客户满意度是否得到恢复，相关改进措施是否取得成效等。评估结果有助于进一步优化危机处理策略。

（3）分析存在不足　在总结过程中，企业需分析在危机应对过程中存在的不足和需要改进的地方。可能涉及沟通效率、协作机制、舆论引导、内部管理等方面。对这些不足加以改进，有助于应对未来可能出现的类似事件。

（4）提炼经验教训　根据事件的总结，企业需提炼出宝贵的经验教训，将其融入到公司的制度和文化中。将经验教训分享给企业员工，使大家记取教训、引以为戒，以期提高危机应对能力。

（5）完善预案和机制　针对总结出的经验教训，美容企业应及时完善危机应对预案及制度，确保各部门在面临类似事件时能迅速、高效地采取应对措施。同时，加强企业风险防控意识，建立健全风险评估、监控和报告机制。

通过以上五个方面的事件总结与经验反馈，美容企业能够全面提升危机应对能力和水平，降低企业面临风险时的损失。这对于企业的稳定发展和市场竞争具有重要意义，有助于确保企业在未来更好地服务客户，为企业创造长远价值。

2. 改进措施与长效机制建立　美容企业在面临顾客群体事件后，应针对事件中暴露的问题提出改进措施，并建立长效机制以确保问题不再发生。

（1）加强内部管理　美容企业需加强内部管理，制定或优化各项制度，如产品质量监管、员工培训和考核、顾客服务管理等。加强内部管理有助于提高企业服务质量，避免因管理不善导致的客户投诉或危机事件。

（2）制定预防措施　针对事件中的问题，企业应从源头着手制定预防措施。例如，在采购美容产品时，加大对供应商资质审核力度，建立严格的供应商准入机制；在服务过程中，引入客户满意度调查及反馈机制，及时识别潜在问题并解决。

（3）建立危机预警机制　美容企业应建立一套危机预警机制，针对可能出现的危机事件进行提前预测和识别。通过对企业运营数据、客户反馈、市场动态等进行实时监控，确保发现潜在问题及时做出相应措施。

（4）定期开展风险评估与培训　美容企业应定期对业务流程、产品质量、顾客满意度等方面进行风险评估，确保及时发现和解决问题。同时，加强员工危机应对培训，提高员工应对突发情况的能力，确保企业具备应对各类问题的实力。

（5）持续改进与创新　企业需持续改进服务质量，适应市场趋势和顾客需求变化。美容企业应关注行业动态和技术创新，及时调整经营策略，优化服务体系，以满足顾客日益多元化的需求。

通过以上五个方面的改进措施和长效机制建立，美容企业可以确保事件中暴露的问题得到有效解决，从根本上避免类似问题的再次发生。这将有助于提升企业在美容行业中的竞争力，形成良好的品牌形象，为企业赢得更多顾客信任和支持。同时，优越的内部管理和危机应对能力将有助于企业实现可持续发展，应对市场变化和挑战。

3. 重塑品牌形象与树立企业信誉　美容企业在解决顾客群体事件之后，需要付出努力来重塑品牌形象和树立企业信誉。

（1）提高产品与服务质量　企业需在产品和服务方面保持高品质，以重新赢得客户的信任和支持。加强对供应商的采购管理，确保每个产品都符合国家及行业标准；优化服务流程，提高服务人员的服务质量和技能水平。

（2）加强顾客关系管理和忠诚度提升　企业要关注顾客需求，加强顾客关系管理，提高顾客满意度和忠诚度。定期推出各种优惠活动和个性化服务，搭建客户专属社交平台，加强与客户的沟通互动，持续提升客户体验。

（3）开展品牌宣传和营销活动　美容企业需开展品牌宣传和营销活动，扩大品牌影响力。运用广告、网络、社交媒体等渠道，营销和推广产品与服务。同时，强化品牌核心价值观，让顾客明确企业的独特优势。

（4）积极参与公益活动　通过参与公益活动，例如关爱弱势群体、支持环保等，可以展现企业的社会责任感和担当。将企业的价值观和形象传递给大众，不仅能树立良好的企业形象，还能让更多的人了解企业，提高品牌知名度。

（5）弘扬企业家精神及行业价值观　美容企业应积极弘扬企业家精神和行业价值观，倡导诚信、专业、负责的行业精神。通过在行业内积极传播企业家精神、分享成功案例和创业故事，提升企业的行业影响力，树立优良的企业口碑。

通过以上五个方面的努力，美容企业可以有效地重塑品牌形象，树立企业信誉，为企业在美容行业中获得更高地位、获取更大市场份额奠定基础。同时，这些做法将促使企业注重社会责任，关注行业潮流，持续创新，为顾客提供更好的产品与服务，实现企业的可持续发展。

二、舆论危机应对

随着经济的发展和社会信息化水平的提高，美容企业作为一个与消费者接触频繁的行业，可能会面临各种类型的危机事件。这些事件可能是由产品质量问题、服务质量问题等引发的，亦或是来自于网络舆论的影响。因此，美容企业在面对舆论危机时，必须采取积极、妥善的危机应对策略，以维护企业声誉、客户满意度和行业地位。

以下将以美容企业危机应对为例，探讨如何制定舆论危机应对策略。危机应对分为三个部分，分为危机应对前期准备、危机事件应对过程、危机后总结与改进。通过本部分的学习，美容企业能够在面临危机时迅速采取正确的行动，化解危机，恢复企业声誉。

（一）危机应对前期准备

美容企业在面临危机之前，要做好预期准备，降低危机发生的隐患。美容企业在制定危机应对预案时，应针对可能面临的危机类别进行深入分析。预案内容应包含多种方面，例如了解舆论途径，以便于在危机爆发后及时跟踪舆论动态。企业应设立专门的危机应对小组，成员需具备丰富的行业经验和危机处理能力，并确保在危机发生时迅速启动预案，将损失降至最低。危机应对预案还需明确沟通渠道和策略。在危机爆发后，企业应迅速启动内外部沟通机制，由高层主导，透明化信息发布，建立企业形象，稳定客户情绪。企业还应积极引导舆论，传播正面信息，从而降低危机对企业声誉的影响。

美容企业需全面提高风险防范意识，践行合规经营。此举不仅要求遵守法律法规，还应在产品质量和服务流程方面不断优化。企业应定期对产品和服务进行审查、评估，并针对存在的问题进行整改。同时，加强环境保护措施，减轻对环境的负面影响。从而充分发挥企业社会责任，避免潜在的危机隐患。

美容企业需要密切关注网络、报纸、电视等舆论渠道。一旦发现危机迹象，企业应迅速采取措施进行汇报和处理。同样重要的是加强对员工言论的管理，制定相关规定，防止员工发表不当言论引发舆论危机。企业需定期针对员工进行舆论应对培训，提高员工的舆论敏感性及应对能力。

美容企业需积极参加行业交流活动，广泛与政府、媒体、同行等建立友好关系。这有助于互相学习、共享资源、拓展业务，并为危机应对策略的有效实施创造良好环境。与政府部门保持良好沟通，确保企业获得重要信息及政策支持；与媒体建立友好关系，获得平面、网络及广播媒体的支持，有利于危机时期舆论的引导；与同行交流经验，相互借鉴，共同提升行业水平，减轻危机对行业的影响。

（二）危机事件应对过程

在危机事件发生后，企业首先要迅速收集事件信息，全面了解舆论反应。通过对事件性质，可能引发的影响程度进行分析，企业能够准确评估危机级别。针对分析结果，企业需有针对性地制定危机处理策略，明确具体实施步骤。在制定策略时，应注意权衡措施的有效性、迅速性和成本，确保应对措施具有针对性和可行性。此外，企业还需随时关注事件进展，调整策略以适应不断变化的危机形势。

在危机爆发时，企业应迅速成立专门的危机应对小组，推动企业高效地应对危机。该小组应由公司高层领导承担主要责任，确保权威的决策和指挥。小组成员需具备专业素养和丰富的危机处理经验，以便在危机应对过程中发挥关键作用。通过搭建高效协作机制，危机应对小组能够迅速传递决策和资源，确保危机处置工作的顺畅运转。

在危机事件发生后，企业要主动与涉事顾客沟通，了解他们的诉求与担忧。表达企业的诚意和关切，同时及时向顾客解释事件原因、处理措施等信息。通过与顾客的高效沟通，企业能够更好地了解他们的需求与期望，为问题解决提供依据。善于沟通的企业可以及时平息顾客的不满情绪，为危机处理创造更为顺利的条件。

在危机应对过程中，企业需适时地进行舆论引导与信息公开。通过适当的渠道及时发布公开声明，传递企业的立场与决心，澄清事实，承担责任。针对负面舆论，企业可积极传播正面信息，有力地降低舆论危机对企业的影响。企业还应密切关注舆论动态，随时为公众提供准确的事件进展，展现企业的真诚与负责任态度。

危机事件处理结束后，企业应就事件发生的原因进行整改，采取切实可行的措施防止事态进一步恶化。从产品质量、服务质量到员工培训，企业需进行全盘整顿，确保类似问题不再发生。同时，企业需要持续关注市场动态与用户需求，及时调整产品和服务策略，最大限度地降低危机发生的概率。这有助于企业在应对未来危机事件时，能更加从容地应对，确保企业的持续发展与市场地位。

（三）危机后总结与改进

危机事件结束后，企业应对整个危机应对过程进行总结分析。这包括收集危机处理过程中的数据和信息，对各阶段的工作进行梳理和评价。通过总结分析，企业能够明确问题所在、应对成效以及存在的不足。进一步地，企业需提炼危机应对的经验教训，为今后可能遇到的类似问题提供宝贵的借鉴。以此方式，企业能够不断累积经验，提高危机应对能力。

针对危机事件暴露出的问题，企业应提出相应的改进措施。这包括加强内部管理、制定预防措施以及开展风险评估等方面。企业还需将改进措施融入日常运营，从而形成长效机制，防止问题再次发生。具体来说，企业可进一步完善组织架构，优化流程，以提升管理效率；设立专门的危机应对部门和预案，强化危机防范和处置能力；定期开展风险评估，及时调整业务战略，降低潜在风险。

在危机事件后，企业需通过多途径重塑品牌形象及树立企业信誉。首先，通过提高产品与服务质量，赢得顾客的信任和满意度，为品牌形象的恢复奠定基础。其次，加强顾客关系管理，积极调整服务策略，为满足顾客需求提供更为精准和便捷的服务。除此之外，企业可积极参加行业组织、与政府合作举办公益活动，展示企业的责任担当和社会价值，进一步加强与各方的良好关系。

通过以上章节的学习，美容企业能够更好地应对危机事件，有效降低企业在危机中的损失，维护企业声誉和客户信任。成功应对舆论危机不仅有助于美容企业在行业内树立良好形象，还能为企业的稳定发展和市场竞争提供保障。美容企业需要始终保持警惕，践行合规经营，完善危机应对预案，持续加强风险防范，提高危机应对能力和水平，为顾客提供优质的美容产品与服务，为企业的长远发展创造价值。

三、顾客投诉处理流程

顾客投诉是每个美容企业在运营过程中都需要面对的问题。妥善处理顾客投诉不仅有助于及时化解危机，维护企业声誉，同时还能提升顾客满意度，为企业的发展创造价值。以下将以美容企业为例，介绍顾客投诉处理流程，并结合危机应对相结合，为企业在处理投诉时提供参考。

顾客投诉处理流程分为四个部分，分别为接收顾客投诉、处理投诉、完成投诉处理及投诉过程的总结与改进。通过以下内容的学习，美容企业能够在面临顾客投诉时迅速采取有效的处理措施，缓解纷争，进一步巩固客户关系。

（一）接收顾客投诉

顾客投诉的接收是投诉处理的第一步。美容企业需设立专门的顾客投诉渠道以便顾客在遇到问题时方便表达诉求。投诉渠道可以包括客服热线、官方网站、社交媒体等多种形式。通过这些渠道，企业可以迅速获取顾客的投诉信息，及时组织处理，避免问题进一步扩大。同时，顾客通过投诉渠道反馈问题，有助于企业发现并改进产品及服务不足之处，不断满足顾客需求。设立专门的投诉渠道还表明了企业重视顾客的态度，有利于提升企业的品牌形象和客户满意度。

为了更好地处理顾客投诉，企业要确保客服部门具备严谨的态度、扎实的专业知识和良好的沟通技巧。客服人员要耐心倾听顾客的诉求，理解顾客真正关注的问题，并迅速回应。同时，通过挖掘问题的核心以及及时向上级或相关部门进行汇报，有助于更高效地解决问题。企业还需定期对客服人员进行培训和考核，确保他们具备解决问题的能力和素质，为顾客提供优质的服务。

当接收到顾客投诉时，客服人员需详细记录投诉内容。这包括投诉人的基本信息如姓名、联系方式等，以便在后续处理过程中能够与顾客保持联系。同时，需要记录下投诉原因和具体问题，以便分析和整改。对于涉及美容产品的投诉，还需记录货号、生产日期等信息，以便追溯问题原因并防止类似情况在其他客户中发生。这些记录有助于企业更好地了解顾客的需求，确保问题得到有效解决，提升顾客满意度。

（二）处理投诉

接到投诉后，美容企业需采取以下措施进行处理。企业在面对投诉事件时，首先要仔细进行分析，找出问题所在。分析过程应涵盖事件背景、客户诉求、责任判断等多方面。企业需对投诉事件进行详尽调查，搜集相关证据，了解客户的期望和实际遭遇，深入挖掘问题根源。在分析过程中，企业要保持客观、公正的态度，并注重同客户的沟通和协作，了解客户的想法和意见。这样不仅有助于准确把握投诉事件的特点和难点，还可以为后续处理方案的制定提供有力依据。

根据投诉情况的分析结果，企业需制定切实可行的投诉处理方案，明确解决措施与时间表并实施。处理方案应细化具体任务、责任分工以及配套措施，确保问题能得到快速、有效的解决。在制定处理方案时，企业要充分考虑客户的利益和诉求，主动沟通并约定问题解决的时间和方式，使客户感受到企业的负责和诚意。同时，企业需关注执行过程中的反馈信息，根据实际情况及时调整方案，以便更好地满足客户需求。

针对可能升级为危机的投诉事件，企业应按照危机应对预案及时启动应急机制，以防止问题恶化，减轻负面影响。启动应急机制的具体措施包括联络相关部门、成立专项处理小组、启动舆论应对等。成立专项处理小组将有利于集中精力迅速解决问题，确保解决措施的高效执行。同时，企业还需密切关注舆论走向，对负面舆论及时进行引导，发布官方声明和解释，以传播正面信息，避免恶劣舆论对企业声誉造成进一步伤害。通过启动应急机制，美容企业能够及时、有效地应对可能升级为危机的投诉事件，保护企业品牌和客户利益。

（三）完成投诉处理

处理完顾客投诉后，企业需要进行以下工作。在投诉事件处理完成后，企业应及时将处理结果反馈给投诉人，确认问题是否得到满意解决。在与投诉人沟通时，企业需表现出对客户的关心和责任感，让客户感受到企业的重视。如有必要，企业可以采取适当的补偿措施，比如提供免费产品、优惠券、赔偿损失等方式，以取得顾客的理解与支持。这样，不仅能够维护顾客的权益，还有利于修复企业声誉，为长期发展奠定基础。

企业在处理投诉问题后，要关注投诉后续情况，确保问题得到彻底解决。与顾客保持良好的沟通与联系，对问题进行追踪，这有助于企业了解问题解决的成效，及时调整方案。关注后续情况还能帮助企业收集顾客反馈和意见，从而改进服务质量，提高客户满意度。通过跟踪后续情况，企业可以及时发现新的问题和需求，更好地为顾客提供优质服务，进一步维护企业声誉。

企业需从投诉事件中总结经验教训，找出问题产生的原因，改进管理制度和流程。针对出现的问题，企业应从源头上进行改善，防止类似问题再次发生。同时，企业还需容错纠错，鼓励员工勇于承认错误并改正，积极为员工成长创造良好的环境。企业可以设立内部反馈机制，鼓励员工相互提出改进建议，共同提升工作水平。在总结经验教训的过程中，美容企业能逐步建立起一套高效的问题处理机制，促使自身持续发展和进步。

（四）投诉过程的总结与改进

企业在处理投诉事件后，需对整个投诉处理过程进行总结，明确问题所在、处理成效、存在不足，并提炼经验教训。总结投诉处理经验有助于企业梳理工作流程，掌握处理投诉事件的有效方法和技巧，同时为遇到类似问题时提供借鉴。企业通过系统地总结投诉处理经验，可以不断积累知识和专业素质，提高投诉处理能力，进而提升企业整体的服务水平。

针对投诉事件暴露出的问题，企业应采取科学、有效的改进措施，完善相关制度和流程，提升服务质量。例如，在提高产品质量方面，企业可以加强产品研发和质量监控；在加强员工培训方面，企业应定期组织各类业务培训和素质拓展，帮助员工提升专业技能和综合素质；在优化服务流程方面，企业可以简化手续及环节，提高服务效率。通过实施改进措施，企业能够更好地满足顾客的需求，降低投诉事件的发生。

美容企业需建立长效的投诉处理机制，确保投诉问题得到妥善解决。具体措施包括定期对投诉数据进行分析，找出潜在的问题及趋势，及时进行预防和应对；对投诉处理流程进行审查和改进，优化工作环节，提高处理效率。长效机制的建立有助于企业形成一套系统化、标准化的投诉处理流程，降低问题反复发生的风险，保持企业服务质量的稳定。

企业需要加强员工对顾客服务意识的培养，使每一个员工都明确自己的职责，能够主动发现并解决问题，提高顾客满意度。企业可以通过各种培训和实践活动，让员工深入认识到以顾客为中心的服务理念。培养员工的服务意识能够提升整体的工作品质，有益于及时发现和处理问题，避免引发更多的投诉事件。

企业应保持与顾客的有效沟通，了解顾客的需求变化，通过优化产品和服务，降低顾客投诉的可能性。长期关注顾客需求的企业能够随时了解市场动态，调整自身战略，为顾客提供更为满意的服务。此外，及时了解顾客需求的企业，能够在竞争激烈的市场中保持较高的敏锐度和竞争力，从而赢得广泛的客户信赖和支持。

通过以上内容的学习，美容企业能够更有效地处理顾客投诉，化解纷争，巩固客户关系。良好的投诉处理机制不仅有助于提升顾客满意度，还能为企业发展创造价值。美容企业需要提高顾客服务意识，关注顾客需求，优化投诉处理流程，持续改进产品和服务。只有这样，企业才能在日益激烈的市场竞争中立于不败之地，为消费者创造更好的美容体验。

四、其他危机事件、偷窃、火灾、意外事故等预防及处理

除了舆论和顾客投诉问题，美容企业在运营过程中还可能面临其他危机事件，如偷窃、火灾、意外事故等。这些事件不仅会给企业带来经济损失，还可能影响企业声誉及其持续发展。因此，对此类危机事件的预防与处理显得尤为重要。

本部分将针对偷窃、火灾、意外事故等危机事件，探讨美容企业的预防措施及处理方案。本部分共分为三个部分，分为预防措施、处理过程以及总结与改进。通过学习本部分内容，美容企业能够提高对危机的预防与应对能力，避免或减少危机对企业造成的影响。

（一）预防措施

美容企业应采取以下预防措施以降低危机事件的发生概率。

美容企业应建立健全安全管理体系，确保企业各个环节都能够达到既定的安全生产标准。企业需要指定专人负责安全事务，负责制定和执行安全管理规章制度、组织日常安全工作。此外，定期进行安全巡查和排查隐患，及时发现和整改存在的安全问题，使企业始终处于可控的安全状态。严格执行国家及行业的安全生产标准，确保员工和顾客的生产安全，减少安全事故的发生，降低企业的法律风险。

企业需加强员工安全教育培训，通过讲座、培训课程、实际操作演示等多种形式，提高员工的安全意识和技能。让员工充分了解美容设备的使用方法和注意事项，使他们在日常工作中能够主动识别和排除安全隐患。强化员工对安全的重视，能够有力地减少安全事故的发生，同时提高企业整体的安全水平。

美容企业应根据实际情况安装和维护足够的防盗和防火设施，如闭路电视、防盗门窗、火灾报警器、灭火器等。充足的安全设施能有效预防和发现潜在的安全事故，及时应对突发事件，降低安全事故造成的损失。定期对安全设施进行检查和维护，确保万无一失，有助于营造安全稳定的经营环境。

美容企业需定期对设备与设施进行检查和维修。通过保养、校正和修复设备与设施，确保其正常运行及合规合卫生界线。对可能造成安全隐患的设备设施采取相应的处置措施，防止潜在的危害。通过定期检查，美容企业能保证其设备在使用过程中安全、高效地运行，为员工提供良好的工作环境，为消费者提供舒适的服务体验。

美容企业要关注员工的应急处理能力。企业应定期组织全体员工进行火灾、地震等应急演练。通过模拟实际场景，让员工在遇到紧急情况时能够迅速、有效地处置。演练活动不仅能够帮助员工熟练掌握应急处理手段，还能够提高团队协作能力。同时，定期进行应急演练可以针对可能存在的问题，制定相应的整改和预防措施，从根本上减少安全事故的发生。通过全面的应急演练，美容企业可以在紧急情况下有效地保障员工和顾客的生命安全及财产安全。

（二）处理过程

当偷窃、火灾、意外事故等危机事件发生时，美容企业应迅速启动应急预案，采取以下处理

流程。

在发现危机事件后，美容企业应立即通知相关负责人，报告事件发生的具体情况。详细地向负责人阐述事件发生的时间、地点、原因等关键信息，以便负责人对事件有全面准确的了解，从而迅速采取处理措施。在通知的过程中，要确保信息的传递及时且准确，避免因信息传递不当而影响事件应对的效果。

根据事件的性质和程度，企业需迅速调动内部资源，启动相应的应急预案。制定详细的应急措施和工作方案，包括责任分工、行动计划、时间安排等。保证在应对危机事件的过程中，企业的各个部门能够高效地协同工作，确保危机能够得到迅速、有效的处理。

在处理危机事件过程中，企业首先要把人员的生命安全放在首位。如有必要，组织紧急疏散和救援工作，确保所有涉及事故的员工和顾客能够安全撤离。为保证人员安全，企业需要密切关注事态发展，掌握最新情况，以便在危机发生时立即做出判断，采取相应措施，最大限度地减小事故损失。

美容企业在应对危机事件时，应与消防、公安、医疗等相关部门密切配合，共同应对危机。与当地政府和社会救援组织协作，共同应对危机。通过与这些部门和组织的密切协作，美容企业能充分利用外部资源，获取专业支持，使危机处理更为迅速有效。

根据危机事件的影响范围和程度，企业需及时向顾客、媒体和社会公开发布事件相关信息，包括事件发生的原因、处理措施、企业所承担的责任等。同时，企业还要公布事件处理进展，更新后续动态，以保持信息的透明度，打消外界疑虑。通过对外发布信息，美容企业不仅能够减轻顾客和公众的担忧，还有助于维护企业声誉，稳定市场信心。在发布信息时，企业应确保信息真实准确，避免传播错误信息，造成不必要的恐慌和困扰。

（三）总结与改进

危机事件结束后，美容企业需进行以下工作。

企业在处理危机事件后，需对整个危机处理过程进行总结分析。从中明确问题所在、应对成效、存在不足，在反思与总结中提炼经验教训。总结过程有助于企业深入了解危机应对工作中的不足之处，为未来危机管理提供有力借鉴。对危机事件进行全面、客观的分析，可以帮助企业更好地从中吸取教训，提升危机处置水平，避免类似事故的再次发生。

针对危机事件暴露出的问题，企业应深入思考并制定相应的改进措施，将这些措施纳入企业管理制度和流程。具体措施包括加强内部管理，使企业的各个部门能够更高效地协同工作；制定预防措施，降低危机发生的可能性；严格执行安全规定，强化企业整体的安全防护。通过这些改进措施的实施，企业能够提高自身的危机应对能力，增强企业的安全保障。

美容企业在危机处理后，需要建立起长效的安全管理机制，确保危机事件得到有效防范。一方面，企业要定期对安全制度进行审计和评估，发现存在的问题并及时加以改进，不断完善安全管理制度，提升企业的安全水平；另一方面，建设安全预警系统，及时掌握潜在的危机隐患，避免事故的发生。

企业应定期举办安全知识培训、操作规程培训等，提高员工应对各类危机事件的能力。此类培训可涵盖各种实际操作技能、应急处置流程、安全规定等方面，帮助员工充分了解如何在应对危机的过程中达到最优的处理效果。通过不断地培训和学习，员工能在遇到危机时作出迅速、正确的反应，提高企业在应对各类危机时的准备水平和效率。

美容企业可考虑与消防、安全专业机构等相关第三方合作，共同提升企业的安全管理水平。合作范围以及实际操作方式多种多样，例如与消防部门联合开展消防演习，共同研究并制定更为合理的消防措施。与专业机构合作能为企业提供强大的技术支持和经验借鉴，确保企业始终保持较高的安全水平。通过资源整合、共享经验，企业能够进一步增强危机应对和安全管理能力。

通过对本章的学习，美容企业应能够更好地预防和应对偷窃、火灾、意外事故等危机事件。对于危机事件的预防和处理是每个企业的基本责任，良好的危机应对能力将有助于美容企业降低经济损失，维护企业声誉和客户关系。美容企业需要在日常运营中关注危机预防，提高员工安全意识、优化安全管理制度和流程。通过降低安全风险，不仅有助于企业的稳定发展，还能为顾客提供更加安全、放心的美容服务。

▪ 知识链接

消费者权益保护法在危机管理中的应用

在美容企业危机管理及法律规范中，了解并遵循《消费者权益保护法》是非常重要的。《消费者权益保护法》旨在保障消费者合法权益，促进消费者和经营者之间的公平交易，维护市场经济秩序。美容企业在日常经营过程中应遵循《消费者权益保护法》的相关规定，以确保提供优质、安全的产品和服务。

对于美容企业在危机管理中，《消费者权益保护法》的正确应用可以帮助企业减轻危机影响，挽回企业声誉。在面对消费者投诉时，企业应积极回应，主动承担法定义务和责任。企业需要在产品质量、安全、标识等方面，为消费者提供保障，协助消费者维权。同时，企业需要在宣传、广告中，诚实守信，不得误导消费者。

了解《消费者权益保护法》并将其应用于危机管理，可以帮助美容企业预防消费者与企业间的纠纷，降低法律风险，并有助于在发生危机时，安全、快速地处理问题，挽回消费者信任和企业声誉。将相关法律规范融入企业管理，是实现企业持续、健康发展的关键所在。

任务二 美容行业相关法律法规

美容行业相关法律法规众多，主要目的是规范行业发展、保护消费者权益以及保障公众健康安全。以下是美容行业相关的主要法律法规介绍。

一、消费者权益保护方面

《中华人民共和国消费者权益保护法》是中国为了保护消费者的合法权益，维护社会经济秩序，促进社会主义市场经济健康发展而制定的法律。针对美容行业的消费者保护权益，应该包括以下方面的内容。

（一）知情权保障

消费者在接受美容服务时，有权知悉服务的内容、价格、效果、可能存在的风险等真实情况。美容机构应当主动、如实告知相关信息，不得隐瞒或虚假宣传。例如，如果美容机构在推广美容项目时，夸大效果而不告知可能出现的不良反应或副作用，就侵犯了消费者的知情权。如果消费者因此受到损害，有权要求美容机构承担赔偿责任。

（二）公平交易权维护

消费者享有公平交易的权利，美容机构不得设置不公平、不合理的交易条件，不得强制消费者购买或使用其指定的产品或服务。比如，美容机构不能以套餐捆绑等方式强迫消费者购买不需要的美容项目或产品。对于美容服务的价格，应当明码标价，让消费者清楚知晓各项费用的构成。

（三）自主选择权保护

消费者有权自主选择是否接受美容服务以及选择何种美容服务和产品。美容机构不得干涉消费者的选择，不能通过误导、欺骗等手段影响消费者的决策。如果美容机构违反消费者的自主选择权，消费者可以拒绝接受服务，并有权向相关部门投诉或寻求法律帮助。

（四）求偿权保障

当消费者因美容服务受到人身、财产损害时，有权依法获得赔偿。美容机构应当对其提供的服务和产品的质量负责，如果因服务或产品质量问题导致消费者受到损害，如皮肤过敏、损伤等，消费者有权要求美容机构赔偿医疗费、误工费、精神损失费等相关损失。

（五）《消费者权益保护法实施条例》

该条例是对《消费者权益保护法》的进一步细化和补充，在美容行业中的具体应用主要体现在对消费者权益保护的具体措施和程序上。例如，对于美容服务的质量标准、纠纷处理的程序、赔偿的计算方法等方面进行了更为详细的规定，为消费者维权提供了更具体的依据。

二、医疗器械管理方面

（一）分类管理

美容行业中使用的一些设备和器械属于医疗器械范畴，如激光美容设备、注射用的针头等。医疗器械根据其风险程度分为三类，不同类别的医疗器械在生产、经营、使用等环节的管理要求不同。美容机构在使用医疗器械时，必须明确所使用器械的类别，并按照相应的管理要求进行操作。例如，第三类医疗器械是风险程度最高的，其生产和经营需要获得更严格的许可和监管，美容机构在使用这类器械时，必须确保其来源合法、质量可靠。

（二）生产与经营许可

医疗器械的生产企业需取得医疗器械生产许可证，销售企业需取得医疗器械经营许可证。美容机构在采购医疗器械时，要严格审核供应商的资质，确保所采购的医疗器械来源合法。对于未经许可生产、经营医疗器械的行为，将依法予以严厉打击，包括没收违法所得、罚款、吊销许可证等处罚。

（三）质量与安全管理

医疗器械的质量和安全直接关系到消费者的健康和生命安全。生产企业必须按照国家规定的标准和技术要求进行生产，保证医疗器械的质量和安全性。美容机构在使用医疗器械时，要按照正确的操作方法和程序进行，定期对器械进行维护和保养，确保器械的正常使用。同时，对于使用过的医疗器械，要按照规定进行处理，防止交叉感染和环境污染。

（四）《医疗器械分类规则》

该规则对医疗器械的分类方法和标准进行了明确规定，为美容行业中涉及的医疗器械的分类和管理提供了依据。美容机构和从业人员应当熟悉医疗器械的分类规则，正确识别所使用的器械属于哪一类医疗器械，以便按照相应的管理要求进行操作和管理。

三、医师管理方面

（一）执业资格与注册

从事美容医疗和美容手术的医生必须取得相应的医师资格证书，并在卫生行政部门进行注册，取得执业证书。医生的执业范围应当与所从事的美容医疗服务相符合，不得超出执业范围开展医疗美容活动。例如，一名普通外科医生不能擅自开展整形美容手术，否则将构成违法执业行为。

（二）职业道德与责任

医师在执业过程中要遵守职业道德和医疗规范，对患者进行充分的告知和解释，取得患者的知情同意。在美容手术前，医生要向患者详细说明手术的风险、效果、术后注意事项等，让患者在充分了解的基础上做出决策。如果医生违反职业道德或医疗规范，导致患者受到损害，将依法承担相应的法律责任。

（三）继续教育与培训

为了保证医师的专业水平和医疗质量，医师需要参加继续教育和培训。美容行业的技术和理念不断更新，医师应当不断学习和掌握新的技术和方法，提高自己的专业能力。卫生行政部门和医疗机构应当为医师提供继续教育和培训的机会和条件，督促医师不断提升自己的专业水平。

四、服务项目管理

医疗美容服务项目应当按照国家规定的目录和标准进行管理。医疗美容机构不得开展超出目录范围的服务项目，对于一些高风险的美容项目，如面部轮廓整形、隆胸等，需要具备更高的技术条件和管理要求。同时，医疗美容机构应当建立完善的服务质量管理体系，对服务过程进行严格的控制和管理，确保服务质量和安全。

五、医疗广告管理方面

（一）广告内容真实性与合法性

美容机构发布的广告必须真实、合法、准确，不得含有虚假内容、夸大宣传、误导消费者等违法违规信息。例如，美容机构在广告中声称其美容产品或服务可以达到"立竿见影""永不反弹"等效果，但实际上是无法达到的，就属于虚假广告。对于虚假广告，市场监督管理部门将依法予以查处，责令广告主停止发布广告、消除影响，并给予罚款等处罚。

（二）广告形式与发布渠道规范

广告的形式和发布渠道应当符合法律规定。美容机构不得在一些不适当的场所或媒体上发布医疗美容广告，如中小学校、幼儿园周边等。同时，广告的内容和形式应当符合社会公德和良好的风尚，不得含有低俗、色情、暴力等不良信息。

（三）代言人管理

美容机构在选择广告代言人时，要确保代言人的身份真实、合法，代言人对所代言的产品或服务应当有充分的了解和使用经验。对于虚假代言或违法代言的行为，代言人将与广告主一起承担相应的法律责任。

六、化妆品管理方面

（一）生产与经营许可

美容机构使用的化妆品必须由取得化妆品生产许可证的企业生产，化妆品的经营企业也需要取得相应的经营许可证。美容机构在采购化妆品时，要严格审核供应商的资质，确保所使用的化妆品来源合法。对于未经许可生产、经营化妆品的行为，将依法予以查处。

（二）产品质量与安全管理

化妆品的质量和安全是美容行业的重要关注点。化妆品的生产企业应当按照国家规定的标准和技术要求进行生产，保证化妆品的质量和安全性。美容机构在使用化妆品时，要注意查看产品的标签和说明书，了解产品的成分、功效、使用方法、保质期等信息，避免使用过期或不合格的化妆品。对于存在质量问题或安全隐患的化妆品，相关部门有权责令企业召回，并对违法违规行为进行处罚。

（三）标签与包装规范

化妆品的标签和包装应当符合国家规定的要求，标注产品的名称、成分、功效、使用方法、保质期、生产企业等信息。标签和包装上的信息应当真实、准确、完整，不得含有虚假或误导性的内容。美容机构在销售化妆品时，不得擅自更改化妆品的标签和包装，不得销售无标签或标签不符合规定的化妆品。

七、卫生管理方面

（一）机构许可与管理

美容机构作为医疗机构的一种，需要取得《医疗机构执业许可证》，并按照核准的诊疗科目开展服务。美容机构的设置应当符合医疗机构的基本标准和条件，包括场地、设备、人员等方面的要求。卫生行政部门对美容机构进行定期的监督检查，对不符合规定的机构依法进行处理，包括责令整改、罚款、吊销执业许可证等。

（二）卫生标准与消毒管理

美容机构的经营场所应当符合有关卫生规定和标准，具有相应的卫生消毒设备和措施。从业人员必须经过卫生部门的健康检查，持健康证明上岗。美容机构要对使用的美容用品和器械进行严格的消毒和灭菌处理，防止交叉感染和疾病传播。对于违反卫生管理规定的美容机构，卫生行政部门将依法给予处罚。

如果美容机构的经营场所属于公共场所，还需要遵守《公共场所卫生管理条例》的规定。该条例对公共场所的卫生标准、卫生管理、监督检查等方面进行了明确规定，美容机构应当按照条例的要求，保持经营场所的环境卫生，为消费者提供安全、卫生的服务环境。

八、价格管理方面

（一）价格的制定与公示

美容服务的价格应当遵循公平、合法和诚实信用的原则。美容机构应当根据服务的成本、市场需求等因素合理制定价格，并在经营场所醒目位置公示服务项目和收费标准，做到明码标价。对于价格的调整，美容机构应当提前告知消费者，不得随意涨价或变相涨价。

（二）价格欺诈的禁止

美容机构不得进行价格欺诈行为，如虚构原价、虚假优惠、模糊标价等。消费者有权对美容机构的价格进行监督，如果发现价格欺诈行为，可以向市场监督管理部门投诉举报。市场监督管理部门将依法对价格欺诈行为进行查处，责令美容机构改正，并处以罚款等处罚。

（三）《禁止价格欺诈行为的规定》

该规定对价格欺诈行为的具体表现形式进行了明确界定，为执法部门查处价格欺诈行为提供了具体的依据。美容机构应当认真学习和遵守该规定，规范自己的价格行为，避免因价格欺诈而受到法律制裁。

九、纠纷处理方面

(一) 纠纷预防机制

美容机构应当建立健全医疗纠纷预防机制，加强对从业人员的管理和培训，提高服务质量和安全意识。在提供美容服务前，要与消费者签订书面合同，明确双方的权利和义务，告知消费者可能存在的风险和注意事项。同时，美容机构要建立完善的投诉处理机制，及时处理消费者的投诉和建议，化解矛盾纠纷。

(二) 处理途径与程序

当发生美容纠纷时，消费者和美容机构可以通过协商、调解、仲裁或诉讼等方式解决。如果双方无法协商解决，可以向卫生行政部门申请调解，或者向仲裁机构申请仲裁，也可以直接向人民法院提起诉讼。在纠纷处理过程中，双方应当提供相关的证据材料，配合有关部门的调查和处理。

(三) 责任认定与赔偿

对于美容纠纷的责任认定，要根据具体的情况进行分析，依据相关的法律法规和合同约定进行判断。如果美容机构存在过错，导致消费者受到损害，应当承担相应的赔偿责任。赔偿的范围包括医疗费、误工费、护理费、精神损失费等相关损失。

以上是美容行业相关的主要法律法规，美容机构和从业人员应当认真学习和遵守这些法律法规，规范自己的经营行为，保障消费者的合法权益，促进美容行业的健康发展。同时，消费者在接受美容服务时，也要增强自我保护意识，了解相关的法律法规，维护自己的合法权益。

目标检测

答案解析

1. 请列举三个美容企业在日常运营中可能面临的潜在危机。
2. 在美容企业危机管理中，为什么遵循《消费者权益保护法》是非常重要的？
3. 当危机发生时，美容企业应采取哪些基本措施来应对和解决问题？
4. 请简述法律风险防范对美容企业的意义，并举例说明。
5. 美容企业在危机管理及法律规范学习中，需要培养哪些素质和能力？
6. 什么是企业诊断？
7. 什么是企业危机？
8. 什么是公共危机管理？
9. 卫生法规中关于对美容院进行卫生处罚的相关规定是什么？
10. 美容院申请《卫生许可证》的相关规定是什么？

(简 义)

书网融合……

重点小结   微课   习题

参考文献

[1] 李滨. 中国医疗美容机构经营院长 [M]. 北京：中国经济出版社，2020.

[2] 牟铁文，韦桂源. 基础护理学 [M]. 北京：人民卫生出版社，2019.

[3] W. 钱，金. 勒妮，莫博涅. 蓝海战略 [M]. 吉宓，译. 北京：商务印书馆，2011.

[4] 梁娟. 美容经营管理学 [M]. 北京：人民卫生出版社，2015.

[5] 刘永强. 企业文化理论与实践 [M]. 北京：北京大学出版社，2023.

[6] 周朝霞. 企业形象策划实务 [M]. 北京：机械工业出版社，2019.

[7] 申泽宁. 美容行业认知 [M]. 上海：复旦大学出版社，2023.

[8] 尹哲芳. 现代美容企业管理基础 [M]. 北京：高等教育出版社，2020.

[9] 李滨. 中国医疗美容机构经营院长 [M]. 北京：中国经济出版社，2020.

[10] 牟铁文，韦桂源. 基础护理学 [M]. 北京：人民卫生出版社，2019.

[11] 迟淑清. 美容店务运营管理实务 [M]. 复旦大学出版社，2021.

[12] 人力资源社会保障部教材办公室. 连锁经营管理师 [M]. 中国劳动社会保障出版社，2022.

[13] 杨佳林. 美容企业经营与管理 [M]. 武汉：华中科技大学出版社，2018.

[14] 刘炜. 微信公众号、小程序、朋友圈运营完全操作手册 [M]. 2 版. 北京：清华大学出版社，2023.

[15] 彭曙光. 从零开始学抖音短视频运营和推广 [M]. 2 版. 北京：清华大学出版社，2020.

[16] 小野. 视频号运营从入门到精通：内容运营、脚本写作与快速变现 [M]. 北京：北京大学出版社，2023.

[17] 郭晓斌，袁欣. 新媒体运营 [M]. 北京：人民邮电出版社，2022.

[18] 傅一声. 运营之巅：非互联网行业的新媒体运营 [M]. 北京：北京大学出版社，2022.

[19] 叶龙. 从零开始学小红书：精准定位＋创作引流＋种草运营＋直播带货 [M]. 北京：清华大学出版社，2023.

[20] 庄俊. 引爆小红书 [M]. 北京：机械工业出版社，2023.

[21] 郭春光，杨岚. 抖音运营一册通 [M]. 北京：人民邮电出版社，2019.

[22] 叶飞. 今日头条、抖音、火山、西瓜视频运营一本通 [M]. 北京：清华大学出版社，2022.

[23] 黄京皓. 抖音·头条·快手·公众号·小程序·朋友圈全网营销一本通 [M]. 北京：清华大学出版社，2020.

[24] 肖婷. 危机事件视角下企业项目管理应对举措研究 [J]. 现代经济信息，2020，4.

[25] 安宝玉，杨素媚，章雯钰. 从危机事件看企业公关管理 [J]. 商业文化，2021，10.